Werner Elflein, Ursula Brech, R. Brüchner,
U. Höffer, U. Weber

Das große Trainingsbuch
Aufsatz
5. + 6. Schuljahr

- Der komplette Lernstoff
- Erzählen, Nacherzählen
- Berichten, Beschreiben, Appellieren
- Viele Übungen mit Lösungen

Ernst Klett Verlag
Stuttgart Düsseldorf Leipzig

Die Deutsche Bibliothek – CIP-Einheitsaufnahme

Ein Titelsatz für diese Publikation ist bei
Der Deutschen Bibliothek erhältlich

Erzählen/Nacherzählen
Kapitel 1-6: Werner Elflein
Kapitel 7-10: Ursula Brech
Appellieren, Beschreiben, Berichten
Renate Brückner, Ulrich Höffer, Ursula Weber

Auflage 4. 3. 2. 1. | 2005 2004 2003 2002
Die letzten Zahlen bezeichnen jeweils die Auflage und das Jahr des Druckes

Internetadresse: http://www.klett-lerntraining.de
E-Mail: klett-kundenservice@klett-mail.de
Zeichnungen S. 198 und 201: Richard Bargel, Köln
DTP: D+G Haug, Stuttgart
Druck: Konradin Druck GmbH, Leinfelden-Echterdingen. Printed in Germany
Umschlaggestaltung: Bayerl & Ost, Frankfurt/M.
ISBN 3-12-922039-9

ERZÄHLEN
NACHERZÄHLEN

APPELLIEREN

BESCHREIBEN

BERICHTEN

ERZÄHLEN/NACHERZÄHLEN

V O R W O R T

Liebe Schülerin, lieber Schüler,

Das große Trainingsbuch Aufsatz 5./6. Schuljahr ist ein Arbeitsbuch für Wochen und Monate. Es gilt die Devise: mäßig, aber regelmäßig und über einen längeren Zeitraum üben. Du kannst das Buch von vorn bis hinten, sozusagen von Station zu Station, durcharbeiten; das wäre ein sehr sinnvoller Weg, der mit Sicherheit zum Erfolg führt. Das Buch ist aber auch so angelegt, dass du einzelne Kapitel isoliert bearbeiten kannst.
Im Bereich Erzählen/Nacherzählen allerdings unter der Vorraussetzung, dass du zuerst die Kapitel 1–3 bearbeitet hast; denn hier werden am Beispiel der Erlebniserzählung grundlegende Einsichten in das schriftliche Erzählen vermittelt, die dann in späteren Kapiteln vorausgesetzt werden. Diese ersten drei Kapitel haben Kurscharakter: Eins baut auf das andere auf. Du wirst schrittweise zum Schreiben hingeführt und musst also nicht all die vielfältigen Anforderungen, die das Aufsatzschreiben stellt, gleich zu Beginn und auf einmal erfüllen.

Noch etwas Wichtiges kannst du in diesem Band lernen. Für das Verfassen guter Texte sind Vorarbeiten notwendig. Viele glauben, sie könnten einfach drauflos schreiben. Aber ganz selten gelingt das wirklich. Oft entsteht dabei ein schwer verständliches Durcheinander. Da du aber immer für ein Publikum schreibst, musst du auf Verständlichkeit achten. Halte dir diese Situation immer vor Augen! Und ein klares, gut verständliches Erzählen ist nun einmal ohne Vorarbeiten nicht möglich. Das wirst du im ganzen Buch beobachten können.

Wichtig ist, dass du die Aufgaben, die dir gestellt werden, bearbeitest, und zwar auf die folgende Weise: Zunächst versuchst du auf eigene Faust eine Lösung, dann schlägst du im Lösungsheft nach. Die Lösungen sind meistens nur Vorschläge; d. h. auch andere Lösungen sind denkbar und oft wahrscheinlich ebenso gut oder besser. Vergleiche deine Lösung mit unserem Vorschlag, und du wirst auf jeden Fall davon profitieren.
Die einzelnen Lernstationen deiner Reise durch dieses Buch werden noch einmal sichtbar in den Merkkästchen, in denen nach der Einführung im Text Regelhaftes zur Orientierung, Festigung und zum Nachschlagen hervorgehoben wird.
Doch all das – und das sei zum Abschluss noch einmal gesagt – nützt nur zusammen mit der praktischen Übung.

1 Erlebtes erzählen

Du hast etwas erlebt. Nun willst du das, was du erlebt hast, deinem Freund oder deiner Freundin erzählen.
Der Unterschied zwischen dem eigentlichen Erlebnis und dem erzählten Erlebnis ist klar: Das Erlebnis ist vergangen, du kannst es nur mit Hilfe der Sprache, durch eine Erlebniserzählung, vergegenwärtigen. Und wahrscheinlich nimmt deine Erzählung auch nicht so viel Zeit in Anspruch wie dein Erlebnis selbst. Und mit Sicherheit hat sich das, was du erlebt hast, in deiner Erzählung verändert; möglicherweise gibst du auch die Wirklichkeit nicht in allen Einzelheiten wieder, du überspringst manches, verweilst bei manchem ausführlicher, kurz du überlegst, was du auswählst und wie du es wiedergibst.

MERKE

Auch wenn deiner Erlebniserzählung ein wirkliches Erlebnis zu Grunde liegt, kann sich das erzählte Erlebnis mitunter ganz schön von dem wirklichen Erlebnis entfernen; denn die Erlebniserzählung ist ein Produkt der Sprache. Die Erlebniserzählung benutzt das wirkliche Erlebnis nur als Anregung; sie ordnet, erfindet hinzu, kurz: bereitet das vorliegende Erlebnismaterial auf und gestaltet es mit Hilfe der Sprache.

Eine Un-Geschichte

Stell dir vor, du sitzt mit deinen Mitschülern im Klassenzimmer. Der Unterricht hat noch nicht begonnen. Es ist also noch Zeit für ein Schwätzchen. Da öffnet sich die Tür, und herein kommt dein Freund Christian. Er keucht ein bisschen, als wäre er die Treppe hinaufgehastet, wirft Aufmerksamkeit erregend seine Schulmappe auf den Tisch, dass es nur so klatscht, und sagt zu dir noch immer leicht außer Atem: „Du, hör mal. Ich muss dir was erzählen."

Neugierig geworden, was Christian wohl Aufregendes, Interessantes, Ungewöhnliches oder einfach nur Nettes erlebt hat, rückst du näher. Und Christian legt los:

„Du weißt ja, ich habe doch zum Geburtstag einen Wecker bekommen, so einen mit Digitalanzeige und angeblich nervenschonendem Läutwerk. Um sieben Uhr hat er mich heute geweckt. Ich war vielleicht noch müde. Um halb acht bin ich dann endlich aus den Federn gekommen, habe mich geduscht, mein Frühstück heruntergewürgt, dann musste ich noch meinen Schulranzen packen. Wie immer sprang ich zwei Stufen auf einmal unsere Hausflurtreppe hinunter, den letzten Teil rutschte ich auf dem Geländer. Dann schnappte ich mir mein Fahrrad. Die Haustür fiel hinter mir ins Schloss. Heute bin ich ein Stück die Hauptstraße entlanggefahren und habe dann die Abkürzung durch den Wald genommen. Es war noch dunkel und ziemlich nebelig. Bald tauchten die ersten Häuser auf, dann das Schultor, ich hetzte die Treppe hinauf und ..."

Nun, spätestens hier wäre wohl auch deine Geduld am Ende. Die ganze Zeit schon, mit wachsender Ungeduld, wirst du überlegt haben, was Christian dir eigentlich mit seinem ganzen Wortschwall sagen will. War dir der Witz an der Geschichte entgangen oder gibt es gar keinen? Du hast nach der Neuigkeit, nach dem Besonderen gesucht, nach dem Erlebnis. Statt dessen lauter Alltäglichkeiten, wie es dem Christian wohl so ziemlich jeden Morgen geht, und nicht nur ihm. Tagaus, tagein. Also deswegen brauchte er sich doch nicht so aufzuspielen und mit seinem „Ich muss dir was erzählen" so zu tun, als hätte er etwas erlebt, was des Erzählens und was des Zuhörens wert wäre. Reine Zeitverschwendung. – Und du unterbrichst Christian und fragst ihn: „Du sag mal, weshalb erzählst du mir das alles eigentlich?"

MERKE

Die bloße Wiedergabe von Ereignissen ist noch keine Geschichte, geschweige denn eine Erlebniserzählung.

Du musst dir zuerst überlegen, ob das, was du erlebt hast, überhaupt erzählenswert ist, ob es deinen Zuhörer interessieren kann. Erzählenswert ist etwas erst, wenn es die Mühe lohnt, dass du erzählst und dass andere dir zuhören.

Was ist erzählenswert?

Niemandem würde es selbstverständlich einfallen, so zu erzählen wie Christian, besser gesagt: wie wir Christian haben reden lassen, um den Unterschied zwischen einer richtigen Erlebniserzählung und der bloßen Wiedergabe einer Reihe von aufeinander folgenden Ereignissen in einer ersten Annäherung sichtbarer zu machen.
So unbefriedigend Christians Un-Geschichte für uns auch war, trotzdem: Sie hat's in sich. Ist es dir nicht auch so gegangen, dass du an manchen Stellen dachtest: „Jetzt kommt's. Jetzt kommt das Erlebnis, das Besondere, das Merkwürdige, Lustige ..., kurz: das erzählenswerte Ereignis.“

Wir haben mit Absicht nur einige charakteristische Merkmale genannt, die Ereignisse erzählenswert erscheinen lassen können, und haben die gedankenträchtigen „3 Pünktchen“ gesetzt, um anzuzeigen, dass die begonnene Rede von Attributen (das besondere, merkwürdige, lustige ... Erlebnis) fortsetzbar ist. Und du ahnst sicher auch schon, wer die Lücke, die durch die drei Pünktchen entstanden ist, ausfüllen soll.

AUFGABE 1

Ergänze die im folgenden Merkkasten fehlenden Merkmale erzählenswerter Ereignisse. Gehe dabei folgendermaßen vor: Zuerst notierst du das auf einem Zettel oder in einem Heft, was deiner Meinung nach in die Lücke passen könnte. Dann schaust du im Lösungsheft nach, wo du einige Lösungsvorschläge findest. Zum Schluss überträgst du diejenigen Begriffe, die dir am wichtigsten erscheinen, in das Merkkästchen.

MERKE

Anlass zum Erzählen muss nicht unbedingt ein großartiges, sensationelles Erlebnis sein. Du darfst dich mit Bescheidenerem begnügen. Bei dem darzustellenden Erlebnis kann es sich um etwas Besonderes, Merkwürdiges, Lustiges, ____________________,

____________________ ____________________

____________________ ____________________

____________________ ____________________

handeln. Ein Streich, ein Missgeschick, eine gefährliche Situation – etwa ein Unfall, eine Verletzung – können erzählenswert sein. Auch wie du einmal Glück oder Pech gehabt hast, oder wie du noch einmal aus einer unangenehmen Lage davongekommen bist.
Erzählanlässe gibt es, wie du siehst, genug.

Wo steckt es, das erzählenswerte Ereignis?

Meinst du nicht auch, dass man aus Christians Un-Geschichte noch eine richtige Erlebniserzählung machen könnte?
Sogar mehr als **nur** ein erzählenswertes Ereignis dürfte wohl, wenn man genau hinschaut und ein bisschen Fantasie walten lässt, in Christians morgendlichem Tageslauf stecken. Was hätte da nicht alles passieren können?

Zum Beispiel schon der Wecker. Ist er nicht geradezu geeignet für ein kleines ärgerliches Erlebnis? Oder das Duschen. Der Aufenthalt im Bad ist in vielköpfigen Familien nicht selten Anlass zu kleinen Reibereien, vielleicht sogar zu einem Streit.

Dies sind nur zwei Beispiele für erzählträchtige Stellen aus Christians morgendlichem Tageslauf.

AUFGABE 2

Welche anderen Gegenstände oder Vorgänge aus Christians Un-Geschichte könnten ebenfalls ein erzählenswertes Erlebnis enthalten? Bezeichne die Stellen durch ein Stichwort. (Bei unseren beiden Beispielen hießen die Stichwörter **Wecker** und **Duschen**.)

Wir haben jetzt acht erlebnisträchtige Stellen gefunden. In einige von ihnen wollen wir uns etwas tiefer hineindenken. Was könnte denn da nun wirklich passiert sein, damit es der Rede wert ist?

Jetzt bist du wieder gefordert. Jedes der Stichwörter auf der nächsten Seite steht für eine eigene Geschichte.

Wecker
Duschen
Frühstück
Treppe
Haustür
Fahrrad
belebte Hauptstraße
Abkürzung durch den Wald

AUFGABE

3 Suche dir von den oben angeführten Begriffen mindestens einen heraus, zu dem du einen Einfall für ein mögliches erzählenswertes Erlebnis hast. Entwirf dafür dann eine Erzählskizze (eine Erzählskizze ist das Handlungsgerüst des Erlebnisses in Stichworten) und charakterisiere durch eine Überschrift, welcher Art das Erzählenswerte (im Sinne des Merkkastens S. 12/13) ist.

Falls du nicht genau weißt, wie die Aufgabe zu verstehen ist, lies dir das folgende Beispiel durch.

Stichwort „Wecker"

Überschrift: Ein ärgerliches Erlebnis

Handlungsgerüst in Stichworten:
Stolz und Freude über neuen Super-Wecker.
Alter Wecker wandert voreilig in Mülleimer.
Erste Bewährungsprobe: Schulausflug.
Früher Abfahrtstermin des Busses.
Einstellen des nervenschonenden Läutwerks.
Mehrmalige Überprüfung.
Am nächsten Morgen: verschlafen, weil Wecker nicht geklingelt hat.
Grund: Abstellknopf nach letztem Versuch vergessen zu entriegeln.
Oder: Batterien leer geworden.

Lösungsvorschläge für die anderen sieben Stichwörter findest du im Lösungsteil. Aber probiere es ruhig erst selbst, bevor du nachschaust.

Vorgaben durch die Überschrift

Wenn du in der Schule einen Erlebnisaufsatz schreiben sollst, ist dir wohl im Normalfall eine Überschrift vorgegeben. Wie sehen solche Überschriften aus? Hier einige Beispiele:

- Ein Tiererlebnis
- Erlebnis im Urlaub
- Glück im Unglück
- Ein ärgerliches Erlebnis
- Am Schluss mussten wir doch lachen
- Noch einmal davongekommen
- Übermut tut selten gut
- Ferien auf dem Bauernhof
- Eine Schwalbe macht noch keinen Sommer
- Als ich jemandem einmal einen Streich spielte
- Eine schmerzhafte Angelegenheit
- Lustig war's schon, aber …
- Ein aufregendes Abenteuer
- Zwischenfall in der S-Bahn
- Was hätte da alles passieren können
- Auf dem Frühlingsfest
- Wer andern eine Grube gräbt …

Die Aufsatzthemen sind recht allgemein gestellt, so dass dir wohl fast zu jedem ein passendes Erlebnis, das auch des Erzählens wert ist, einfallen wird.

Du sollst jetzt anhand dieser Themen deinen Blick dafür schärfen, wieweit die Themenstellung dir freistellt, etwas zu erfinden, oder wieweit sie dich durch Vorgaben bindet. Das zu erkennen ist nämlich eine Grundvoraussetzung, wenn du nicht das Thema verfehlen willst. Und so schwer ist das gar nicht. Beginnen wir bei Bekanntem.

AUFGABE 4

Suche zunächst die Themen heraus, die im Sinne von Merkkasten S. 12/13 festlegen, welche Richtung die Erlebniserzählung nehmen soll, also ob ärgerlich, lustig etc.

AUFGABE 5

Was legen Themen wie *„Ein Tiererlebnis“*, *„Ein Ferienerlebnis“*, *„Ferien auf dem Bauernhof“* oder *„Als ich jemandem einmal einen Streich spielte“* fest, was lassen sie offen und stellen es deiner Erfindungsgabe anheim?

AUFGABE 6

Bleiben noch die beiden Sprichwörter-Themen *„Eine Schwalbe macht noch keinen Sommer“* und *„Wer andern eine Grube gräbt“*. Worauf laufen Geschichten hinaus, zu denen eine solche Überschrift passt? Welchen Charakter haben sie?

MERKE

Beachte die Überschrift des Aufsatzes. Durch sie wird manches festgelegt, was dich in deiner „dichterischen Freiheit“ einschränkt.

Meist wird schon die Richtung, die deine Geschichte nehmen soll, angedeutet oder sogar festgelegt.

2 Planvoll erzählen

Erzählziel, Pointe, Knüller oder: Das Ende bedenken

Wenn du zu einem Thema ein passendes Erlebnis gefunden hast, willst du dir wahrscheinlich die Ärmel hochkrempeln und losschreiben. Bitte nicht! Warte noch einen Augenblick! Nicht gleich drauflosschreiben! Sonst besteht die Gefahr, dass etwas schief läuft; denn das Erzählen ist eine planvolle Angelegenheit, jedenfalls mehr als du denkst. Vielleicht hast du das noch gar nicht gemerkt, aber du hast ja schon angefangen mit dem Planen, als du dir überlegt hast, was an deiner Geschichte erzählenswert ist und was für eine Richtung (lustig, unheimlich etc.) du einschlagen willst. Und dabei hast du schon eine wichtige Arbeit geleistet, aber trotzdem nur die Hälfte. Eng verknüpft mit dem, was dein Erlebnis erzählenswert macht, ist das, was du als das **Erzählziel** deines Erlebnisses oder als **Pointe** oder – noch anders ausgedrückt – als den **Knüller** deiner Geschichte herausstellen willst.

Bevor du also überhaupt ein einziges Wort schreibst, musst du dir über das Erzählziel im Klaren sein, also darüber, worauf deine Geschichte hinauslaufen soll, eben über die Pointe oder den Knüller.

Was sagst du zu folgendem Versuch?

> Einmal im Herbst kam ich von der Schule nach Hause. Da fand ich beim Spielen im Garten einen Igel. Ich rannte zu meinem Vater, der meinte: „Wir müssen den Igel wiegen. Wiegt er weniger als 500 g, müssen wir ihn den Winter über durchfüttern, sonst überlebt er nicht." Beim Wiegen stellte sich heraus, dass er Untergewicht hatte. Wir bauten ihm eine Kiste und fütterten ihn den ganzen Winter über.

Findest du auch, dass diesem Text irgendwie die Würze fehlt? Das liegt an verschiedenen Dingen, unter anderem aber auch daran, dass der „Knüller" nicht deutlich formuliert wird. Dabei liegt der doch gerade hier so nahe.

AUFGABE

1 Hol du das Versäumte nach und formuliere die Pointe, den Knüller, indem du sagst, was der Erzähler dem Leser Interessantes mitteilen will.

Spätestens jetzt, nachdem du den Vorschlag im Lösungsheft mit deiner Lösung verglichen hast, weißt du, was mit Pointe oder Knüller oder mit dem Erzählziel gemeint ist. Der Begriff „Pointe" ist dir vom Witzeerzählen bekannt. Wir verstehen bei unserer Erlebniserzählung im Grunde nichts anderes darunter. Nur muss die Erlebniserzählung nicht auf eine so scharfe und witzige Pointe hinauslaufen wie ein Witz. Wir geben uns auch mit bescheidenen Knüllern zufrieden. Aber verzichten können wir darauf nicht. Und der Knüller muss deutlich werden.

MERKE

Bevor du zu schreiben beginnst, musst du dir im Geiste einen Erzählplan machen. Der wichtigste Teil dieses Planes ist es, festzulegen, worauf deine Erlebniserzählung abzielen soll: das Erzählziel.

Mache dir also Gedanken über die Pointe oder den Knüller deiner Geschichte. Und denke daran, dass er dem Leser deutlich werden muss; denn der Knüller ist das Salz der Geschichte.

So, was ein Knüller oder eine Pointe ist und was sie für eine Erlebniserzählung bedeutet, weißt du jetzt. Da es aber mit dem Wissen allein nicht getan ist, wollen wir noch eine „Knüllerformulierungsübung" anschließen.

AUFGABE

2 Wir gehen von der Igelgeschichte aus. Sie soll wie oben vom Überwintern des Igels handeln; aber nicht das Überleben ist jetzt der Knüller, sondern irgendetwas anderes Lustiges, Schmerzhaftes, Überraschendes. Überlege dir eine Pointe (Knüller) für eine Erlebnisgeschichte um diesen Igel und formuliere sie.

Am Anfang: Den Leser ins Bild setzen ...

Bisher haben wir uns im Grunde nur mit Vorarbeiten – allerdings wichtigen – beschäftigt. Richtig los geht es mit der Gestaltung des Anfangs. Es gibt viele Möglichkeiten, eine Geschichte zu beginnen. Für Anfänger wie uns ist Beschränkung eine sinnvolle Methode, um überhaupt erst einmal Fuß zu fassen. Wenn du einmal viele Aufsätze geschrieben und immer nach unserem Muster begonnen hast, so wird dir dieser Anfang vielleicht etwas schematisch vorkommen. Dann darfst du dir gern andere Anfänge ausdenken, die sich nicht an unser Muster anlehnen. Aber, wie gesagt, in unserem Fall ist ein Rezept gerade das Richtige.

Nun, irgendwie muss man ja anfangen. Besonders günstig scheint es zu sein, wenn du so beginnst, dass der Leser deines Aufsatzes etwas davon hat. Du erzählst ja nicht für dich selbst, sondern für einen anderen, eben deinen Leser. Nun hast du diesem gegenüber den großen Vorteil: Du kennst die Geschichte, die du erzählen willst. Dein Leser nicht. Er weiß immer nur so viel, wie du gerade preisgibst. Das ist ja auch gut so, denn davon lebt die Geschichte. Aber der Leser braucht gleich am Anfang wenigstens ein paar Informationen, damit er sich zurechtfindet in deiner Geschichte.

Wie kannst du nun deinen Leser ins Bild setzen, damit er einen Einstieg in die folgende Geschichte hat, damit er sie besser versteht und vielleicht sogar genießen kann? Nützlich für eine erste Orientierung sind immer Auskünfte darüber, von welchen Personen deine Geschichte hauptsächlich handelt, bei welcher Gelegenheit und wann sie sich zugetragen hat und eventuell auch wo. Anders ausgedrückt, die Einleitung deines Erlebnisaufsatzes sollte in irgendeiner Form Antwort geben auf die Fragen: wer? wann? wo?

Schau dir einmal das folgende Beispiel einer Einleitung an:

[In den letzten Sommerferien] war [ich mit meinen Freunden] [in Holland an der Nordsee.] [Wir] hatten unser Zelt [am Rande eines Wäldchens] aufgebaut. Und das hätten wir nicht tun sollen! ...

AUFGABE 3 Auf welche Fragen geben die eingerahmten Wortgruppen Antwort?

Schon der erste Satz ist gespickt mit Informationen, die dem Leser eine gewisse Orientierung ermöglichen. Man erfährt, **wann** das, was erzählt wird, stattgefunden hat, auch **wo**, und auf unsere Frage **wer** erfahren wir von einigen wichtigen Personen. Damit ist gleich zu Beginn ein gewisser zeitlicher, örtlicher und personeller Rahmen abgesteckt, in dem sich das Weitere entwickeln kann. Auffällig in unserem Beispiel ist noch die Häufigkeit der Ortsangaben: drei, vier in zwei Sätzen! Es lohnt sich, diese noch genauer zu betrachten. Wir spüren den Fortschritt an Informationsgehalt von Ortsangabe zu Ortsangabe.

Wo spielt die Geschichte?	Antwort: In Holland.
Wo in Holland?	Antwort: An der Nordsee.
Wo weiter? Genauer!	Antwort: Am Rande eines Wäldchens.

Der Schauplatz der Geschichte wird von Ortsangabe zu Ortsangabe immer mehr eingegrenzt. Die Informationen über den Schauplatz des Geschehens folgen also dem Prinzip vom **Weiten** zum **Engen**.

Der zweite Satz der **Einleitung** enthält nun noch eine weitere Information, die mit unseren Fragen nicht zu erfassen ist: nämlich, dass die genannten Personen ein Zelt aufgebaut hatten. Nach der Einführung in die zeitlichen, örtlichen und personellen Gegebenheiten erhält der Leser einen ersten Hinweis auf das, **was** in der Geschichte geschieht.

Und so fügt sich ein weiteres Mosaiksteinchen dem Bild hinzu, das allmählich vor unserem geistigen Auge entsteht. So vervollständigt sich die Situationsskizze, mit deren Hilfe sich der Leser orientiert, um auf dieser Grundlage in die Geschichte einzutreten.

MERKE

Die Einleitung soll den Leser ins Bild setzen, d.h. in die Situation einführen, durch Informationen
- über Personen (wer?),
- Zeit (wann?),
- Ort (wo?)
- und durch erste Hinweise auf das Geschehen (was?).

. . . und seinen Appetit anregen

In unserem Beispiel folgt noch ein weiterer Satz. Und der hat es auch in sich: **„Und das hätten wir nicht tun sollen!“** Warum setzt der Verfasser der Einleitung einen solchen Satz gerade hier an den Anfang, nachdem er uns mit den Örtlichkeiten, einigen Personen, der Zeit und der Ausgangssituation mit dem Zeltbau vertraut gemacht hat? Was bezweckt er damit? Welche Wirkung ruft er beim Leser hervor?

Das ist nun eine etwas schwierige Frage, deren Beantwortung dir wohl nicht ganz leicht fallen wird. Deshalb helfen wir dir.
Du musst dabei bedenken, dass ja nicht jeder, dem du ein Erlebnis erzählen willst, ein Deutschlehrer ist, der von Amts wegen verpflichtet ist, deinen Aufsatz auf jeden Fall von Anfang bis zum Ende durchzulesen. Die meisten Leser wollen erst noch gewonnen werden. Während der Durststrecke des Anfangs überlegen sie sich zehnmal, ob sie überhaupt weiterlesen, ob sie die Geschichte überhaupt interessiert.

Und so erhält die Einleitung neben der Aufgabe, den Leser ins Bild zu setzen, noch eine weitere Aufgabe: Sie soll den Appetit des Lesers anregen, nämlich den Appetit weiterzulesen. Du musst erreichen, dass ihm das Wasser im Munde zusammenläuft und seine Neugierde geweckt wird.
Es empfiehlt sich daher also, schon in der Einleitung ein bisschen von dem preiszugeben, was den Kern deiner Geschichte ausmacht. Natürlich nicht alles. Nur Andeutungen dürfen es sein, Andeutungen, die die Erwartung in eine bestimmte Richtung lenken: z.B. indem du direkt sagst, dass deine Geschichte auf ein spannendes, merkwürdiges, lustiges, ärgerliches etc. Erlebnis hinausläuft, oder indem du es so machst, wie der Verfasser unseres Beispiels, der die abenteuerliche Entwicklung indirekt andeutet: **„Und das hätten wir nicht tun sollen!“**

MERKE

Die Einleitung soll beim Leser den Appetit, das Interesse, die Neugier wecken.

Das erreichst du z.B. durch allgemeinere oder speziellere Andeutungen auf das, was ihn im Verlauf der Geschichte erwartet.

AUFGABE 4

Im Folgenden findest du eine Reihe von Aufsatz-Anfängen. Wir wollen deinen Blick für die Informationen schärfen, die den Leser in die Situation einführen. Gesucht sind die Wörter bzw. Wortgruppen, die Auskunft über Personen, Zeit, Ort, Geschehen geben. Kennzeichne sie mit verschiedenen Farben oder schreibe sie heraus. Die Fragewörter **wer? wann? wo? was?** helfen dir dabei.

Beispiel 1

Als ich eines Nachmittags, es war Freitag, von der Schule nach Hause kam, begrüßte mich Leo, mein Hund, stürmisch ...

Beispiel 2

Am späten Mittwochnachmittag um 17.53 Uhr ging ich mit meiner Freundin zum Einkaufen. Wir mussten ein Stück die Hauptstraße entlanggehen ...

Beispiel 3

Es war ein Tag vor Heiligabend. Meine Mutter und ich schmückten gerade den Christbaum. Draußen schneite es, und ich freute mich schon riesig, dass es endlich einmal wieder weiße Weihnachten geben würde.

Beispiel 4

Wir hatten es uns gemütlich gemacht und das Abendprogramm eingeschaltet. Mein Vater entkorkte eine Flasche Rotwein. Da gab es plötzlich einen Knall wie von einer Explosion. Erschrocken fuhren wir zusammen. „O Gott“, sagte meine Mutter kreidebleich, „ich glaube, das war in der Küche.“ ...

Beispiel 5

Liebe Sandra,
ich habe mich sehr über deinen Brief gefreut und fand auch dein Erlebnis im Gasthaus lustig. Ich selbst hatte gestern ein weniger lustiges Erlebnis. Auch in einem Gasthaus. Und das kam so: Weil gestern das Wetter so schön war, haben Vera, Karsten, Dirk und ich eine Radtour am Neckar entlang gemacht. Am Mittag kehrten wir durstig und hungrig in einem Gasthaus ein ...

Und das reicht fürs Erste! Nun wollen wir uns noch einmal die zweite Aufgabe der Einleitung in Erinnerung rufen.

AUFGABE 5

Findest du in den fünf Beispielen Sätze mit Hinweisen oder Andeutungen, die die Aufgabe haben könnten, das Leserinteresse zu wecken?

AUFGABE 6

Und wie verhält sich das in den folgenden beiden Beispielen? Kennzeichne die Wörter oder Ausdrücke, die dein Leseinteresse wecken sollen.

Beispiel 6

Als ich zehn Jahre alt wurde, bekam ich ein besonderes Geburtstagsgeschenk. Und was dieses Geschenk verursachte, war allerdings auch etwas Besonderes. Noch lange werden wir uns an diesen Geburtstag erinnern.

Beispiel 7

Weil mein Vater dringend einen neuen Anzug brauchte, passierte es. Und weil das, was damals passierte, ganz lustig war, wenigstens für die, die nicht so wie mein Vater direkt betroffen waren, will ich die Geschichte, die sich damals bei dem Anzugkauf abspielte, erzählen.

AUFGABE 7

Beim 2. und 3. Beispiel vermissen wir das Neugier weckende Element der Einleitung. Das sollst du nun einfügen. Verändere also den Text von Beispiel 2 und 3 so, dass auch die zweite Aufgabe der Einleitung zur Geltung kommt.

Am roten Faden entlang

Unsere Geschichte hat jetzt einen Anfang und ein Ziel, die geplante Pointe oder den Knüller, auf den sie angelegt ist und den wir auch am Anfang schon ein wenig andeuten. Dazwischen klafft allerdings noch ein riesiges Loch, das darauf wartet, mit unserer Geschichte ausgefüllt zu werden. Die Möglichkeiten, dieses Loch mit unserer Fantasie, Erfindungsgabe und unserer Sprachkunst zu stopfen, sind vielfältig. Und das macht das Schreiben so interessant, aber natürlich auch nicht gerade einfacher. Wie leicht kann man sich auf dem Weg von der Einleitung bis hin zum Ziel verlaufen …

Na du weißt schon, welchen Fallstricken und Fußangeln es auszuweichen gilt. Doch da ist etwas, das uns hilft, den Weg von unserem Anfang bis zum Ende zu gehen. Ich meine den **roten Faden** der Geschichte. Jede Geschichte, und so auch unsere Erlebniserzählung, hat einen roten Faden. Dieser rote Faden ist die direkte Verbindung zwischen dem Anfang deines Aufsatzes und deinem Erzählziel. Denk an einen Marathonläufer, der seine 42 km zu laufen hat, um ans Ziel zu gelangen. Die Strecke ist genau vorgeschrieben und mit einem farbigen Strich markiert. Würde er sich nicht an diese Markierungslinie – in unserer Geschichte ist das der rote Faden – halten und machte er hier und da einen Abstecher, so geriete er in Gefahr, das Ziel aus den Augen zu verlieren.

Etwas schwerer als der Marathonläufer haben wir es allerdings mit unserem roten Faden. Er ist ja für unser Auge nicht sichtbar, sondern nur für unser „geistiges" Auge. Der rote Faden markiert uns den Weg, den uns das Ziel vorschreibt: Alles, was wir schreiben zwischen Einleitung und Schluss, muss auf das Erzählziel bezogen sein. Ist das der Fall, dann sind wir am roten Faden.

MERKE

Erzähle zielbewusst. Richte das, was du schreibst, von Anfang an an dem Erzählziel aus.

Überlege immer, ob das, was du schreiben willst, wichtig ist, um dein Ziel zu erreichen, ob es dich dem Ziel näher bringt oder einen Umweg, eine Abschweifung bedeutet. Halte dich an den roten Faden!

Lass uns jetzt am Beispiel üben, was wir mit dem roten Faden einer Geschichte meinen.

Erlebnis im Gasthaus

Liebe Sandra,
ich habe mich über deinen Brief sehr gefreut. Dein Erlebnis in dem Gasthaus fand ich auch sehr lustig. Ich selbst habe gerade gestern auch etwas in einem Gasthaus erlebt. Aber das war weniger lustig.
Wegen des schönen Wetters gestern hatten Vera, Karsten, Dirk und ich uns zu einer Radtour verabredet. Es ging den Neckar entlang. Um die Mittagszeit kehrten wir hungrig und durstig in einem Gasthaus ein. Wir setzten uns an den einzig freien Tisch. Was wir vorher nicht gesehen hatten, war ein Schäferhund, der unter dem Nachbartisch lag. Der

machte sich erst bemerkbar, als wir schon die Bestellung aufgegeben und eine Weile auf unser Essen gewartet hatten. Es war uns gleich unangenehm, einen Hund, zumal einen so großen, in nächster Nachbarschaft zu haben. Da der Hund genau neben mir lag, warf ich ab und zu verstohlen einen Blick auf ihn, um zu sehen, was er machte. Er beachtete uns nicht und war offenbar eingeschlafen. Das beruhigte mich etwas, und ich wandte mich jetzt meinen Freunden und unserem Gespräch zu. Doch als die Bedienung mit dem Essen kam, erhob sich der Hund plötzlich, riss sein Maul weit auf und gähnte herzhaft. Dann schüttelte er sich noch, so dass es mir bei dem Gedanken, was da jetzt alles durch die Luft flog und sich eventuell auf unseren Tellern niederließ, ein gutes Stück meines Appetits verschlug.
Doch es kam noch schlimmer. Denn als wir den Hund schon fast ganz aus unseren Gedanken verdrängt und uns ganz dem Essen gewidmet hatten, begann sich plötzlich ein sehr strenger und säuerlicher Geruch zu verbreiten. Wir schauten uns fragend an und blickten umher, um der Ursache für den unangenehmen Geruch auf die Spur zu kommen. Da sahen wir die Bescherung. Dem Hund war offenbar übel; jedenfalls hatte er das von sich gegeben, was ihm wohl nicht bekommen war. Ich will dich mit Einzelheiten verschonen. Aber du kannst dir auch so denken, dass wir uns gewaltig ekelten.
Die Spuren wurden von der Bedienung zwar rasch beseitigt, aber wir aßen doch mit langen Zähnen, zahlten und verließen so schnell wie möglich das Gasthaus. Du kannst dir sicher vorstellen, worüber wir uns auf der gesamten Rückfahrt unterhalten haben.

Das war mein Gasthauserlebnis, leider nicht so erfreulich wie deines. Schreib mir mal wieder!

Viele Grüße,
deine Almut.

AUFGABE 8

Der Titel „Erlebnis im Gasthaus“ ist sehr allgemein für das, was in dem Brief oben erzählt wird. Überlege dir, was Almut ihrer Freundin als das erzählenswerte Erlebnis vermitteln will. Erfinde eine Überschrift, die das Erzählziel, das worum es in der Geschichte geht, enthält.

Erlebnis mit einem Tier

Es war der letzte Tag vor den Sommerferien. Ich wartete gerade auf dem Schulhof auf den Gong. Da kam Markus, mein Freund, um die Ecke geflitzt. Er hatte einen Schuhkarton mit vielen Löchern unter dem Arm. Sofort waren alle Schüler unserer Klasse um Markus und seinen Karton versammelt. Alles starrte neugierig auf den Karton. Was war wohl darin? Markus nutzte die Gelegenheit, uns auf die Folter zu spannen. Ungeduldige Reaktionen waren die Folge: „Jetzt mach schon den Deckel auf! Wir möchten wissen, was da drinnen ist.“ Da öffnete Markus endlich den Deckel. Und was, glaubt ihr, kam da zum Vorschein? Eine Eidechse. Und was für ein prachtvolles Exemplar! Sie schimmerte smaragdgrün, als das Sonnenlicht sie traf. Markus sagte: „Ich finde, dass Eidechsen auch einmal Urlaub haben sollten, und da habe ich gedacht, dass sie über die Ferien zu Volker gehen könnte.“

Ich freute mich über Markus' Großzügigkeit, denn ich hatte ihn schon immer um seine schöne Smaragdeidechse beneidet, und nahm Klarabella – so hieß die Eidechse – gleich nach der Schule mit nach Hause. Dort zeigte ich sie meinen Eltern. Die waren nun gar nicht so begeistert, weil das Tier im Pappkarton eingesperrt war. Enttäuscht über ihre Reaktion ging ich mit Karton und Eidechse in den Garten hinaus und setzte mich, die Schachtel auf den Knien, an den Rand unseres Steingärtchens. „Eine ideale Landschaft für Eidechsen“, dachte ich.

Dann betrachtete ich Klarabella, wie sie so in der Ecke ihres Pappgefängnisses kauerte, und bekam großes Mitleid mit ihr. Schon war ein Entschluss gefasst, der gut für die Eidechse, aber schlecht für Markus war. Ich griff in den Karton, holte das ängstliche Tier heraus und setzte es in den Steingarten. Im Nu huschte die Eidechse zwischen die Steine ins dichte Kraut und war verschwunden. Ich sah sie noch manchmal, wenn sie sich in der Sonne wärmte, aber es gelang mir nie mehr, sie wieder einzufangen.

Je mehr sich das Ende der Ferien näherte, um so mulmiger wurde mir zumute. Wie sollte ich Markus erklären, was ich getan hatte? Er war dann auch ziemlich sauer und verlangte Schadenersatz. Ich gab ihm 1 € von meinem Taschengeld, was ihn etwas versöhnte. Ein Tier hat er mir aber nie wieder zur Erholung anvertraut.

AUFGABE 9

Der Brief enthält eine ausführliche Erlebniserzählung. Du sollst die Erzählung jetzt auf den roten Faden reduzieren, der nur die notwendigsten Informationen über den Inhalt enthält. Vier bis fünf Sätze genügen. Diesen Kurztext verfasst du im Präsens, ohne Spannung, ohne Höhepunkte, ohne Würze.

AUFGABE 10

Wie du weißt, macht Übung den Meister. Deshalb schließen wir gleich noch eine Übung an. Suche also für die Erlebniserzählung auf S. 26 wieder einen genaueren Titel, der auf den Knüller bezogen ist, und reduziere sie auf das bloße Inhaltsgerüst, damit der rote Faden deutlich wird.

AUFGABE 11

Du hast bestimmt auch schon einmal ein Erlebnis mit einem Tier gehabt. Vielleicht mit einem Haustier, einem Hund, einer Katze, Hühnern, Kühen auf der Weide bei einer Wanderung? Vielleicht im Zoo? Eventuell war es gar kein so angenehmes Erlebnis. Nun, dir wird schon etwas einfallen. Denn nachdem du bisher nur aus vorgegebenen Erlebniserzählungen das Inhaltsgerüst herauszufiltern brauchtest – was natürlich auch schon eine Leistung ist –, wollen wir dir jetzt auf deinem Weg zum eigenen Aufsatz doch noch eine etwas schwierigere Aufgabe zumuten.
Skizziere das Inhaltsgerüst einer eigenen Erlebniserzählung, dem ein wirkliches oder auch erfundenes Erlebnis mit einem Tier zugrunde liegt.

Das Aufsatzfischchen: Teile und Proportionen des Aufsatzes

Wenn wir uns die Erlebniserzählung mit einem Bild veranschaulichen wollten, so würde sich – wie wir meinen – das Bild eines Fischchens in mancher Hinsicht ganz gut eignen. Kannst du dir vorstellen, wieso?

Einleitung

Hauptteil mit allmählicher Zuspitzung

Pointe/ Knüller

kurzer Schluss

Nun, da ist zunächst einmal der sich zum Rumpf hin allmählich verbreiternde Kopf; das entspräche unserer Einleitung. Im Vergleich zum Körper nicht allzu groß, wie der Anfangsteil des Aufsatzes, der seine beiden Aufgaben möglichst bald erfüllt haben muss, damit man zügig zur Sache kommt. Weder Fisch noch Aufsatz dürfen kopflastig sein; die Proportionen müssen stimmen, sonst leidet die Schönheit.
Den größten Umfang nimmt wie der Fischkörper der Hauptteil des Aufsatzes ein; er entfaltet sich zu voller Pracht und Größe und spitzt sich dann gegen das Schwanzstück des Fisches bzw. das Ziel unserer Erzählung hin zu.

Wenden wir uns also der Ausgestaltung der Geschichte, dem Hauptteil mit seiner Entfaltung und Zuspitzung, zu.
Wie das nun so ist, kann man natürlich bei der Ausgestaltung und Entfaltung der Geschichte auch des Guten zu viel tun.

Was meinst du zu dem folgenden Aufsatz?

Es war der Nachmittag vor Heilig Abend. Ich durfte mit meiner Mutter den Christbaum schmücken. Weil ich das zum ersten Mal machte, war ich mit großem Eifer dabei. Draußen schneite es so vor sich hin. Am Abend ging ich schlafen, allerdings schlief ich nicht ein, bevor ich nicht noch ein paar Kapitel in meinem Harry Potter verschlungen hatte.
Am nächsten Morgen schlief ich lange, ungefähr bis 11 Uhr. Ich duschte ausgiebig, zog mich dann an und schaute aus dem Fenster. Es hatte mindestens einen halben Meter geschneit. Schnell frühstückte ich; auf dem Tisch stand mein Lieblingsbrotaufstrich: Nutella, eine kleine Aufmerksamkeit meiner Mutter. Dann zog ich mich warm an und ging ins Freie. Zuerst baute ich einen Schneemann, dann ein Schneehaus, das aber immer wieder einstürzte. Plötzlich hörte ich meine Mutter rufen: „Katrin, komm rein! Sie kommen gleich."
Gemeint waren mein Vater und meine Großmutter. Mein Vater war vor 2 Tagen zu ihr in die Lüneburger Heide gefahren, um sie über die Weihnachtstage zu uns zu holen. Zum Mittagessen wollten sie da sein. Ich ging ins Haus und zog mein gutes Kleid an. „Was gibt's denn zu essen?", fragte ich meine Mutter. Rehbraten mit Spätzle und zum Nachtisch Eis mit heißen Himbeeren, war ihre Antwort. Mir lief das Wasser im Munde zusammen.
Als ich das Radio einschaltete, kamen gerade Nachrichten. Ich wollte schon einen anderen Sender einstellen, da hörte ich den Sprecher sagen: „Chaos auf den bundesdeutschen Straßen. Durch die ungeheuren Schneemassen sind die Räumfahrzeuge völlig überlastet ..." Schnell schaltete ich das Radio aus und rannte zu meiner Mutter. Ich erzählte ihr von dem, was ich in den Nachrichten gehört hatte, und sie sagte: „Hoffentlich kommen sie durch, und es passiert nichts."
Die Zeit verging, aber mein Vater und meine Großmutter kamen nicht. Langsam machten wir uns Sorgen. Endlich gegen 18.00 Uhr hörten wir ein Auto vorfahren. Sie waren es. Das Auto hatte am Kotflügel eine kleine Beule, und Vater und Großmutter machten einen etwas entnervten Eindruck. Aber sonst war alles in Ordnung und, nachdem sie ihre Geschichte von der Fahrt durch das Schneechaos und von der Beule erzählt hatten, machten sie schon wieder einen normalen Eindruck. Dann holten wir das Mittagessen nach, aufgewärmt natürlich, und schließlich kam die richtige Bescherung. Und so wurde es trotzdem noch ein schönes Weihnachtsfest.

Nun, was meinst du zu diesem Aufsatz? Der erste Eindruck ist gar nicht so übel, wenigstens was die sprachliche Seite betrifft. Ja, das stimmt. Aber das darf über gewisse Mängel der inhaltlichen Ausgestaltung nicht hinwegtäuschen. Dir ist noch nicht ganz klar, welche Mängel wir meinen? Nun gut, dann überlege dir einmal folgende Fragen.

AUFGABE 12

Worum geht es eigentlich in dem Aufsatz? Was ist für die Verfasserin das Erzählenswerte an diesen Weihnachtstagen? Gib den Inhalt in einer Kurzfassung wieder. Beginne so: Der Aufsatz handelt davon, dass ein Mädchen ...

AUFGABE 13

Wann, an welcher Stelle des Aufsatzes hast du als Leser eigentlich gemerkt, worum es geht? Zitiere die Textpassage.

Ein entscheidender Mangel des vorliegenden Aufsatzes liegt offenbar in der mangelhaften Unterscheidung von Wichtigem und Unwichtigem. Auch mit den Proportionen, d.h. den Größenverhältnissen der Teile stimmt es nicht so ganz. Wenn die Verfasserin erst nach mehr als einem Drittel des Aufsatzes zum eigentlichen Thema kommt, ist das wohl ein wenig spät – milde gesagt.

AUFGABE 14

Wie sähe denn das Einzelfischchen für den Aufsatz in der vorliegenden Fassung aus? Zeichne es doch einmal.

So. Was meinst du? Ob unser Fischchen über seine Proportionen besonders glücklich sein wird? Richtig, es wäre entsetzt!
Eine Ursache für die Mängel des Aufsatzes ist sicher darin zu sehen, dass die Verfasserin zu schreiben begonnen hat, ohne schon am Anfang zu wissen, worauf sie am Ende hinauswill. Deswegen erwähnt sie Dinge, die für das, wofür sie uns interessieren möchte, überhaupt nicht wesentlich sind.
Man kann bei der Ausgestaltung und Entfaltung einer Geschichte eben auch zu viel tun, wenn man sich z.B. in Nebensächlichkeiten ergeht, die dann im Verhältnis zum Wesentlichen zu viel Gewicht bekommen.

Durchleuten wir den Aufsatz doch einmal daraufhin und untersuchen, ob die Einzelheiten am roten Faden aufgereiht sind und mit dem Erzählziel im Zusammenhang stehen. Her also mit dem Fisch und unter den Röntgenapparat, damit die alles verbindende Gräte sichtbar wird.

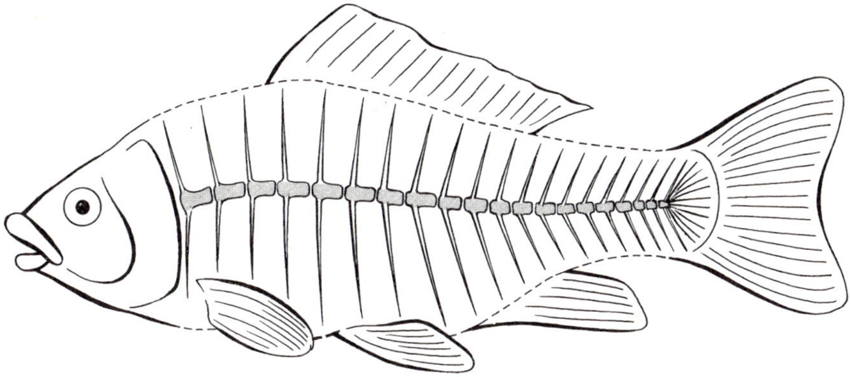

Die Gräte, das direkte Verbindungsstück zwischen Kopf und Schwanzstück ist – übertragen auf unseren Aufsatz – sozusagen der rote Faden. Diese „Gräte" hast du ja schon mit der Lösung von Aufgabe 12 freigelegt. Jetzt sollst du dir die dort geleistete Arbeit zunutze machen und mit Hilfe der Kurzfassung und mit Blick auf das Erzählziel das aussondern, was deiner Meinung nach nicht zum Aufsatz passt und deshalb herausgestrichen gehört.

AUFGABE 15

Streiche die nicht zum Erzählziel passenden, eher verwirrenden und störenden Informationen.
Schreibe nun das, was übrig bleibt, in Form eines neuen, verbesserten Aufsatzes auf. Dabei musst du den Wortlaut manchmal verändern, damit die Sätze zueinander passen. Du darfst auch eigene Ideen hinzufügen.

Wir haben nun so viele Bausteine des Erzählens kennen gelernt, dass wir einen Augenblick verweilen und noch einmal wiederholen sollten, was wir anhand der Erlebniserzählung über das schriftliche Erzählen erfahren haben. Die Merkkästchen, in denen die wichtigsten Schreibregeln zusammengefasst sind, werden dir helfen …
So, nun hast du dir das Gelernte noch einmal vergegenwärtigt. Und jetzt ist der Zeitpunkt gekommen, wo du dein Wissen in die Praxis umsetzen sollst, und zwar sollst du ganz allein einen ganzen Erlebnisaufsatz verfassen.

AUFGABE 16

Auf S. 15 „Vorgaben durch die Überschrift" sind eine ganze Reihe von Überschriften genannt, wie sie dir im Deutschunterricht begegnen könnten.
Suche dir ein Thema heraus, und schreibe einen Erlebnisaufsatz. Denk an das bisher Gelernte.

3 Anschaulich schreiben

Innere Vorgänge entfalten

Wir blicken noch einmal zurück auf den Aufsatz S. 29. Sicher kann man sich darüber streiten, ob man diesen oder jenen Satz besser stehen lässt oder lieber streicht, ob es zum Beispiel wichtig ist, dass wir als Leser erfahren, die Erzählerin hat ihr Sonntagskleid angezogen oder nicht. Nun, wir haben uns im Lösungsteil dafür entschieden, den Satz stehen zu lassen. Unserer Meinung nach kann die Vorbereitung auf die Ankunft, die sich ja dann verzögert und zu großen Sorgen führt, durchaus zu den Dingen gehören, die sich um die „Gräte" der Geschichte herumgruppieren. Ja, wir glauben sogar, man hätte das auch noch ein bisschen ausbauen dürfen. Bei der Frage nach der Wichtigkeit der Information über das Mittagessen haben wir ebenfalls lange gezögert, vor allem der Hinweis, dass der Erzählerin das Wasser im Mund zusammenläuft, bekommt auf dem Hintergrund, dass sich die Einnahme des Essens um 6 Stunden verzögert, schon einen gewissen Stellenwert, wenn man diesen Zusammenhang nur richtig formuliert. Du siehst: Auf der einen Seite haben wir Sätze gestrichen, auf der anderen Seite haben wir offenbar das Bedürfnis, manche Teile noch auszubauen.
Wahrscheinlich ist es dir auch so gegangen, dass du beim Lesen unserer letzten Fassung aus dem Lösungsteil zwar insgesamt eine Verbesserung des ursprünglichen Aufsatzes gespürt hast, dass dir aber vor allem eine Stelle etwas mager und knapp vorkam.

AUFGABE

1 Um welche Stelle handelt es sich?

Das zentrale Erlebnis der Geschichte ist ja das Warten und die Sorgen, die sich die Daheimgebliebenen machen. Die sechs Stunden Wartezeit sind mit wenigen Worten – viel zu knapp – überbrückt:

„Die Zeit verging, aber mein Vater und meine Großmutter kamen nicht. Langsam machten wir uns Sorgen. Endlich hörten wir ein Auto vorfahren. Sie waren es …“

Die Spannung, die an dieser Stelle entsteht, wird viel zu rasch aufgelöst. Bedenke, wie viel Zeit noch mit dem „sorgenvollen Warten“ vergeht, und was indessen in den beiden wartenden Personen vor sich geht. Es würde sicherlich zu einer Verbesserung des Aufsatzes führen, wenn die Verfasserin die inneren Vorgänge nicht einfach so kurz beschreibt, wie sie es getan hat: „Langsam machten wir uns Sorgen“, sondern diese inneren Vorgänge durch eine anschauliche Darstellung nach außen sichtbar lassen würde. Die Frage ist nur, wie sie das hätte bewerkstelligen können.

AUFGABE 2

Wie lässt sich das „sorgenvolle Warten“ durch einzelne Handlungen, Ereignisse, Zeichen, Reden, Fragen, Hoffnungen, Tätigkeiten anschaulich vor Augen führen? Gesucht sind also Aktivitäten, die zu dem Oberbegriff „sorgenvolles Warten“ passen. Denke dir solche Einzelheiten aus, die den abstrakten Begriff des „sorgenvollen Wartens“ entfalten, und fülle den Fächer aus.

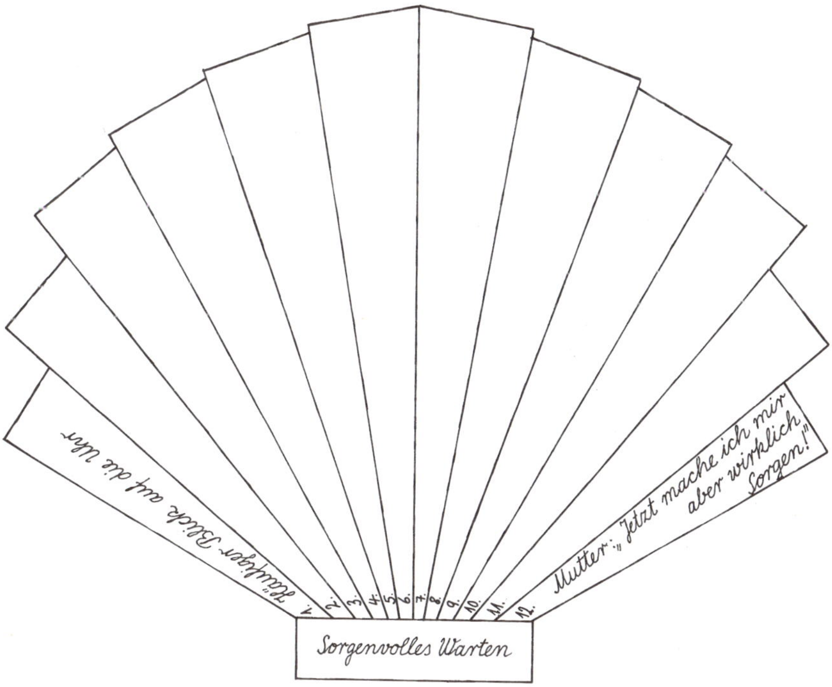

Bleibt dir nach dieser vorbereitenden Arbeit mit dem Fächer nun noch die Aufgabe, die entsprechende Passage im Aufsatz zu verbessern, indem du die Lösungsmöglichkeiten von Aufgabe 2 verarbeitest, d. h. eine geeignete Auswahl triffst.

AUFGABE 3

Schau dir die Aufsatzvorlage jetzt nicht mehr an und schreibe eine verbesserte Fassung. Vielleicht kommen dir sogar noch neue Einfälle beim Schreiben. Gib dir besonders an der Stelle Mühe, an der das Warten und die Sorgen ihren Höhepunkt erreichen.

MERKE

Innere Vorgänge lassen sich sichtbar machen
- durch sprachliche Äußerungen der betreffenden Personen (Reden, Fragen, Befürchtungen, Hoffnungen, Wünsche)
- oder durch deren Handeln und Verhalten (Zeichen, Miene, Gesten, Art der Bewegungen).

Das dient der Anschaulichkeit, kann an geeigneten Stellen eingesetzt ein Mittel der Spannungserhöhung sein und befriedigt auch den Wissensdrang des Lesers.

Im Anschluss an unser Aufsatzbeispiel, das geradezu nach der Entfaltung des „sorgenvollen Wartens“ durch sichtbare Tätigkeiten verlangte, wollen wir noch eine Übung zum Veranschaulichen von inneren Vorgängen, von Gefühlen anschließen.

AUFGABE 4

Überlege dir, wie im vorigen Beispiel, Tätigkeiten, Handlungen, auch Reden, die den jeweiligen abstrakten Ausdruck veranschaulichen.

1. Freude über ein Geschenk
2. Zorn
3. Beleidigt sein
4. Angst
5. Lustlosigkeit, Langeweile
6. Zahnschmerzen

Bildliche Ausdrucksweise

Der Anschaulichkeit deines Aufsatzes kann auch die Verwendung von sprachlichen Bildern anstelle der üblichen sachlich-neutralen, das Gemeinte direkt nennenden Ausdrucksweise dienen. Du kannst von jemandem sagen, dass er sich und seine Meinung ohne Rücksicht auf andere und sich selbst unbedingt durchsetzen will, du kannst dafür aber auch sagen „Er will immer mit dem Kopf durch die Wand gehen". Im Folgenden machen wir dich mit einer Reihe von solchen bildlichen Ausdrücken bekannt. Viele werden dir geläufig sein. Außer einer Erhöhung der Anschaulichkeit dienen sie unter Umständen auch der Abwechslung, wenn du Wiederholungen vermeiden willst wie im folgenden Beispiel:

> „Warum bist du deshalb so traurig? Komm, lass den Kopf nicht hängen, ich habe eine Idee, wie du ..."

In jedem Fall musst du genau prüfen, ob ein solches Bild, das du verwenden willst, den Sinn dessen, was du sagen willst, trifft.

AUFGABE 5

Was ist mit den folgenden Ausdrücken gemeint?
In welchem Zusammenhang könnten sie vorkommen?

Kennst du noch andere Ausdrücke dieser Art?

1. den Kopf hängen lassen	2. das Gesicht verziehen
3. die Zähne zusammenbeißen	4. die Nase (den Kopf) hochtragen
5. die Ohren spitzen	6. ganz Ohr sein
7. ein Auge auf jemanden werfen	8. zu Berge stehende Haare
9. mit geschwellter Brust	10. auf Zehenspitzen gehen
11. aufgeblasen sein	12. große Augen machen

13. mit langen Zähnen essen	14. lange Finger machen
15. mit den Achseln zucken	16. Geld zum Fenster hinauswerfen
17. im Geld schwimmen	18. etwas aus dem Ärmel schütteln
19. aus allen Wolken fallen	20. mit dem Feuer spielen
21. aus der Fassung geraten	22. jemandem unter die Arme greifen
23. jemandem auf die Finger schauen	24. mit dem Kopf durch die Wand gehen

Ausdrucksübungen zum Verb

Das Aufsatzschreiben ist eine vielseitige Angelegenheit, und nicht alles ist über Regeln lernbar. Gerade was unser Kapitel von der Anschaulichkeit betrifft, so kannst du hier im Grunde nur durch häufiges und bewusstes Lesen, durch Lernen am Vorbild und durch Eigenproduktion Fortschritte machen. Wir wollen jetzt noch einige Ausdrucksübungen, die Verben betreffend, anschließen. Aber glaube nicht, damit sei es für dich getan, dann hättest du den guten Ausdruck zu eigen. Wie gesagt: Viel lesen und schreiben führt zum Erfolg; denn vor den Erfolg haben die Götter den Schweiß gesetzt.

AUFGABE 6

Suche anstelle der mit dem falschen Verb „machen“ zusammengesetzten Begriffe ausdrucksstärkere mit der gleichen Bedeutung:

1. aufmachen	2. zumachen
3. sauber machen	4. kaputtmachen
5. heil machen	6. eine Arbeit fertig machen
7. tot machen	8. in einem Zimmer Ordnung machen
9. Licht machen	10. bei einer Sache mitmachen

AUFGABE 7

Die folgenden Aufsätze weisen Lücken auf. Es ist möglich, aus dem Textzusammenhang zu erschließen, welche Verben bzw. sonstigen Ausdrücke hier fehlen. Lies die Texte und setze passende Ausdrücke ein. Vielleicht findest du auch mehr als nur eine mögliche Lösung.

Mein Hamster Moritz

Endlich (1) ____________ sich mein größter Wunsch, ich durfte mir einen Hamster kaufen. Mit meinem Vater (2) ____________ ich zur Zoohandlung und (3) ____________ mir den schönsten Hamster aus. Die Verkäuferin (4) ____________ ihn zum Transport in eine Schachtel.

Zu Hause angekommen, (5) ____________ ich die Schachtel in den Käfig und (6) ____________ sie. Aus Angst, dass er mich (7) ____________ könnte, (8) ____________ ich ganz schnell den Käfig. Meine Schulkameraden hatten mich vor den scharfen Zähnen eines Hamsters (9) ____________. Als ich meinen Hamster, den ich inzwischen Moritz (10) ____________, das erste Mal fütterte, war ich sehr vorsichtig. Trotzdem gelang es ihm, mich in meinem Daumen zu (11) ____________, so dass er blutete. In den nächsten Wochen hatte ich große Angst vor meinem Tier, da Moritz beim (12) ____________ und beim (13) ____________ des Käfigs immer nach mir hackte. Zur Vorsicht zog ich meine dicksten Winterhandschuhe an, um mich so zu (14) ____________. Mit der Zeit hatte sich meine Angst dann (15) ____________. Moritz (16) ____________ sich langsam an mich. Wenn ich jetzt mit ihm spiele und daran (17) ____________, was für eine Angst ich hatte, muss ich lachen. Denn jetzt sind wir die besten Freunde.

Übermut tut selten gut ...

Ich war allein zu Hause. Weil man alleine nicht allzuviel (1) ________ ______ kann, (2) ____________ ich mich. Da (3) ____________ es an der Tür. Mein Freund (4) ____________ draußen. Er hatte einen alten Autoreifen bei sich und wollte mich zum Rodeln (5) ____________. Ich ging mit. An der Rodelbahn angekommen, (6) ____________ wir mit dem Reifen den Berg hinab. Der Reifen (7) ____________ sich dabei und mir war schon ganz schwindlig. Zunächst fuhren wir nur auf der kleinen Bahn. Nach und nach wurden wir mutiger und (8)________ immer längere Strecken. Zuletzt (9) ____________ wir schon die 15- und 16-Jährigen. Es war ein Riesenspaß. Aber dann wurde mein Freund übermütig und wollte einen absoluten Strecken- und Geschwindigkeitsrekord (10) ____________. Ich (11) ____________ diese „Runde" nicht mit und (12) ____________ auch meinen Freund davon ab. Er (13) ____________ aber nicht auf mich, sondern (14) ____________ bei seinem Vorhaben. Der Schnee auf der Bahn war inzwischen (15) ____________. Der Reifen (16) ____________ eine hohe Geschwindigkeit, wurde aus der Bahn (17) ____________ und (18) ____________ gegen einen Baum. Benommen richtete sich mein Freund auf. Seine Knochen schienen noch ganz zu sein. Nun (19) ____________ wir es vor heimzugehen.

Am nächsten Tag, als ich meinen Freund zur Schule abholen wollte, (20) ________________ ich, dass man ihn hatte ins Krankenhaus (21) ____________ müssen. Am Abend hatte er sich (22) ____________ müssen, und der herbeigerufene Arzt hatte eine Gehirnerschütterung (23) ____________. Dadurch wurde mir klar, dass man nichts übertreiben sollte.

Der Schreck

In den Ferien (1) ____________ mein Bruder und ich einen Ausflug in den Wald, wir wollten Tiere (2) ____________ . Wir (3) ____________ am Waldrand schon ein paar Spuren von einem Hasen, der wahrscheinlich am Fuß (4) ____________ . Die Spur (5) ____________ in den Wald, und wir (6) ____________ ihr nach. Plötzlich waren wir so weit der Spur (7) ____________ , dass wir nicht mehr (8) ____________ , wie wir wieder aus dem Wald (9) ____________ sollten. „Vielleicht (10) ____________ die Spur wieder aus dem Wald heraus", sagte mein Bruder. Wir (11) ____________ der Spur also noch ein bisschen nach, aber uns schien, dass wir immer tiefer in den Wald (12) ____________ . Es wurde auch allmählich dunkel. Plötzlich (13) ____________ es im Gehölz. Wir (14) ____________ uns erschrocken um. Es war der Förster. Gott sei Dank! Er (15) ____________ uns dann den Weg aus dem Wald. Wir aber (16) ____________ uns seitdem nicht mehr alleine in den Wald.

Wörtliche Rede

Auch die wörtliche Rede dient der Anschaulichkeit und fördert die Lebendigkeit eines Aufsatzes. Sie vergegenwärtigt das erzählte Geschehen. Das Erlebnis gehört ja der Vergangenheit an und wird deshalb auch in der Zeitform der Vergangenheit erzählt. Aber indem du jemanden direkt, also in Anführungszeichen, sprechen lässt, scheint es so, als würde er jetzt gerade, also in der Gegenwart, reden.

Die wörtliche Rede ist ein ansprechendes sprachliches Mittel, aber du musst dir gut überlegen, wo du es einsetzt. Natürlich kann sie prinzipiell überall vorkommen, am Anfang, in der Mitte, am Ende. Aber nicht immer ist sie gleich wirkungsvoll. Wenn es auch keine Regel gibt, so kann man doch sagen, dass sie sicher gut eingesetzt ist bei der Entfaltung des Teiles, der sich auf die Pointe, den Knüller hin bewegt.
Aber sieh' einmal selbst und probiere es aus.

Da war der Teufel los

In den Sommerferien waren wir, das heißt außer mir, meinen Eltern und meinem Bruder noch eine befreundete Familie, auf einem Campingplatz direkt am Meer. Was gibt es Aufregenderes, als dort die Gelegenheit zu nutzen, die Angeln zur Hand zu nehmen und mit einem Boot hinauszurudern?
Zwar machte uns der Campingwart wenig Hoffnung auf Anglerglück, da es nach seiner Meinung viel zu heißes Wetter war, aber wir ließen uns nicht entmutigen. Wir ruderten etwa 1–2 km auf das ruhige spiegelglatte Meer hinaus, wo es anfing, tiefer zu werden, und warfen unsere Angeln aus. Bei 70 m Tiefe dauerte es eine ganze Weile, bis der Pilger den Grund berührte. Ein kurzes, ruckartiges Anziehen der Angel setzte den Metallköder in Bewegung und sollte die Fische – wir hofften auf eine Dorsch- oder Schellfischmahlzeit – zum Beißen bewegen. Die Zeit verrann. Nichts tat sich. Langsam wurden wir ungeduldig. Dazu die fast unerträgliche Hitze, man war ja der Sonne ohne Schutz voll ausgesetzt. Wir hatten die Hoffnung dann auch schon aufgegeben und hatten uns fast überzeugt, dass der Campingwart wohl doch recht hatte, da saß die Angel unseres Freundes Peter plötzlich fest. Die Schnur ließ sich nicht einholen. Entweder hatte sich der Köder in einem Algenbüschel verfangen, oder ein außergewöhnlich großer Fisch hatte angebissen. Jetzt zogen mein Vater und Peter mit vereinten

Kräften, der eine holte die Schnur Meter um Meter ein, der andere rollte sie auf. Gott, musste da ein Brocken an der Angel sitzen. Jedenfalls mühten sich die beiden furchtbar ab. Die Spannung wuchs. Seltsamerweise spürte man an der Angel nichts, kein Zucken, keine Bewegung wie sonst, wenn ein Fisch am Haken saß. Jetzt durften es höchstens noch 10 m sein. Jeden Augenblick musste er zu sehen sein. Noch ein Zug und noch einer und – um Gottes willen, ein Seeungeheuer. Ein Monstrum mit weit aufgerissenem Maul erschien. Entsetzlich anzusehen! Und die spitzen Zähne. Mein Vater wurde blass. Uns allen wurde weich in den Knien. Mein Vater glaubte, dass es sich um einen Seewolf handelte. Wir trauten uns aber nicht, das uns nicht geheure Tier ins Boot zu holen. So schnell wir konnten ruderten wir zurück an Land, den Seeteufel im Schlepp, wo unser Fang großes Aufsehen erregte. Ein Norweger, der sich auskannte, nahm sich des Seeteufels an, angeblich eine Delikatesse, und filetierte ihn für uns. Abends aßen wir gebratenes Seeteufelfilet, allerdings mit reichlich gemischten Gefühlen. Der Schreck saß uns noch in den Gliedern.

Das Erlebnis ist ja schon recht packend wiedergegeben worden. Allerdings fehlt noch das Tüpfelchen auf dem i. An manchen Stellen schreit's geradezu nach wörtlicher Rede. Das würde dem Aufsatz neben der Spannung noch eine Portion an Lebendigkeit und Anschaulichkeit bringen, die ihm gut tun würde.

AUFGABE 8

An welcher Stelle bzw. an welchen Stellen würdest du zum Mittel der direkten Rede greifen? Überarbeite den Aufsatz, indem du „wörtliche Reden“ einbaust.

Schlussbilanz: Erlebniserzählung

Du hast nun am Beispiel des Erlebnisaufsatzes Einblick in wichtige Elemente des Erzählens gewonnen und hast auch Gelegenheit gehabt, diese Erkenntnisse in kleineren oder größeren Schreibübungen praktisch anzuwenden. Zum Abschluss unseres Grundkurses solltest du nun noch einmal einen ganzen Erlebnisaufsatz schreiben.

Thema der Erlebniserzählung: Eine große Enttäuschung

MERKE

- Setze den Leser am Anfang rasch ins Bild und mache ihm Appetit auf deine Geschichte.
- Erzähle zielgerichtet auf die Pointe deiner Geschichte zu.
- Entfalte den Hauptteil auf die Pointe zu.
- Erzähle anschaulich, indem du auch wiedergibst, was in den Personen vor sich geht. Überlege dir ausdrucksstarke Verben und steigere die Lebendigkeit deines Aufsatzes auch durch gelegentliche sprachliche Bilder und den richtigen Einsatz von wörtlicher Rede.

4 Fantastisches erzählen

Wirkliches Erlebnis – fantastisches Erlebnis

Was schriftliches Erzählen heißt, haben wir bisher am Beispiel der Erlebniserzählung kennen gelernt. In den Lehrplänen und Sprachbüchern wird diesem Typ der Erzählung häufig die so genannte Fantasieerzählung gegenübergestellt. Dabei handelt es sich nun in keiner Weise um etwas total anderes. Keine Angst. Fast alles, was du bisher über das Erzählen gelernt hast, gilt auch hier; denn auch hier handelt es sich darum, dass **erzählt** werden soll. Und die Gesetze des Erzählens gelten weiter. Auch bei der Fantasieerzählung muss der Verfasser von Anfang an wissen, auf welches Ziel hin er arbeiten will, er muss diese oder jene pfiffige Pointe herausarbeiten und sollte sich auch an einen roten Faden halten. Die erzählerischen Mittel sind also gleich. Der Unterschied besteht vor allem in dem **Wirklichkeitsgehalt** des Erzählten. Bei der Erlebniserzählung wird – wie der Name andeutet – ein **wirkliches Geschehen**, das sich in der Vergangenheit abgespielt hat, wiedergegeben; im Falle der Fantasieerzählung darf, ja muss der Rahmen der Realität, der Wirklichkeit, gesprengt werden. Fantasie ist gefragt. Das Erzählte muss nicht stimmen, es muss in gewissem Sinn nicht einmal möglich sein. Du kannst fliegen wie Peter Pan, unter Wasser atmen wie die schöne Lau, durch Flammenwände spazieren, ohne dass du dich versengst, kannst Gespräche mit Tieren führen, kannst dich mit oder ohne Zeitmaschine in Vergangenheit und Zukunft versetzen und in fernen Ländern seltsame Wesen treffen, Sphinxe, Kranichmenschen, Riesen, Zwerge, kannst auf Scheinriesen stoßen und Steine in Brot verwandeln. Die Fantasieerzählung zielt auf das **Fantastische** ab und erhebt das Unwirkliche geradezu zum Programm. Mag sie sonst alle Naturgesetze außer Kraft setzen oder sich darüber hinwegsetzen ... Da es sich bei der Fantasieerzählung auch um Erzählen handelt, muss sie den Gesetzen des Erzählens gehorchen, mit denen du in den vorigen Kapiteln dieses Buches bekannt gemacht worden bist.

MERKE

Erlebniserzählung: Rückgriff auf wirklich Geschehenes oder wenigstens auf Ereignisse, die man wirklich erlebt haben könnte. Erzählerische Gestaltung eines erzählenswerten Erlebnisses auf ein Ziel (Pointe, Knüller) hin.

Fantastische Erzählung: Der Erzählstoff ist erfunden. Naturgesetze können außer Kraft sein. Der Realitätsgehalt spielt keine Rolle, im Gegenteil: je fantastischer, desto besser. Allerdings gelten die Gesetze des Erzählens.

Gestaltung eines fantastischen Erlebnisses nach Vorgabe

Du kennst sicher eine ganze Reihe von Werken, die der fantastischen Literatur zuzurechnen sind. Ich erinnere nur an Swifts „Gullivers Reisen“, den mittelalterlichen „Herzog Ernst“, Jules Verne mit seiner „Reise zum Mittelpunkt der Erde“, die Geschichte vom Schlaraffenland und die ungezählte Science-Fiction-Literatur, die du vielleicht eher in Form von Fernseh-Serien kennst. Wir wollen nun gar nicht so hoch greifen und halten uns in diesem Kapitel an die Lügengeschichten des Barons von Münchhausen, der uns mit seiner blühenden Fantasie und seinem unglaublichen Erfindungsreichtum Pate stehen soll für die Fantasieerzählung:

... Ein anderes Mal wollte ich über einen Morast setzen, der mir anfänglich nicht so breit vorkam, als ich ihn fand, da ich mitten im Sprunge war. Schwebend in der Luft wendete ich mich daher wieder um, wo ich hergekommen war, um einen größeren Anlauf zu nehmen. Gleichwohl sprang ich auch zum zweiten Male noch zu kurz und fiel nicht weit vom andern Ufer bis an den Hals in den Morast. Hier hätte ich unfehlbar umkommen müssen, wenn nicht die Stärke meines eigenen Armes mich an meinem eigenen Haarzopfe, samt dem Pferde, welches ich fest zwischen meine Knie schloss, wieder herausgezogen hätte.

AUFGABE 1

Welches sind die erfundenen Ereignisse, die diese Geschichte als fantastische Lügengeschichte entlarven?

AUFGABE 2

Welche Stellen im Verlauf einer Geschichte sind für diese fantastischen Erfindungen besonders geeignet? (Auch hier ist das der Fall.)

AUFGABE 3

Der Erzähler und der Held der Münchhausengeschichte sind ein und dieselbe Person. Es wird in der Ich-Form erzählt. Was folgt daraus für den Ausgang von derartigen Geschichten?

AUFGABE 4

Kennst du noch weitere Münchhausengeschichten? Nenne jeweils das fantastische Ereignis, das über die reale Erfahrungswelt hinausgeht.

MERKE

Das fantastische Ereignis kann wie in den Münchhausengeschichten als Lösung eines Problems, als Rettung in einer kritischen Situation, als Ausweg zum Guten eingesetzt werden. Die Wahl der Ich-Erzählung legt einen positiven Ausgang nahe.

Gemessen an dem, was du bis jetzt an Erlebniserzählungen kennen gelernt oder selbst verfasst hast, wird dir die „Schopf-Geschichte“ von Münchhausen sehr knapp und sachlich erzählt vorkommen. Man hätte sie viel aufregender erzählen können. Versuch es doch einmal selbst.

AUFGABE 5

Gestalte die „Schopf-Geschichte“ Münchhausens zu einer in sich abgeschlossenen Erzählung mit fantastischer Lösung aus. Denke dabei an:
- die Einleitung mit ihren beiden Aufgaben
- die Proportionen der Aufsatzteile (das Erzählfischchen!)
- den roten Faden
- die Entfaltung an den richtigen Stellen, z.B. vor der Lösung, der Rettung aus der kritischen Lage, wodurch die Spannung gesteigert werden kann.

Wer weiß weiter? Eine Fortsetzung finden

Bisher haben wir uns auf die Erfindungsgabe eines anderen verlassen können und Münchhausen selbst in Anspruch genommen. Wie sieht es nun aber mit unserer eigenen Fantasie aus? Probieren wir, ob uns etwas einfällt. Und wenn nicht, überlegen wir einmal, wie wir sie etwas kitzeln können, unsere Fantasie!

Versetze dich jetzt in die Lage Münchhausens. Du bist sozusagen ein moderner Lügenbaron, du sitzt am Stammtisch und erzählst von einem unglaublichen Erlebnis. Deine Geschichte beginnt ganz harmlos:

> Mein tollstes Abenteuer hatte ich im Jahr 2000. Nur mit Schaudern erinnere ich mich noch daran. Es war früh am Morgen an einem Werktag. Um Viertel vor Sieben musste ich aus dem Haus gehen, um rechtzeitig zur Arbeit zu kommen. Mein Büro befand sich im obersten Stockwerk eines zehnstöckigen Hochhauses. Wie immer sprang ich die Treppen zum Haupteingang hoch, immer zwei Stufen auf einmal nehmend. Vorbei am Portier, der wie immer hinter seiner Glasscheibe sitzend meinen Gruß nickend erwiderte, durchquerte ich die Eingangshalle, gelangte zum Fahrstuhl und gesellte mich zu den Wartenden. Zu fünft zwängten wir uns in den Fahrstuhl. Ich drückte gewohnheitsgemäß den Knopf, der den Aufzug für die Fahrt bis zum letzten Stockwerk programmierte. Mit jedem Stopp leerte sich der Fahrstuhl mehr. Zuletzt war ich allein. Die Neun leuchtete auf, dann die Zehn. Ich machte mich zum Aussteigen bereit. Endstation. Aber was war los? Der Aufzug hielt nicht. Elf, Zwölf, Dreizehn, Vierzehn ... Das war doch nicht möglich ...

So, nun bist du an der Reihe. Setze diese angefangene Geschichte fort. Leichter gesagt als getan, denkst du. Wie soll man an eine solche Aufgabe herangehen? Das wichtigste sind Ideen, ist Fantasie. Kann man die so einfach herbeizitieren? Nein, das sicher nicht. Aber dasitzen und nur auf die Eingebung warten? Nein, das hilft auch nicht. Also was tun?

MERKE

Wenn du zu einem vorgegebenen Anfang eine Fortsetzung schreiben sollst, dann darfst du dich über die Vorgabe nicht hinwegsetzen. Folgende Vorarbeiten helfen dir, eine passende Lösung zu finden:

1. Den vorgegebenen Erzählanfang genau und aufmerksam lesen! Schauen, welche Informationen, die für den weiteren Verlauf der Geschichte wichtig sein können, im Anfang enthalten sind!
2. Diese interessanten Informationen als Stichworte herausschreiben, damit sie von dem Text isoliert sind und dir in die Augen fallen!
3. Sich das Problem klar machen und es in einem Satz (er darf ruhig etwas länger sein) formulieren.
4. Eine Lösung des Problems suchen, die fantastisch sein darf und einen Ausweg darstellt, die möglicherweise drohende Katastrophe abwendet und zu einem guten oder wenigstens annehmbaren Ende führt.

Nachdem du jetzt die 4 Schritte kennen gelernt hast, die dir eine Hilfe sein sollen, auf Ideen zu kommen, wollen wir einmal sehen, ob diese Methode auch bei dir funktioniert.

AUFGABE 6

Welche Informationen sind wichtig? Suche sie aus dem Text heraus und notiere sie als Stichworte untereinander.

AUFGABE 7

Formuliere das Problem. Suche mehrere Lösungen des Problems, so dass die sich anbahnende Katastrophe abgewendet und die Geschichte zu einem guten Ende geführt werden kann.

AUFGABE 8

Schreibe die Geschichte zu Ende. Passe dabei deine Fortsetzung an die Sprache und die Schreibart der Vorgeschichte an.

Fragen helfen der Fantasie auf die Sprünge

Ein bisschen geholfen haben dir die Hinweise, wie du vorgehen sollst, wohl schon. Aber das Versprechen mit dem Kitzeln der Fantasie ist doch noch nicht eingelöst worden. Zugegeben. Machen wir also einen zweiten Versuch!

Im Schullandheim zur Zeit der Bettruhe. Es ist dunkel. Sechs Schüler liegen zusammen auf einem Zimmer. Da kommt einer auf die Idee, Geschichten zu erzählen. Es soll ein Wettkampf im Erzählen von Lügengeschichten werden, wobei die Ausgangssituation vorgegeben wird. Der Schüler mit der blühendsten Fantasie hat die Aufgabe, den Anfang vorzugeben. Er will einmal in einem Tunnel gefahren sein, der lange Zeit kein Ende nahm. Endlich wurde ein kleiner Lichtschimmer sichtbar, und als dieser näher kam und größer wurde, war die Überraschung groß ...

Jetzt soll die Geschichte fortgesetzt werden. Merkwürdige, fantastische Dinge sollen sich ereignet haben, und gefährlich soll die Sache auch gewesen sein, dann aber doch zu einem guten Ende kommen. Das sind die Regeln.
Nun rattert es in den Gehirnkästen. Für die Suche nach Merkwürdigem, Fantastischem, Gefährlichem hat jeder 5 Minuten Zeit. Jeder hat seine eigene Methode, Ideen zu finden: zum Beispiel die Frage-Methode. Du kennst sie nicht? Na, dann wollen wir dir einmal vorführen, wie das funktioniert. Pass auf!
Man knüpft immer an die letzte Information, die einen Schritt weiterführen könnte, weitere Fragen an. Es ist so, wie wenn du einen flachen Wasserlauf überqueren willst, ohne nass zu werden: Du suchst dir immer den nächsten größeren Stein im Bach, den du trockenen Fußes betreten kannst und der dich ein Stück deinem Ziel, dem anderen Ufer, näher bringt. Hier in unserem Fall sind die Steine die weiterführenden Fragen.
Konkret: Die letzte weiterführende Information der Tunnelgeschichte ist wohl „der Lichtschimmer" der näher kommt und immer größer wird.

Was ist das für ein Licht? Hört der Tunnel auf? Handelt es sich um ein künstliches Licht? Ist es Tageslicht, etc.?

Nun musst du dich auf eine Antwort festlegen. Z.B. „Der Tunnel hört auf."

An diesem Baustein knüpfst du das nächste Fragenpaket an:

- Was erwartet dich am Ende des Tunnels? Etwas Überraschendes? Gefährliches? Lustiges? Merkwürdiges? etc.

Entscheidung: Eine gefährliche Überraschung.

- Wie sieht die Überraschung aus? Ist die Straße abrupt zu Ende? Endet sie als Schanze für Autos, etc.?
- Merkst du das früh genug? Nein! Was passiert? Fliegst du mit dem Auto durch die Luft? Ja!
- Was siehst du? Das Ende der Welt? Eine Schlucht? Ein Tal? Dass die Straße unten weitergeht?
- Was ist die Ursache? Ein Erdrutsch?
- Was denkst du?
- Wie sehen deine Gefühle aus?
- Welche Gefahr siehst du auf dich zukommen?
- Gibt es eine Rettungsmöglichkeit?
  Fallschirm im Auto? Regenschirm? Bremsraketen?
  Schwerelosigkeit? Auftrieb? Auffangnetz, etc.!

AUFGABE 9

Schreibe die Tunnelgeschichte, indem du dich von unseren Fragen zur Fortsetzung und Lösung anregen lässt. Falls dir das zu langweilig ist und du der Tunnelgeschichte lieber eine andere Richtung geben willst, so denke dir eine andere Überraschung beim Austritt aus dem Tunnel aus. Denke an die Fragemethode, und notiere dir dabei Stichworte.

MERKE

Fragen können deiner Fantasie auf die Sprünge helfen. Du musst sie wie der Fischer sein Netz auswerfen.

Gehe immer vom letzten Informationsstand aus. Frage, wie es weitergeht, ob etwas Überraschendes eintritt, ob es gefährlich, merkwürdig, unnatürlich, außergewöhnlich ist, worin die kritische Situation besteht, was du dabei siehst, denkst, fühlst, ob es einen Ausweg, eine Rettung, Lösung gibt und wie diese aussieht.

Natürlich ist diese Methode nicht exakt wie ein Automat. Du darfst nicht erwarten, dass sie wie ein Automat funktioniert. Deine Fragen sind eher mit einer Feder vergleichbar, mit der du deine Fantasie kitzelst und anregst. Eine Garantie auf Erfolg gibt es allerdings nicht. Aber ausprobieren solltest du, ob es dir gelingt, mit Hilfe solcher Fragen die Bausteine zu einer Fantasiegeschichte zu sammeln.

AUFGABE

10 Abenteuer bei der Schatzsuche! In dieser Fantasieerzählung kommst du in den Besitz einer Schatzkarte (vgl. S. 51). Wie? Auf welche Weise? …

Du triffst die nötigen Vorbereitungen und machst dich auf den Weg, den Schatz zu suchen. Wie kommst du zur Schatzinsel? Natürlich ist eine Schatzsuche keine kleine Sache. Du musst eine Reihe von Abenteuern bestehen. Was für Hindernisse und Gefahren begegnen dir? Geht die Gefahr von der Landschaft, den Menschen, Tieren, fremden Wesen aus?

Der Schatz ist natürlich auch gesichert. Da sind Prüfungen, unter Umständen sogar auf Leben und Tod, zu bestehen. Wie sieht die Sicherung des Schatzes aus? Ist sie mechanisch? Oder gibt es einen Bewacher? In welche Gefahr gerätst du? Wie gelingt es dir, die Prüfungen zu bestehen und der Gefahr zu entgehen?

Im Folgenden bieten wir dir noch zwei Themen an. Suche dir eines zur Bearbeitung aus! Jetzt helfen wir dir allerdings nicht mehr mit Fragen auf die Sprünge. Du weißt ja jetzt, wie es geht.

AUFGABE

11 Du hattest Gäste eingeladen und warst in Sorge, dass der Pudding, den du zum Nachtisch servieren wolltest, nicht ausreichen würde. Deshalb wünschtest du dir: Ach, könnte sich der Pudding doch vermehren! Dein Wunsch ging in Erfüllung. Aber der Puddingberg wuchs und wuchs …

AUFGABE

12 Weitab von jedem Flughafen sahst du, wie ein Flugzeug eine Notlandung machte. Zerlumpte, fremde Gestalten stiegen aus und kamen auf dich zu. Plötzlich erkanntest du, dass die verunglückten Passagiere nicht nur aus einem fremden Land, sondern auch aus einer anderen Zeit kamen …

Schatzkarte
Legende:
gefährliche Klippen
Strudel
Palmen
Laubbäume
Felsen
See
Brücke
Vulkano
Gebir-ge
Nadel-baum
Kanni-balen-dorf
Weg
Delphinenküste
Dämonenklippen
Teufelsinseln
Krakeninsel
Spinnenhöhle
Wolfsee
Kaninchensteppe
Fluß der Nymphen
Schwarzes Loch
Bibersee
Misalasee
Goldfieberwüste
Haifischbucht
Krabbenbucht
Teufelsschlucht
Bärenschlucht
Malariasümpfe
Sarghagel
Hexenstrudel
Meeresgrab der Seeräuber

5 Aus der Sicht einer beteiligten Person erzählen

Eine Geschichte – Zwei Ansichten (Perspektiven)

Und das sind die Fakten, wie sie in einer Zeitungsnotiz zu lesen waren:

> Am Freitag, den 13. 7., wurden im Kaufhaus Apollo zwei junge Warenhausdiebe im Alter von 12 Jahren entlarvt. Sie waren der Aufmerksamkeit des Hausdetektivs nicht entgangen. Er hatte sie gestellt, als sie ihre Ware an der Kassiererin vorbeizuschmuggeln versuchten. Die Eltern der Jungen müssen nun mit einer empfindlichen Strafe rechnen.

In dieser Meldung sind nur die groben Fakten der Tat erwähnt. Du kannst dir aber sicher vorstellen, dass um diese Fakten herum noch einiges Betrachtens- bzw. Erzählenswertes liegt, z.B. der genaue Tathergang, was die Jungen versucht haben zu stehlen und wie sie es angestellt haben; auch was sie dabei überlegt haben, ob sie Angst hatten usw. Interessant wäre auch zu wissen, was auf der anderen Seite der Hausdetektiv dazu zu sagen hätte; wie er auf die Jungen aufmerksam geworden ist, seine Beobachtungen, Überlegungen und sein Eingreifen.

Wir sind sicher, dass zwei im Kern gleiche, im Drumherum aber ganz unterschiedliche Erzählungen herauskämen. Schon allein das Gesicht, das jeder beim Erzählen machen würde, spräche Bände. Hier siehst du zwei Gesichter, ein Lach- und ein Weingesicht:

AUFGABE 1

Wer erzählt mit welchem Gesicht? Warum? Begründe.
Kannst du dir vorstellen, dass die Stimmung, die durch das Lach- bzw. Weingesicht verdeutlicht wird, das beeinflussen und färben kann, was die entsprechenden Personen erzählen, und vor allem auch die Art und Weise, wie sie es erzählen?

MERKE

Die Erzählung fällt anders aus je nachdem, welche an einem Geschehen beteiligte Person erzählt. Das liegt u.a. daran, worauf der Erzähler Wert legt, was er für wichtig hält.

Es hängt auch von seinem Charakter ab, ob er z. B. gern aufschneidet oder bescheiden, zurückhaltend, sensationslüstern, gehässig, menschenfreundlich, tolerant, etc. ist.

Es kann auch davon abhängen, in welcher Situation und wem erzählt wird (am Stammtisch zur Belustigung, bei der Polizei, vor Gericht als Rechtfertigung, den Eltern, Klassenkameraden).

AUFGABE 2

Erzähle diesen Vorfall und seine Umstände aus der Sicht eines der beiden Jungen. Aus dem, was und wie du schreibst, soll zu erkennen sein, dass er sein Handeln ehrlich bereut.

AUFGABE 3

Für den Kaufhausdetektiv ist dieser Fall ein gefundenes Fressen. Er hatte lange keinen Erfolg. Von Natur aus etwas zur Angeberei neigend erzählt er abends am Stammtisch seinen Freunden von seiner Heldentat. Schlüpfe in seine Rolle und erzähle die Geschichte.

Alles hat zwei Seiten – Märchen verändern

Wir alle sind als Kinder mit den Märchen der Gebrüder Grimm aufgewachsen. Wahrscheinlich hat dich damals auch der Wolf im Märchen von „Rotkäppchen“ und in den „7 Geißlein“ geängstigt; denn typisch für die Wölfe unserer Märchen ist ja ihre Bosheit. Nun, es gibt sicher viele Gründe, warum die Wölfe in unseren Märchen eine so unschöne Rolle als Kinderschreck übernehmen mussten. Ein kluger und witziger Mann jedenfalls hat sich überlegt, dass das ja auch vielleicht nur an der Erzählperspektive liegen könnte. Er hat sich überlegt, wie diese Märchen eigentlich aussehen würden, wenn sie vom Wolf oder aus der Sicht des Wolfes erzählt worden wären. Und angeregt durch diesen Gedanken hat er eine ganze Reihe von Märchen aus Spaß „verwirrt“, hat dabei den „7 Geißlein“ z.B. eine Vorgeschichte hinzugefügt, aufgrund derer uns verständlich wird, weshalb der Wolf so böse reagiert. Wir wollen jetzt so etwas Ähnliches mit der „bösen“ Hexe machen. Die Hexe ist in Wirklichkeit gar keine Hexe und auch nicht böse, sondern eine friedliebende, gutmütige alte Frau, die einsam im Wald lebt. Nach ihrer tödlichen Begegnung mit Hänsel und Gretel steht sie jetzt vor dem himmlischen Gericht und erzählt die Geschichte aus ihrer Sicht, so wie sich alles in Wirklichkeit zugetragen habe. Das ist eine Möglichkeit, den guten Ruf der alten Frau wiederherzustellen, da sie durch die Darstellung der beiden Kinder, wie sie das Märchen übernommen hat, einen wirklich unverdient üblen Ruf bekommen hat.

Bevor du ans Schreiben gehst, musst du dir natürlich die Rolle klar machen, aus der heraus du schreibst. Überlege:

AUFGABE 4

Wer spricht? Welches Personalpronomen musst du wählen?
Für Anfang und Schluss deiner Erzählung kann interessant sein, in welcher Situation die Frau spricht. Um welche Situation handelt es sich?

AUFGABE 5

Der gutmütige Charakter der Frau muss in ihrer Darstellung herauskommen. Wie darf sie nicht sein? Was darf sie also alles nicht getan haben?

AUFGABE 6

Von welcher Stelle an kennt die Frau die Ereignisse und Handlungen der Kinder aus eigener Anschauung, und was kann sie nur von den Kindern erfahren haben über deren Erlebnisse und Verhältnisse?

AUFGABE 7

Welches Motiv können Hänsel und Gretel für ihre Boshaftigkeit gehabt haben?
Wie könnte es zu dem Tod der Frau gekommen sein?

AUFGABE 8

Schreibe nun das Märchen im oben beschriebenen Sinn um! Denke an die andere Sichtweise der Erzählerin! Die Ich-Form begünstigt die Äußerung von Gedanken und Gefühlen.

AUFGABE 9

Wenn du Lust hast, kannst du in diesem Sinn auch andere dir bekannte Märchen umschreiben. Lass z.B. den Wolf im Rotkäppchen erzählen, was für einen Ärger er mit dem ungezogenen Gör Rotkäppchen hatte.
Oder: Die angeblich bösen Schwestern des Aschenputtels hätten vielleicht auch eine interessante Version zu erzählen.
Oder: Wie könnte die Geschichte vom Hasen und Igel aus der Sicht des Hasen aussehen?
Oder: Rumpelstilzchen will sich vielleicht auch gegen die „Verleumdungen" der Gebrüder Grimm wehren?

6 Nach Bildgeschichten erzählen

Übersetzung aus der Bilder- in die Wortsprache

Erzählen kann man auch mit Bildern, mit den laufenden, die du aus Kino und Fernsehen kennst, und mit den stehenden, den Einzelbildern der Bildgeschichten: Micky Maus, Asterix und wie sie alle heißen. Sie teilen uns genau wie andere Geschichten etwas mit, aber eben nicht in der Wortsprache, sondern in der Sprache der Bilder. Eine Bildgeschichte ist schnell überblickt; denn die ganze Geschichte besteht ja nur aus wenigen Bildern; nur wichtige Begebenheiten werden vom Zeichner herausgesucht: die Ausgangssituation, das Erzählziel oder die Schlusspointe und dazwischen einzelne Stationen, die die Geschichte von der Ausgangssituation auf das Erzählziel hin entwickeln.

Wie gefällt dir die Bildgeschichte von E. O. Plauen auf S. 57? Im Grunde würde es dir wahrscheinlich genügen, diese hübsche Bildgeschichte angeschaut zu haben. Aber du befindest dich mitten in einem Aufsatzschreibkurs, und deswegen hast du nun noch eine andere Aufgabe zu erledigen: eine Schreibaufgabe. Achtung: Es geht nicht darum, die Bilder zu beschreiben oder in Worte umzusetzen, sondern die ganze Geschichte, die den Bildern zugrunde liegt, in der Wortsprache wiederzugeben. Um diese Aufgabe erfüllen zu können, ist als Vorarbeit nötig, die Geschichte, die in den Bildern steckt, erst einmal richtig zu verstehen.

AUFGABE 1

Gib mit wenigen Sätzen wieder, was auf den einzelnen Bildern zu sehen ist.

AUFGABE 2

Was geschieht außerhalb der Bilder? Davor? Dazwischen? Danach?

1
2
3
4
5
6
7
8

AUFGABE **3**

Welche Personen kommen in dieser Geschichte vor? Sind alle Personen gleich wichtig? Gibt es einen „Helden“? Welche Rolle spielt der Sohn? Begründe deine Meinung.

AUFGABE **4**

Was ist das Erzählenswerte, der Knüller, die Pointe dieser Geschichte?

AUFGABE **5**

Mit welchem Bild erhält die Handlung eine Wendung? Wodurch unterscheidet sich dieses Bild in der Art der Darstellung von den übrigen Bildern?

MERKE

Bevor du die Geschichte, die der Bildersprache zugrunde liegt, in der Wortsprache wiedergeben kannst, musst du dir den Sinn, den Verlauf und die Zusammenhänge dieser Geschichte erschließen.

Dazu gehört, dass du auch das Geschehen außerhalb der Bilder mitüberlegst.

Die inhaltlichen Zusammenhänge sind nun geklärt. Mit der letzten Aufgabe hast du dir aber auch schon über die Darstellungsweise eines wesentlichen Elements der Handlung Gedanken gemacht. Und zur Darstellungsweise gibt es noch mehr zu beobachten. Es geht ja in der Bildgeschichte recht turbulent zu, und auf keinen Fall leise. Das kann man sagen, obwohl die Bilder an sich lautlos sind und wir alle Informationen über das Auge, nicht über das Ohr aufnehmen. Trotzdem haben wir den Eindruck, dass wir beim Betrachten der Bilder auch etwas hören. Oder?

AUFGABE **6**

Welche Bilder vermitteln den Eindruck, als ob es da etwas zu hören gibt? Auf welche Weise wird diese Wirkung erzielt?

Erinnere dich an das Kapitel über die „Anschaulichkeit“, die durch sprachliche Bilder erzeugt wird. Dort hast du gesehen, dass man auf diese Weise auch Gefühle sichtbar machen kann. Erst recht ist der Zeichner einer Bildgeschichte mit seinen Mitteln in der Lage, solche Gefühle darzustellen.

AUFGABE 7

In welchen Bildern werden Gefühle sichtbar? Welche? Wie werden sie ausgedrückt? Gibt es Stellen, die wörtliche Rede nahe legen?

MERKE

Zur Vorbereitung deiner „Übersetzung“ der Bildgeschichte in die Wortsprache überlege dir, an welchen Stellen Gedanken und Gefühle zum Ausdruck kommen sollen und wo es geeignete Möglichkeiten zur Verwendung der wörtlichen Rede gibt.

AUFGABE 8

Erzähle jetzt die Geschichte aus der Sicht des Sohnes. Aus welcher Grundstimmung heraus erzählt er?

AUFGABE 9

Und nun zur Übung und, weil da ganz andere Überlegungen und Gefühle zum Ausdruck kommen müssen, lass den Einbrecher die Geschichte erzählen. Mach dir klar, welches seine Grundstimmung ist.

Zusammenhänge erkennen

Du findest auf Seite 60 eine Geschichte in 9 Bildern. In diesen 9 Bildern vollzieht sich ein Stimmungswandel bei dem Mann, der für die Familie sicher rätselhaft ist. Sie haben es doch so gut gemeint. Warum reagiert der Mann am Schluss so heftig? Das muss damit zusammenhängen, was im Verlauf der Bilder geschieht. Auch der Gesichtsausdruck der Frau und der Kinder ist am Schluss ins Gegenteil verändert. Warum sind sie so bestürzt? Verstehen sie die Reaktion und die Zusammenhänge? Können sie sie überhaupt verstehen? Hier tun sich eine Reihe von Fragen nach dem Zusammenhang der Vorgänge auf.

Nun kann es passieren, dass die einzelnen Personen der Geschichte den ursächlichen Zusammenhang dessen, was da vor sich geht, gar nicht erkennen. So ist das in dieser Bildgeschichte. Die Familie weiß nicht, wie ihr geschieht.

Der Mann im Grunde auch nicht, er denkt sich aber etwas. Da seine Gedanken falsch sind, kommt es zu dem Ausbruch in Bild 9. Der Einzige, der von Anfang an die Zusammenhänge kennt, ist der „Leser“ der Bildgeschichte. Soweit so gut. Gehen wir wieder an die Arbeit!

Nachdem allmählich mehr Besonnenheit einkehrt, die Bereitschaft, miteinander zu sprechen, wächst, erklärt die Frau dem Mann ihre doch so gute Absicht mit dem Nachsenden des Hutes. Und dann das! Natürlich wird der Mann immer milder gestimmt und wird wegen seiner Handlungsweise ganz beschämt. Als Entschuldigung erzählt er die Sache, wie sie sich für ihn dargestellt hat.

AUFGABE 10

Wie könnte der Mann erzählen? Versetze dich in seine Lage, empfinde mit ihm sein Bedauern, und erzähle nur das als gewiss, was er sicher wissen kann – alles andere als Vermutung. Der ursächliche Zusammenhang seines Handelns soll deutlich werden.

MERKE

Zur Klärung des Zusammenhangs einer Bildgeschichte helfen dir
- Fragen nach den handelnden Personen (wie viele, Geschlecht, Beruf etc.) und ihren Beziehungen zueinander (Herr – Diener, verheiratet oder nicht etc.),
- die Fragen nach ihrem Handeln und den Gründen ihres Handelns
- und die Fragen nach begleitenden Umständen (Wetter, schnell oder langsam etc.).
- Hauptfragewörter zur Erschließung des ursächlichen Zusammenhangs sind warum und wie und wozu.

AUFGABE 11

Auch bei der Bildgeschichte auf S. 62 müssen wir uns zuerst die Zusammenhänge der Geschichte klar machen.
Wie viele Personen kommen vor? Männer, Frauen? Stellung der Personen? Gehören sie zusammen? Wenn ja – wie? Hauptpersonen, Randfiguren?

AUFGABE 12

Danach beschreibe knapp den Sachverhalt, der in jedem einzelnen Bild dargestellt ist und nenne auffällige Details (Einzelheiten). Die Frage nach dem **Was, Warum, Wozu** oder **Wie** muss dich dabei immer begleiten. Was siehst du alles in den Bildern? Ein Beispiel mag dir deine Aufgabe verdeutlichen.

Erstes Bild:
1. Der Burgherr übergibt seinem Diener einen Brief. Warum?
2. Er sagt etwas. Was?
3. Er sitzt am Tisch. Auf dem Tisch: Tintenfass und Feder. Warum? Was soll damit angedeutet werden?

Zweites Bild:
Diener eilt eine Treppe hinunter. Überspringt Stufen. Warum?

AUFGABE 13

In der Bildgeschichte erfüllt der Bote seinen Auftrag wortlos. Später im Wirtshaus, als er seinen Freunden von der Sache erzählt, lässt er seinen Gefühlen freien Lauf. Erzähle die Geschichte aus der Perspektive des Boten. Lass uns auch wissen, was er denkt und fühlt.

1
2
3
4
5
6
7
8
9

Eine Nacherzählung – was ist das?

7

Nacherzählen setzt der Fantasie Grenzen

„Nacherzählen – das ist doch ganz einfach!" Uwe ist zu einer Geburtstagsfeier eingeladen. Dort kennt er nur ein Thema: Das Buch, das er gerade gelesen hat. „Erzähl doch schon!", fordern seine Freunde ihn auf. Und Uwe beginnt zu erzählen:

> (1) Also, das war ein ganz gefährliches Abenteuer, als der Hannes seine Mutprobe auf dem Dach gemacht hat. (2) Die Krokodiler haben alle ganz laut geschrien, um ihn anzufeuern. (3) Aber dann konnte er nicht mehr vom Dach herunterklettern. (4) Maria stand in einem Telefonhäuschen und hat beobachtet, wie Hannes gerettet wurde. (5) Die Männer haben eine Strickleiter heruntergelassen, daran hat sich der Hannes festgehalten und wurde dann in den Hubschrauber hochgezogen.

„Das soll ein spannendes Buch sein?" Karin unterbricht den Erzähler und gähnt laut, damit alle merken, dass sie keine Lust mehr hat, weiter zuzuhören. Vermutlich geht es dir wie Karin: Du kannst Uwes Begeisterung für das Buch nicht teilen. Ob das an dem Buch liegt, das er gelesen hat? Oder vielleicht an der Art, wie Uwe erzählt?

Erinnere dich, die Nacherzählung ist in erster Linie eine Erzählung, nach einer Vorlage zwar, aber eben auch eine Erzählung. Viele der Regeln, die wir uns im ersten Teil für das Erzählen erarbeitet haben, sind hier genauso wichtig. Auch bei einer Nacherzählung sollte die Einleitung nicht fehlen, muss der Hörer/Leser ins Bild gesetzt werden, muss ihm Appetit gemacht werden. Und wenn die Geschichte erzählt wird, solltest du an den roten Faden denken, damit deinem Leser/Hörer der Zusammenhang der Ereignisse klar und deutlich vor Augen steht.

acherzählung nochmals genau durch. Was macht Uwe falsch? …at niemand so recht Lust, ihm zuzuhören? Notiere dir in Stichworten Uwes Hauptfehler.

Es ist offensichtlich, dass Uwe Schwierigkeiten mit dem anschaulichen, spannenden Erzählen hat. Vielleicht sollten wir einen Blick aufs Original, auf die Vorlage werfen, damit wir genauer vergleichen können.

AUFGABE 2

Lies den Anfang des Jugendbuches „Vorstadtkrokodile" von Max von der Grün aufmerksam durch. Vergleiche den Inhalt mit Uwes Geschichte. Weicht der Inhalt ab, wenn ja, wo?

Vorstadtkrokodile

Max von der Grün

„Du traust dich ja doch nicht! Du Angsthase!" rief Olaf, ihr Anführer.

Und die Krokodiler riefen im Chor: „Traust dich nicht! Traust dich nicht!"

Nur Maria, Olafs Schwester, dreizehn Jahre und damit ein Jahr jünger als ihr Bruder, hatte nicht mitgeschrien, sie hatte so viel Angst um Hannes, dass sie wegsah. Die neun Krokodiler standen in einem Halbkreis am Ende der Leiter, die senkrecht zehn Meter hoch zum Dach führte, und sahen gespannt zu, wie Hannes, den sie Milchstraße nannten, weil er so viel Sommersprossen im Gesicht hatte, langsam die Sprossen hochkletterte, um seine Mutprobe abzulegen. Die war Bedingung für die Aufnahme in die Krokodilbande. Hannes hatte Angst, das konnte man ihm ansehen, er war zudem nicht schwindelfrei, aber er wollte es den größeren Jungen beweisen, dass er als Zehnjähriger so viel Mut besaß wie sie, die alle schon diese Mutprobe abgelegt hatten. Hannes hing ängstlich an der verrosteten Feuerleiter und wagte nicht, nach unten zu sehen.

„Komm runter, du schaffst es ja doch nicht, du Schlappschwanz!", rief Olaf wieder, und die anderen Jungen lachten.

Hannes tastete sich langsam und vorsichtig die wackelige Feuerleiter zum Dach hoch. Je höher er kletterte, desto mehr schwankte die Leiter, denn ihre Verankerung war an mehreren Stellen aus der Wand gerissen. Einige Sprossen waren so verrostet, dass Gefahr bestand durchzubrechen, wenn sie belastet wurden. Hannes wagte nicht, nach unten zu sehen, er sah nur nach oben, wo er sein Ziel vor Augen hatte.

Endlich war Hannes am Dach angekommen. Er sah zum ersten Mal nach unten. Ihm wurde schwarz vor Augen, er machte sie sofort wieder zu, zehn Meter sind doch eine ganz schöne Höhe. Damit er nicht vor Angst aufschrie, presste er die Zähne aufeinander, so sehr, dass ihm die Kiefer schmerzten. Aber er hatte leider nur den ersten Teil der Mutprobe abgelegt, der zweite Teil bestand darin, dass er von der Leiter auf das Dach klettern und oben auf dem First beide Arme heben und „Krokodil“ rufen musste, dann durfte er wieder herunterklettern.

„Los! Weiter! Kletter doch auf das Dach“, rief Olaf.

„Nur keine Angst haben, Milchstraße“, rief Frank.

Maria sagte leise zu ihrem Bruder: „Lass ihn runterkommen. Er wird abstürzen.“

Aber Hannes kletterte schon von der Leiter über die Dachrinne auf das Dach, legte sich dort auf den Bauch und kroch langsam zum First hoch, wobei er sich mit den Händen an den Dachziegeln hochzog und mit den Füßen, wenn er einen Halt gefunden hatte, abstützte. Das ging langsam, Zentimeter für Zentimeter nur kam er vorwärts, es war mühsam und kräfteraubend, er musste vorsichtig sein, denn im Laufe der Jahre waren viele Dachziegel morsch geworden, verwittert, so dass seine Kletterei nicht ungefährlich war. Manchmal, wenn er glaubte, einen Halt gefunden zu haben, riss ein Dachziegel unter seinen Händen weg und klatschte unten auf den Hof. Dann blieb Hannes vor Schreck liegen, ohne sich zu rühren. Endlich war er am First angekommen.

Hannes keuchte, er ruhte ein paar Minuten auf dem Bauch liegend aus, dann setzte er sich vorsichtig auf, hob beide Arme und rief: „Krokodil, Krokodil! Ich hab’ es geschafft!“

Die Krokodiler unten auf dem Hof riefen zurück: „Du bist aufgenommen! Hurra! Milchstraße, komm runter, du bist aufgenommen!“

Und Olaf rief noch: „Das hast du gut gemacht. Prima!“

Aber seine Schwester, die neben ihm stand, sagte wieder leise: „Er wird bestimmt abstürzen.“

„Dumme Ziege“, zischte ihr Olaf zu, „halt die Klappe, was verstehst du denn schon davon.“

[…]

Auf das Dach hinaufzuklettern, war für Hannes bedeutend leichter gewesen als wieder herunterzukommen, denn beim Abstieg konnte er nicht sehen, wohin er seine Füße setzte, und zurückzuschauen traute er sich immer noch nicht, weil ihm dann schwindelig wurde.
Immer wieder, wenn seine Hände einen Halt gefunden hatten, musste er mit den Füßen eine Stütze ertasten, bis er darauf stehen konnte. Das war zwar mühsam, aber Hannes glitt allmählich auf dem Bauch Zentimeter um Zentimeter abwärts. An den Knien war seine Hose schon aufgerissen, und auch sein Pulli war an den Ellenbogen durchgescheuert. Seine Hände waren zerkratzt, und die Fingerkuppen bluteten. Hannes wollte, Hannes musste es schaffen, er musste den Krokodilern, die sich ihm gegenüber immer so herablassend benommen hatten, beweisen, dass er für die Bande weder zu jung noch zu schwächlich war. Wenn er unten auf dem Hof anlangte, dann war er einer der ihren, dann durfte keiner mehr sagen: Hau bloß ab, du halbe Portion.
Da plötzlich, schon im unteren Drittel des Daches, riss ein Ziegel, an dem sich Hannes mit dem Fuß abgestützt hatte, aus seiner Verankerung.
Langsam rutschte er auf dem Bauch abwärts, und ihm war erst gar nicht bewusst, was da passierte, aber als er merkte, dass er sich nirgendwo mehr festklammern konnte, schrie er so laut er nur konnte: „Hilfe! Hilfe! Ich stürze ab …“ Im Abrutschen riss er noch ein paar Ziegel heraus, die mit lautem Knall auf den Hof fielen und dort auf dem Betonboden in tausend Stücke zerplatzten. Die Krokodiler aber konnten ihm nicht helfen. Sie sahen, vor Schreck gelähmt, nur hinauf auf das Dach. Sie mussten ein paar Schritte zurücktreten, sonst wären sie von den herabfallenden Ziegeln getroffen worden. Maria biss sich vor lauter Aufregung in die Faust. Olaf sah mit offenem Mund nach oben, auch er brachte kein Wort hervor. Erst in der Dachrinne fand Hannes mit seinen Füßen wieder einen Halt, seine Hände klammerte er um eine freiliegende Dachlatte. Endlich schrie Olaf: „Hannes! Halt dich fest, wir holen Hilfe! Halt dich fest.“
Aber als Hannes in seiner Angst und Verzweiflung zu weinen anfing und zu schreien, liefen die Krokodiler plötzlich fort. Hannes, der es nicht sehen konnte, drückte sein Gesicht in das Loch des Daches und schrie weiter aus Leibeskräften um Hilfe. Er hoffte, einer der Krokodiler würde zu ihm aufs Dach klettern, um ihm zu helfen. Seine Angst steigerte sich, weil auch die Dachrinne zu schwanken begann. Auch sie war angerostet und stellenweise aus der Halterung gerissen. Er musste fürchten, daß sie jeden Moment auseinander

brach. Es war nur eine Frage der Zeit, wie lange die Dachrinne die Last noch trug.

Auch Maria war anfangs so verwirrt, dass sie hinter den Jungen hergelaufen war, hatte dann aber versucht, als sie schon außerhalb des Ziegeleigeländes waren, die Jungen aufzuhalten. Aber die rannten, als würden sie verfolgt. Sie rissen ihre Fahrräder aus dem Straßengraben, schwangen sich einer nach dem andern darauf und rasten davon, Richtung Papageiensiedlung. Die Krokodiler hatten plötzlich mehr Angst als Hannes auf dem Dach. Maria war hinter den Jungen hergefahren, wollte dann umkehren, besann sich aber und fuhr weiter bis zur Hauptstraße. Dort trat sie in eine Telefonzelle. Sie wählte die Nummer der Feuerwehr und rief aufgeregt in die Muschel: „Sofort kommen ... mit Leiter, auf das Ziegeleigelände an der Papageiensiedlung ... da hängt einer an der Dachrinne ... der stürzt ab ... sofort kommen!“ Dann hängte sie ein.

Als Maria wieder auf die Straße hinausgetreten war, glaubte sie Hannes schreien zu hören, aber das konnte wohl schlecht möglich sein, denn zur Ziegelei war es mehr als ein Kilometer, und der Verkehrslärm auf der Hauptstraße hätte Hannes' Schreien übertönt. Maria wartete vor dem Telefonhäuschen, und sie wusste nicht, was sie machen sollte.

Aber da hörte sie auch schon das Martinshorn der Feuerwehr, und gleich darauf sah sie das große rote Auto um die Kurve verschwinden, von wo aus eine schmale Straße zur Ziegelei führte. Sie schwang sich auf ihr Fahrrad und fuhr den Weg zurück, den sie gekommen war. Sie kam vor der Ziegelei an, als die Feuerwehrleute schon die lange Leiter ausgefahren hatten und ein Feuerwehrmann sich anschickte, auf der Leiter hinaufzuklettern.

Maria versteckte sich hinter den Sträuchern, damit sie von niemandem gesehen werden konnte, sie hatte Angst, dass es ihr jedermann ansehen könnte, dass auch sie Hannes im Stich gelassen hatte.

Dann sah sie einen zweiten Feuerwehrmann die Leiter hochsteigen, und es schien ihr, es sei nur noch ein Kinderspiel, Hannes vom Dach zu tragen, über die Leiter auf den Hof. Hannes schrie noch, als er längst wieder auf seinen eigenen Beinen stand. Dann weinte er. Einer der Feuerwehrmänner versuchte ihn zu beruhigen, aber einen zweiten hörte Maria sagen: „Verhauen sollte man dich, übers Knie legen. So ein Leichtsinn. Du kannst froh sein, dass du noch lebst ... na, dein Vater wird es dir schon besorgen.“

Wenn wir uns den Originaltext ansehen, stellen wir fest, dass Uwes Nacherzählung wirklich viel zu wünschen übrig lässt. Nicht nur mit dem Erzählen hat Uwe Schwierigkeiten, auch mit dem Erzählen nach einer Vorlage. Denn da, wo er sich nicht mehr richtig an den Originaltext erinnern konnte, hat er seiner Fantasie freien Lauf gelassen. Und das geht natürlich nicht bei einer Nacherzählung. Eine Nacherzählung setzt der Fantasie Grenzen, du musst dich schon an das halten, was im Text steht.

Bevor wir uns nun in den nachfolgenden Abschnitten daran machen, Uwes Nacherzählung schrittweise zu verbessern, halten wir fest, was wir bisher über die Nacherzählung gelernt haben.

MERKE

Gutes Nacherzählen bedeutet,
- dass du den Inhalt richtig wiedergibst und nichts dazuerfindest.
- dass du den Inhalt möglichst spannend und anschaulich wiederzugeben versuchst.

Den Leser ins Bild setzen

Was Uwes Nacherzählung vor allem fehlt, ist der **Zusammenhang**, der rote Faden. Du hast gemerkt, dass dieser rote Faden im Original durchaus vorhanden ist. Wer eine Geschichte so kennen und verstehen will, dass er sie gut nacherzählen kann, muss diesen roten Faden vor Augen haben. Deshalb wollen wir ihn in dem Originaltext zunächst einmal aufspüren. Wichtig dabei ist, die **Ausgangssituation** zu klären.

Der Hörer/Leser sollte zu Beginn einer Nacherzählung erst einmal die notwendigen Angaben über die Ausgangssituation bekommen (**wer**, **wann**, **wo**, **was**). Uwes Nacherzählung fällt gleich mit der Tür ins Haus – hilf ihm einmal.

AUFGABE **3**

Notiere alle Angaben, die Uwe zur Erklärung der Situation berücksichtigen müsste. (Wo spielt die Geschichte? Wer ist beteiligt? Um was geht es?) Kläre den Zusammenhang: Frage nach dem **Wie** und **Warum** der Ereignisse.

AUFGABE 4

Uwe hat aber auch die Reihenfolge der Ereignisse nicht mehr richtig im Gedächtnis.
Notiere zunächst von Zeile 1–58 alle Ereignisse, die dir wichtig erscheinen. Fasse dann deine Stichworte in einem Satz zusammen, oder finde eine Überschrift, die möglichst knapp über das Wichtigste informiert.

Wir haben jetzt gemeinsam einen **Erzählschritt** der Geschichte und damit den Anfang des roten Fadens erarbeitet. Wie aber geht es weiter, ohne dass wir auf falsche Fährten geraten, uns in weniger wichtige Einzelheiten verlieren?
Um dies zu vermeiden, teilen wir die Geschichte in **Erzählschritte** ein. Immer wenn ein neues Ereignis eintritt und/oder die Personen sich ändern und/oder die Zeit und/oder der Ort wechselt, brauchst du beim Gliedern der Geschichte eine neue Überschrift: Damit beginnt ein neuer Erzählschritt. Folgende Fragen helfen dir beim Gliedern einer Geschichte in Erzählschritte:

Was geschieht?
Wer ist beteiligt?
Wann spielen die Ereignisse sich ab?
Wo spielen sie sich ab?

Manchmal ist es nicht ganz einfach zu entscheiden, wo ein neuer Erzählschritt beginnen soll. Da verraten wir dir einen kleinen Trick. Warum nicht einmal statt zu erzählen die Geschichte als Comic zeichnen? Alles, was im Comic auf einem Bildchen dargestellt werden kann, gehört mit Sicherheit zu einem einzigen Erzählschritt. Wenn es dir Spaß macht, kannst du das an Uwes Geschichte gleich einmal ausprobieren.

AUFGABE 5

Schreibe zunächst aus dem Text (Zeile 1–58) der Reihe nach alles heraus, was dir wichtig erscheint.
Bestimme dann die Erzählschritte, indem du deine Stichworte durch Überschriften zusammenfasst. Bei der Bestimmung, wo eine neue Überschrift notwendig ist, helfen dir die zuvor genannten W-Fragen.

AUFGABE 6

Verbessere Uwes Nacherzählung: Erkläre in einem Satz die Ausgangssituation, führe dann alle sechs Erzählschritte (vgl. Aufgabe 4 und 5) jeweils durch zwei bis drei Sätze aus.

Nacherzählen setzt Verstehen voraus

Als Leser der Nacherzählung von Uwe haben wir eine Reihe von Fragen an ihn, die sich auf den Zusammenhang der Geschichte beziehen. Von Uwe erwarten seine Freunde und Freundinnen mit Recht, dass er die Geschichte so erzählt, dass sie gut zu verstehen ist. Wer nacherzählt, hat also eine Art **Übersetzerrolle.** Wir wollen von ihm nicht nur wissen, was in der Geschichte passiert; er muss auch erklären können, warum das so ist. Dazu muss der Erzähler die Geschichte selbst verstanden haben.

Bei der Verbesserung von Uwes Nacherzählung (vgl. Aufgabe 6) bleiben immer noch Fragen offen, die sich sein Publikum nicht erklären kann:

- Warum fahren die Krokodiler so plötzlich davon?
- Warum kehrt Maria zurück?
- Warum versteckt sie sich während der Rettungsaktion der Feuerwehr?

AUFGABE 7

Lies das Original von Uwes Nacherzählung nochmals genau durch und notiere die Stellen, die Antwort auf die offenen Fragen geben können.

Ein Schlüssel für das Verständnis von Geschichten ist die **Warum-Frage.** Mit diesem Schlüssel musst du dich erst einmal auf die Suche begeben und alle Türen zum Verständnis der Geschichte aufschließen. Erst dann kannst du die Geschichte so erzählen, dass andere dir folgen können.

AUFGABE 8

Verbessere nun Uwes Nacherzählung nochmals: Ergänze zu der Lösung, die wir dir zu Aufgabe 6 gegeben haben, die fehlenden Begründungen.

Am Leitseil der Leserfragen

Kein Wunder, dass Uwes Nacherzählung keinen großen Beifall gefunden hat. Wir haben einiges an Arbeit aufwenden müssen, um sie zu verbessern. Aber ist das wirklich schon eine gute Erzählung, was dabei herausgekommen ist?
Schon früher hast du festgestellt, dass es Uwes Erzählung an ‚Fleisch', an Anschaulichkeit und Spannung fehlt. Freilich will Uwe seine Geschichte nicht so ausführlich erzählen wie das Original. Dann könnte er sie ja gleich vorlesen. Wer nacherzählt, hat meist die Absicht, die Erzählung abzukürzen. An welchen Stellen soll Uwe nun aber kürzen, und wo sollte er ausführlicher erzählen, damit von der Spannung des Originals möglichst wenig verloren geht? Was hat denn deinen Leseappetit angeregt, an welchen Stellen findest du die Erzählung besonders fesselnd? Wenn du dir das klar machst, weißt du auch, wo Uwes Nacherzählung mehr ‚Fleisch' bekommen muss.

AUFGABE 9

Lies nochmals den Text auf S. 64 – 67. Welche Frage interessiert dich als Leser am Anfang der Geschichte? Wo spitzt sich die Neugierde des Lesers zu? Wo löst sich die Frage des Lesers?

Was zum Zuhören oder Lesen verlocken soll, ist nichts anderes als eine Frage, die der Erzähler/die Erzählerin beim Publikum entstehen lässt. Wieder geht es also um eine Frage, um eine Frage ganz anderer Art jedoch als die, die der Nacherzähler klären muss, um zusammenhängend und verständlich zu erzählen. Diese Frage – es können auch mehrere Fragen sein – soll möglichst nicht gleich beantwortet werden. Im Gegenteil; da sie das Leseinteresse aufrechterhält, soll ihre Beantwortung möglichst hinausgezögert werden. Gute Erzähler lassen ihr Publikum lange an dieser wie eine Angel ausgeworfenen Frage zappeln. Gerade wenn die Erzählung an den Punkt gelangt, wo sich die neugierige Frage des Publikums besonders zuspitzt, erzählen sie ausführlich, um Leser oder Zuhörer in den Bann zu ziehen.

Nach diesen Vorarbeiten ist es möglich, einen Plan für die Nacherzählung aufzustellen. Das ist besonders bei der schriftlichen Nacherzählung notwendig. Diesen Plan kannst du auch als Erzählfischchen zeichnen. Die Erzählschritte bilden die Gräte. An den Stellen, wo sich die Leserfrage zuspitzt, hat das Erzählfischchen seine größte Ausdehnung. Wir geben dir hier ein Muster.

Leserfrage:		Antwort:
Besteht Hannes die Mutprobe?	Wird Hannes gerettet?	

AUFGABE

10 Verbessere die Nacherzählung von Uwes Geschichte nochmals, indem du die in der Lösung zu Aufgabe 5 und 7 vorgeschlagene Erzählung da ausführlicher gestaltest, wo die Leserfrage sich zuspitzt. (Ergänze etwa vier Sätze.)

MERKE

Du musst die Geschichte, die du nacherzählen willst, gut kennen und verstehen.

Entschlüssele deshalb die Geschichte zunächst durch Vorarbeiten: Bestimme die Ausgangssituation und die Erzählschritte. Stelle die neugierige(n) Leserfrage(n) und die Warum-Fragen nach dem Zusammenhang. Damit erhältst du einen Bauplan für deine Nacherzählung.

Deine Fähigkeit als Erzähler bzw. Erzählerin ist gefragt.

8 Nacherzählen aus veränderter Sicht

Unterschiedliche Wahrnehmungen berücksichtigen

Mit welchem der Kinder aus dem Jugendbuch möchtest du befreundet sein? Vielleicht findest du Maria sympathisch, weil sie die Rettung von Hannes veranlasst? Oder Hannes selbst?
Schlüpf doch einmal in die Rolle von Maria oder Hannes und versuche, die Geschichte aus ihrer Sicht nachzuerzählen. Was würde sich verändern, wenn Maria oder Hannes die Geschichte in der Ich-Form erzählen würde? Beide sind zwar an dem Abenteuer beteiligt, aber ihre Wahrnehmungen, d.h. was sie sehen oder hören, sind dennoch sehr unterschiedlich. Wer die Ereignisse vom Dach aus erlebt wie Hannes, sieht und hört nicht alles, was die Krokodiler auf dem Ziegeleigelände wahrnehmen. Aus diesem Blickwinkel sind für Hannes zum Beispiel die Gesichter der einzelnen Kinder nicht mehr ganz genau zu erkennen. Er kann nicht mehr am Gesichtsausdruck feststellen, was sie fühlen oder denken, ob Olaf zornig oder Maria traurig ist. Vermutlich kann er auch nicht mehr hören, was gesprochen wird.
Umgekehrt können diese aber auch nicht alles mitbekommen, was Hannes auf dem Dach erlebt.

AUFGABE

1 Notiere, was Olaf/Maria aus ihrem Blickwinkel wahrnehmen, d.h. sehen und hören können.

Wer kann schon alles wissen – Erzählschritte neu bedenken

Versetze dich in die Rolle von Olaf. Auf dem Nachhauseweg wird er von einem Freund gefragt, wo denn der Hannes sei. Eine peinliche Frage! „Kann ich das wissen?“, antwortet er ärgerlich. Recht hat er! Wenn er die Geschichte aus seiner Sicht erzählen würde, könnte er auch nicht sagen, was mit Hannes auf dem Dach passiert ist, da er es ja gar nicht miterlebt hat. Vermutlich erfährt er aber von der Rettung zu einem späteren Zeitpunkt. Damit ändert sich die Reihenfolge der Erzählschritte folgendermaßen, wenn die Geschichte aus Olafs Sicht erzählt wird:

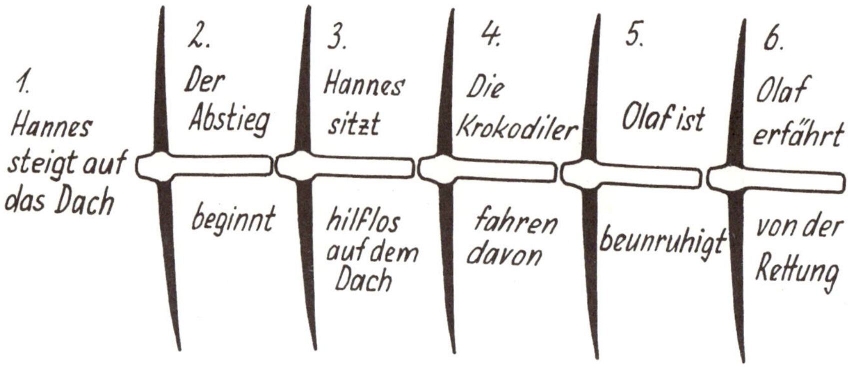

Aus der Sicht von Hannes würde die Reihenfolge der Erzählschritte wieder anders aussehen; denn auch er erlebt auf dem Dach nicht alles mit.

AUFGABE

2 Welche Erzählschritte ergeben sich, wenn aus der Sicht von Hannes erzählt wird?

Gedanken und Gefühle zum Ausdruck bringen

Überleg dir: Wie fühlt sich Olaf wohl, nachdem er mit den anderen Mitgliedern der Krokodilerbande davongefahren ist und Hannes im Stich gelassen hat? Sicher ist Olaf recht unbehaglich zumute.
Richtig spannend und anschaulich wird die Nacherzählung mit veränderter Perspektive erst dann, wenn du deine Hörer/Leser auch an den Gedanken und Gefühlen der Person teilhaben lässt, wenn du zum Ausdruck bringst, was sich im Kopf der beteiligten Personen abspielt.
Olaf z.B. macht sich sicher Gewissensbisse: Was ist mit Hannes auf dem Dach geschehen? Diese Frage quält ihn, und diese Frage sollte auch die Hörer/Leser von Olafs Erzählung in Atem halten.

Die Gedanken und Gefühle von Olaf können wir uns etwa so vorstellen:

> Ich fühle mich gar nicht gut. Hätten wir die Mutprobe zulassen dürfen? Der Hannes ist doch noch so klein. Ob seine Eltern davon erfahren? Was ist wohl inzwischen geschehen? Wie kann ich etwas herausbekommen?

AUFGABE 3

Stell dir die Gedanken und Gefühle vor, die Hannes äußern könnte, wenn er die Geschichte aus seiner Sicht erzählt, und notiere sie.

Wenn du beim Nacherzählen in die Rolle einer beteiligten Person schlüpfst, kennst du also nicht nur die äußeren Ereignisse. Du weißt auch, was in dieser Person vor sich geht. Außerdem kannst du auch mit den Augen dieser Person sehen und mit ihren Ohren hören. Achte also beim Erzählen darauf, dass du die Sinneseindrücke, die du in deiner Rolle wahrnehmen kannst, zum Ausdruck bringst.

AUFGABE 4

Hannes hört und sieht auf dem Dach manches, was die Krokodiler nicht wahrnehmen. Er sieht zum Beispiel, dass die Ziegel locker sind, hört …
Ergänze eine Reihe von Sinneseindrücken, die nur Hannes haben kann.

AUFGABE 5

Ergänze im Schlussteil eines Schüleraufsatzes, der die Geschichte aus der Sicht von Hannes erzählt, seine Gedanken und Gefühle. (Ergänze wörtliche Rede und Wendungen, die seine Gefühle zum Ausdruck bringen.)

1. Schweißgebadet klammerte ich mich an der Dachlatte fest. 2. ___________ sah ich, dass die Krokodiler alle verschwunden waren. 3. „___________“, dachte ich. 4. Da hörte ich ___________ das Martinshorn. 5. „___________“, überlegte ich. 6. ___________ hörte ich, wie der Wagen in das Gelände der alten Ziegelei einbog. 7. „___________“, überlegte ich. 8. ___________ klammerte ich mich jetzt noch fester an die Dachlatte. 9. Viele Gedanken schossen mir durch den Kopf: „___________.“ 10. Als der Mann die Leiter hochkam und mich mit festem Griff packte, fühlte ich ___________.

AUFGABE 6

Erzähle die Geschichte aus der Sicht von Maria. Achte darauf, dass du erzählst, was sie sehen und hören kann; bringe beim Erzählen ihre Gedanken und Gefühle zum Ausdruck.

MERKE

- Beim Nacherzählen eines Textes kannst du auch in die Rolle einer beteiligten Person schlüpfen und aus deren Sicht erzählen.
- Dabei verändert sich gegenüber dem Original oft die Zahl und Reihenfolge der Erzählschritte.
- Spannend und anschaulich wird deine Nacherzählung aus der Sicht einer beteiligten Person dann, wenn du Wahrnehmungen, Gedanken und Gefühle zum Ausdruck bringst. Was kann der Betreffende sehen, hören, was fühlt er?

Wir trainieren die Nacherzählung (I)

9

Du hast sicher schon einmal einen Schwank kennen gelernt. Die Geschichten von Till Eulenspiegel gehören zum Beispiel zu den Schwänken. Es sind lustige Geschichten; meist enden sie damit, dass einem, der es aufgrund seiner Bosheit oder Dummheit verdient hat, ein Streich gespielt wird. Oft spielen diese Geschichten in älterer Zeit. Ein Handwerksmeister, der Schuhmacher Hans Sachs, hat im 16. Jahrhundert solche Schwänke verfasst. Er hat sie allerdings nicht erzählt, sondern in Dialogform für Schauspieler geschrieben.

Leider können wir dir – aus Platzgründen – nicht die dramatisierte Form des Schwankes „Der fahrende Schüler im Paradies“ vorlegen. Aber wir haben eine Fassung des Stoffes in Prosa gefunden, die dir hoffentlich auch viel Spaß machen wird.

Von einem armen Studenten, der aus dem Paradies kam, und einer reichen Bäuerin

Ein armer Student ging einmal durch ein Dorf, der wenig Zehrgeld im Säckel bei sich trug, die Füße aber lieber unter dem Tisch hatte, als dass er in einem Buch studieren wollte, wie man deren viele findet. Wie er nun ins Dorf hineinkommt, geht er zu eines reichen Bauern Haus, der nicht daheim war, sondern ins Holz gefahren. Die Frau aber, die vordem schon einen Mann gehabt, der Hans hieß und ihr vor wenigen Jahren erst gestorben war, stand im Hof vor dem Haus. Wie sie nun den Studenten sah, sprach sie ihn an, fragte ihn, wer er sei und woher er komme. Antwortete der Student: „Ich bin ein armer Student und komme von Paris.“ Die gute, einfältige Frau verstand nicht recht, meinte, er habe gesagt, er käme aus dem Paradies. Deshalb fragte sie ihn noch einmal: „Kommt Ihr aus dem Paradies?“ – „Ja, liebe Frau“, sprach der Student, der gleich merkte, wen er vor sich hatte. Da sprach die Bäuerin: „Lieber guter Freund, kommt mit mir in die Stube! Dort will ich Euch noch Weiteres fragen.“ Als er nun in die Stube kam, hieß ihn die Frau sich niedersetzen, fing an und sagte: „Mein guter Freund, ich habe zuvor einen

Mann gehabt, hieß Hans und ist vor drei Jahren gestorben. Ach, du mein lieber Hans, Gott tröste deine liebe Seele! Ich weiß, dass er im Paradies ist, denn er ist ein frommer Mensch gewesen. Lieber Freund, habt Ihr ihn nicht im Paradies gesehen? Oder kennt Ihr ihn nicht?“ Der Student sagte: „Wie heißt er mit dem Zunamen?“ – „Man hat ihn nur Hans Gutschaf genannt; er schielte ein wenig.“ Der Student besann sich und sprach: „Potz ja, jetzt kenn ich ihn wohl.“ Die Frau sprach: „Ei, lieber Freund, wie geht's ihm, meinem guten Hans?“ Der Student: „Schlecht genug. Der arme Tropf hat weder Geld noch Kleider. Wenn gute Gesellen bisher nicht das Gröbste getan hätten, er wäre wohl Hungers gestorben; wenn einmal gute Gesellen miteinander zechen, holt er ihnen Wein und Brot und schenkt ein.“ Als die Frau das hörte, begann sie zu weinen und sprach: „Ach, du mein Hans, nun hast du bei mir nie einen Mangel gehabt und musst jetzt in jener Welt Mangel leiden! Hätte ich das gewusst, ich würde dich wohl versorgt haben mit Kleidern und Geld, damit du auch wie andere etwas verzehren könntest; denn du hast ja durch Gottes Gnade noch gute Kleider. Hätte ich nur einen Boten, ich wollte sie dir schicken und einen guten Zehrpfennig dazu.“ Als der Student das hörte, sprach er zu der Frau: „Liebe Frau, seid guter Dinge! Wenn es nur an dem Boten mangelt, so will ich's Euch zu Gefallen tun und ihm's bringen. Denn ich muss nächstens wieder ins Paradies; ich hab etlichen mehr Geld zu bringen.“ Als die Bäuerin das hörte, war sie froh, brachte dem Studenten zu essen und zu trinken und hieß ihn wacker zechen. „Derweil“, sprach sie, „will ich die Sachen zusammensuchen.“

Also ging sie hinauf in die Kammer an den Kasten, wo des Hansen Kleider lagen, nahm etliche Hemden, zwei Paar Hosen und den gefütterten Rock samt einigen Schnupftüchlein, packte es hübsch zusammen, dass es fein bequem zu tragen war. Danach nahm sie einige alte ungarische Gulden[1] und gute alte gestampfte Plappart[2], band sie in ein weißes Tüchlein, gab's dem Studenten samt dem Bündel und schenkte auch ihm etwas, damit er's um so besser ausrichte. Als er nun gegessen und getrunken hatte, nahm er das Bündel mit den Kleidern auf den Hals, dankte der Frau und zog davon.

Als es Mittag war, kam der Bauer aus dem Holz heim; die Frau lief ihm entgegen und sprach: „Lieber Hauswirt, soll ich dir ein Wunder erzählen? Es ist ein Mann bei mir gewesen, der kam aus dem Paradies und kennt meinen Hans selig gut; er hat mir gesagt, wie er so arm sei und großen Mangel leide. Da bin ich gegangen und hab ihm seine Kleider geschickt samt etlichen ungarischen Gulden und gestampften Plappart, von denen du nichts gewusst hast.“ Der Bauer erschrak und sprach: „Ei, du hast ihm den Teufel auf den Kopf gegeben“, stieg schnell auf seinen besten Hengst und eilte dem Studenten nach.

Der Student aber sah stets hinter sich, denn er ahnte wohl, wie es gehen werde. Als er nun den Bauern kommen sah, warf er geschwind das Bündel in einen Hag und fand zufällig da ein Paar Haghandschuhe[3] und eine Schaufel. Die nahm er zur Hand. Wie nun der Bauer zu ihm kam, fragte er, ob er nicht einen mit einem Bündel gesehen habe. – „Ja, wie er Euch gesehen hat, ist er über den Hag gesprungen und dem Holz zugelaufen.“ Der Bauer sprach: „Lieber, halte mein Ross; ich will ihm nacheilen.“ Springt also über den Hag und läuft dem Holz zu. Der Student nimmt das Bündel, sitzt auf das Ross und reitet davon.

Wie nun der Bauer niemanden fand, kehrte er zurück; da fand er weder das Ross noch den, der's ihm gehalten. Da merkte er wohl, wie es zugegangen. Als er nun heimkam, fragte ihn die Frau, ob er ihn gefunden habe. „Ja“, sagte er, „ich hab ihm das Ross dazugegeben, damit er schnell hinkommt.“

[1] ungarischer Gulden: Goldmünze aus Ungarn
[2] kleine Silbermünze
[3] Hag: Gebüsch am Wegrand; Haghandschuhe schützen die Hände vor Dornen, wenn man solches Gebüsch schneidet

In diesem und dem folgenden Kapitel zeigen wir dir noch einmal ausführlich und in kleinen Schritten, wie du bei der Nacherzählung am besten vorgehst.

In diesem Kapitel erarbeitest du dir zuerst das Inhaltsgerüst deiner Nacherzählung, den Bauplan. Im nächsten Kapitel übst du, wie sich eine Nacherzählung gestalten lässt.

Zum Bauplan einer Nacherzählung gelangst du mit folgenden Arbeitsschritten:

- Klären der Ausgangssituation
- Erarbeiten der Erzählschritte
- Zusammenhänge der Ereignisse klären
- Leserfragen klären

Die Ausgangssituation klären

AUFGABE 1

Charakterisiere auf einem Stichwortzettel in wenigen Sätzen die Ausgangssituation des Schwankes. Bestimme die Situation mit Hilfe von W-Fragen (Was? Wer? Wann? Wo?)

Um den Schwank wirklich zu begreifen, das gilt übrigens auch für alle anderen Texte, muss der Leser/Hörer die Eigenschaften der beteiligten Personen durchschauen. Wenn der Autor der Vorlage keine Angaben zur Person macht, kannst du die Eigenschaften der Personen an ihrem Verhalten erkennen und daran, was sie sprechen. Im wirklichen Leben machst du es genauso; auch da wirst du vom Verhalten der Personen (was sagen sie, was tun sie), auf ihren Charakter, ihr Wesen schließen.

AUFGABE 2

Achte genau auf die Verhaltensweisen und die Äußerungen der Bäuerin. Wo zeigt sich ihre Dummheit?

AUFGABE 3

Überlege dir das Verhalten des Studenten und des Bauern. Finde für jeden eine charakteristische Eigenschaft.

AUFGABE 4

Wenn du Bauer und Bäuerin miteinander vergleichst, was fällt dir auf?

Die Erzählschritte bestimmen

Du erinnerst dich, die Erzählschritte bilden den roten Faden deiner Nacherzählung. Darum ist es so wichtig, die einzelnen Erzählschritte des Textes zu kennen und in der richtigen Reihenfolge wiederzugeben.

AUFGABE 5 Bestimme die Erzählschritte des Schwanks zunächst aufgrund des Wechsels von Ort, Zeit und Personen.

Das einfachste Merkmal für das Einsetzen eines neuen Erzählschrittes ist der Wechsel von Ort, Zeit und Personen. Anhand dieser Merkmale lässt sich der Schwank ganz leicht in Erzählschritte gliedern.

AUFGABE 6 Prüfe, ob die Erzählschritte, die du nach dem Gesichtspunkt des Wechsels von Ort, Zeit und Personen festgelegt hast, ausreichen. Achte dabei vor allem darauf, wo neue Ereignisse eintreten.
Grundsätzlich solltest du aufpassen, dass du nicht zu viele Erzählschritte ansetzt. Beschränke dich auf das Wesentliche!

AUFGABE 7 Zeichne die Erzählschritte für eine Erzählung aus der Sicht des Bauern auf.

Den Zusammenhang der Ereignisse herausarbeiten

Mit dem Klären der Ausgangssituation, dem Charakterisieren der handelnden Personen und dem Bestimmen der Erzählschritte ist deine Vorarbeit für die Nacherzählung noch nicht beendet. Denn ob du eine Geschichte wirklich ganz und gar verstanden hast, wird erst deutlich, wenn du die Abfolge der Ereignisse begründen kannst, wenn du sieht, wie eines ins andere greift, wenn du deutlich machen kannst, wie ein Ereignis vom anderen abhängt.
Ein wichtiges, wenn nicht dein wichtigstes Hilfsmittel überhaupt dabei, ist die Warum-Frage. Frage dich immer wieder: Warum geschieht das? Warum tut die Person das?

Karin hat eine Nacherzählung der Geschichte vom fahrenden Studenten im Paradies verfasst. Sie liest ihre Nacherzählung Uwe vor:

Da gab es einen fahrenden Studenten. Der fahrende Student sagte zu einer Bäuerin, dass es ihrem ersten Mann im Paradies sehr schlecht gehe. Da gab die Bäuerin dem fahrenden Student Geld und Kleider mit auf die Reise. Als der Mann der Bäuerin nach Hause kam, erzählte sie ihm, was sie getan hatte. Der Bauer ritt dem fahrenden Student nach. Als der fahrende Student den Bauern sah, versteckte er das Bündel mit Geld und Kleidern. Der Bauer fragte den fahrenden Studenten: „Hast du einen Mann mit einem Bündel gesehen?“ „Ja, antwortete der fahrende Student, „er ist gerade in den Wald gelaufen.“ Da ließ der Bauer sein Pferd bei dem Fremden zurück und rannte in den Wald. Als der Bauer weg war, schwang sich der Student auf das Pferd und ritt davon. Der Bauer ärgerte sich und musste zu Fuß nach Hause gehen. Als die Bäuerin ihn endlich im Hof erblickte, fragte sie: „Wo ist dein Pferd?“ „Das habe ich dem Mann gelassen, damit er schneller ins Paradies kommt“, antwortete der Bauer.

„Du hast dir die Geschichte gut gemerkt“, lobt Uwe. „Aber hast du sie auch verstanden?“ Und dann beginnt er, sie nach dem Zusammenhang der Geschichte zu fragen.

AUFGABE 8

Versetz dich in Uwes Rolle. An welchen Stellen von Karins Erzählung würdest du nachfragen? Notiere deine Warum-Fragen.

AUFGABE 9

Die Antworten auf Uwes Fragen kannst du aus dem Schwank herauslesen. Beantworte Uwes Fragen aufgrund des Originals.

Leserfrage(n) beachten

Auch bei dem Schwank von Hans Sachs wird die Neugierde des Lesers gereizt, indem der Text Anlass zu Fragen gibt.

AUFGABE 10

Welche Frage stellt sich der Leser aufgrund des Missverständnisses am Anfang des Schwanks?
Wo löst sich diese Frage?

Wenn der Student das Haus mit Geschenken für den ersten Mann der Bäuerin verlässt, ist den Lesern klar geworden, dass der schlaue Student die Dummheit der Bäuerin ausnützt. Damit, so scheint es, könnte der Schwank enden. Aber nein, da kommt ja eine neue Person ins Spiel, und erneut stellen sich Fragen.

AUFGABE 11

Welche Frage stellt sich dir beim Auftreten des Bauern?
Welche weiteren Fragen stellen sich im Verlauf des Schwankes?

Der Schwank wirkt besonders komisch, weil Bauer und Bäuerin sich in ihrer Leichtgläubigkeit und Dummheit geradezu überbieten. Dreimal wird also in diesem Schwank die Neugierde des Publikums angereizt.

AUFGABE 12

Zeichne als Plan für die Nacherzählung des Schwankes das Erzählfischchen. (Dazu gehören Erzählschritte und Leserfragen; vgl. dazu S. 80 ff.).

10 Wir trainieren die Nacherzählung (II)

Beim Erzählen ist das **Wie** mindestens ebenso wichtig wie das, was erzählt wird. Manche Kinder behaupten von sich, dass sie einfach keinen Aufsatz schreiben können. Aber niemand wird als guter Aufsatzschreiber geboren. Erzählen kannst du lernen.
Beim mündlichen Erzählen hast du eine große Hilfe: Du siehst dein Publikum vor dir, merkst, wie es reagiert. Wenn du nicht verstanden wirst, können die anderen nachfragen. Stell dir also auch beim Schreiben vor, dass du die Geschichte anderen mündlich erzählst; versuche vorherzusehen, wo deine Hörer Verständnisprobleme bekommen könnten.

Den Zusammenhang von Ereignissen sprachlich darstellen

AUFGABE 1

Vergleiche die beiden Anfänge einer Nacherzählung des Schwankes. Welche Nacherzählung ist leichter verständlich? Woran liegt das?
(Lies unter Umständen die Sätze laut, um ihre Wirkung festzustellen.)

Beispiel 1

Ein armer fahrender Student ist in ein Dorf gekommen. Er hat eine reiche Bäuerin getroffen. Der Student hat gesagt: „Ich komme aus Paris." „Ach, kommt ihr aus dem Paradies?", hat die Bäuerin geantwortet. „Habt ihr vielleicht meinen ersten Mann gesehen? Er war so ein guter Mann!"

Beispiel 2

Eines Tages kam ein fahrender Student in ein Dorf. Dort sah er, wie eine reiche Bauersfrau vor der Tür ihres Hauses stand. Er begann ein Gespräch mit ihr, und die Bäuerin wollte wissen, woher er komme.

„Aus Paris komme ich", antwortete der Student. Da die Bäuerin ziemlich einfältig war, verstand sie, dass er aus dem Paradies komme. Um mehr zu erfahren, bat sie den Studenten in die Stube. Denn sie glaubte, dass der Student ihren ersten Mann, dem sie nach seinem Tode sehr nachtrauerte, im Paradies getroffen habe.

Je besser du zu erkennen gibst, wie die Ereignisse zusammenhängen, desto leichter wird das Zuhören oder Lesen. Wie wichtig die Beantwortung der Warum-Frage ist, haben wir schon an verschiedenen Beispielen gezeigt. Zusammenhänge kannst du durch begründende Konjunktionen (weil, da) schaffen. Aber auch der Hinweis auf Gegensätze (aber, doch, sondern), auf Zwecke (damit) und Folgen (so dass) hilft dem Leser beim Verständnis des Zusammenhangs. Außerdem gibt es eine Reihe von Adverbien (z.B. dort, hier; dann, darauf), die als Orientierungshilfen für deine Leser dienen.

Schwer lesbar ist auch eine Erzählung im Perfekt. Wir verwenden deshalb bei der **schriftlichen** Nacherzählung das Präterium (≈ Imperfekt ≈ 1. Vergangenheit).

AUFGABE 2

Verbessere jetzt die Fortsetzung der Nacherzählung. Versuche, möglichst viele Konjunktionen und Adverbien zu benutzen. Verwende das Imperfekt.

Der Student hat gefragt: „Was hat Euer Mann für eine Kleidung gehabt?" Die Frau hat geantwortet, dass er mit einem blauen Hut und einem Leintuch ins Grab gelegt worden ist. Da hat der Student erzählt, dass er das im Paradies noch immer getragen hat. Er sei sehr arm, es fehle ihm dort an allem. Die Frau hat dem Studenten Geld und Kleider gegeben und ihn gebeten, dass er die Geschenke ihrem ersten Mann bringe. Sie hat sogar gefragt: „Wann kommt Ihr wieder aus dem Paradies zurück?" Der Student hat gesagt, dass das nicht so bald geschieht und ist rasch davongegangen.

Es klingt schwerfällig, wenn wir hören (oder lesen): „Der Student hat gesagt … Da hat der Student geantwortet …" Das ist nicht nur unschön, es stört geradezu auch den Zusammenhang der Erzählung, wenn die Personen immer wieder benannt werden, als würden wir sie noch nicht kennen. Um das zu vermeiden, gibt es die Personalpronomen (persönlichen Fürwörter, z.B. er/sie).

AUFGABE 3

Verbessere die Nacherzählung auf S. 82, indem du die Häufung von Substantiven (Hauptwörtern) durch Pronomen ersetzt.
Ergänze außerdem die fehlenden Begründungen.
Beginne bei jedem neuen Erzählschritt einen neuen Absatz.

Deine eigene Sprache ist gefragt

Wer nacherzählt, ‚übersetzt' die Geschichte in die eigene Sprache. Deine Nacherzählung sollte für andere Kinder leichter verständlich sein als das Original.
Der Schwank vom fahrenden Student aus dem Paradies stammt aus älterer Zeit; das merkst du deutlich an der oft ungewohnten Sprache und den vielen heute nicht mehr gebräuchlichen Wendungen. Bei einer Nacherzählung kommt es nun darauf an, diese altertümliche Sprache in zeitgemäßes Deutsch zu übertragen.

> Ein armer Student ging einmal durch ein Dorf, der wenig Zehrgeld im Säckel bei sich trug, die Füße aber lieber unter dem Tisch hatte, als dass er in einem Buch studieren wollte, wie man deren viele findet. Wie er nun ins Dorf hineinkommt, geht er zu eines reichen Bauern Haus, der nicht daheim war, sondern ins Holz gefahren. Die Frau aber, die vordem schon einen Mann gehabt, der Hans hieß und ihr vor wenigen Jahren erst gestorben war, stand im Hof vor dem Haus. Wie sie nun den Studenten sah, sprach sie ihn an, fragte ihn, wer er sei und woher er komme. Antwortete der Student: „Ich bin ein armer Student und komme von Paris."

AUFGABE 4

Schreibe alle Stellen heraus, an denen die Sprache moderner, verständlicher gestaltet werden sollte.

AUFGABE 5

Überlege, was die heute nicht mehr gebräuchlichen Wörter bedeuten. Versuche die Bedeutung aufgrund des Zusammenhangs zu erschließen.

AUFGABE 6

Übertrage den Abschnitt in moderne Sprache. Den ersten Satz geben wir dir vor:

> „Ein armer Student, der wenig Geld in der Tasche hatte und lieber faulenzen als studieren wollte, wie es viele gibt, ging einmal durch ein Dorf ...“

AUFGABE 7

Lies die Fortsetzung des Schwankes von Hans Sachs (vgl. S. 77 ff.) und schreibe alle Wendungen heraus, die du selbst nicht gebraucht hättest.

Raffen und Dehnen an den richtigen Stellen

Ein Zweck der Nacherzählung kann das Kürzen einer Geschichte sein. Die Höhepunkte der Geschichte, wo sich die Neugierde des Publikums zuspitzt, müssen zwar erhalten bleiben. Die anderen Teile sollen aber knapp und zügig erzählt werden. Was macht die Erzählung breit und ausführlich? Unter anderem die wörtliche Rede, weil sie uns zwingt, die Ereignisse so genau mitzuverfolgen, als wären wir ein Zaungast, der nicht nur jede Einzelheiten sehen, sondern auch hören kann. Die wörtliche Rede ist ein gutes Mittel anschaulichen Erzählens. An Stellen aber, wo es rasch vorangehen soll, ist sie nicht angebracht. Da ersetzen wir sie durch die indirekte Rede. Wir geben dir ein Beispiel für die Umsetzung von direkter in indirekte Rede. Direkte Rede: „Die Bäuerin sagte zu dem Studenten: ‚Kommt doch herein in die Stube.‘ Indirekte Rede: „Die Bäuerin sagte zu dem Studenten, dass er doch in die Stube kommen solle.“

AUFGABE 8

Arbeite nun auch den 2. Teil des Schwankes (Z. 10 – 53) in deine eigene Sprache um. Versuche dich noch stärker als in Aufgabe 4 von deiner Vorlage zu lösen. Schränke den Gebrauch der wörtlichen Rede möglichst ein und ersetze sie durch indirekte Rede.
Deine Umarbeitung könnte zum Beispiel so beginnen:

„Da die Bäuerin ziemlich einfältig war, verstand sie, der Student komme aus dem Paradies. Als sie deshalb nachfragte, ob das auch wirklich stimme, dass er im Paradies gewesen sei, stimmte ihr der Student, der ihre Dummheit durchschaute, zu."

An Stellen der Erzählung, wo du deine Leser besonders in Atem halten willst, musst du ausführlich erzählen, also die Geschichte „dehnen". Das erreichst du vor allem durch anschauliches Erzählen. Weshalb wirken Filme oft spannender als Bücher? Im Krimi sehen wir nicht nur, wie der Verbrecher flieht, wir hören den Atem beim Laufen, den Motorenlärm des davonrasenden Autos. An allem, was du hören, sehen, fühlen, riechen oder schmecken kannst, wirst du als guter Erzähler oder gute Erzählerin dein Publikum teilhaben lassen.

AUFGABE 9

Auf Seite 83 hast du das Erzählfischchen für die Nacherzählung des Schwankes gezeichnet. Nimm die Lösung dieser Aufgabe zur Hand und notiere für die Stellen, an denen die Beantwortung der Leserfrage kurz bevorsteht (Erzählschritt 2, 6, 7) die Sinneseindrücke, die du beobachten kannst. Stell dir vor, dass du dich mit Kamera und Tonband versteckt hast und möglichst viele Eindrücke ‚einfangen' willst.

Im Film gibt es noch zwei andere Möglichkeiten, das Publikum zu fesseln und bestimmte Ereignisse hervorzuheben: die Großaufnahme und die Zeitlupe. Bei der Großaufnahme wird zum Beispiel ein Gesicht in allen Einzelheiten gezeigt; die Zeitlupe zeigt bei einem Bewegungsablauf alles viel genauer, indem die Bewegung langsamer abläuft als in Wirklichkeit. Diese Möglichkeiten kannst du auch beim Erzählen einsetzen, um die Geschichte zu „dehnen". Die Dummheit der Bäuerin kannst du zum Beispiel veranschaulichen, wenn du ihr Gesicht in dem Augenblick in ‚Großaufnahme' zeigst, als sie meint, der Student sei aus dem Paradies gekommen: andächtig staunt sie an dem Studenten empor, ein Strahlen geht über ihr Gesicht ...

AUFGABE 10

Stell dir das Gesicht des Bauern in ‚Großaufnahme' vor, als seine Frau ihm erzählt, was sie dem Studenten als Geschenk für ihren ersten Mann mitgegeben hat. Er wird bleich vor Schrecken, holt tief Atem ... Setze die Reihe der Beobachtungen fort.

Die Neugierde der Leser/innen kannst du durch eine Dehnung von Bewegungsvorgängen, also durch die Zeitlupe, anheizen. Die vergebliche Suche des Bauern nach dem Flüchtigen kannst du in zwei Sätzen erzählen.

Fesselnd wird deine Erzählung, wenn du dazu noch mit der ‚Erzählkamera' Einzelheiten einfängst, zum Beispiel:

> „Der Bauer rannte, so schnell er konnte, querfeldein. Nach einiger Zeit blieb er stehen ..."

AUFGABE 11

Gestalte die Erzählung an dieser Stelle aus. Führe auf, was der Bauer im Einzelnen tut.

AUFGABE 12

Lies jetzt den Schluss des Schwanks (Z. 54–78). ‚Dehne' die Erzählung da, wo sich die Neugierde der Leser zuspitzen soll. Verwende alle zur Verfügung stehenden Möglichkeiten: Sinneseindrücke, ‚Großaufnahme' und ‚Zeitlupe'.

AUFGABE 13

Schreibe eine Nacherzählung des Schwankes. Die bisher erarbeiteten Teile kannst du verwenden.

Nochmals Nacherzählung aus veränderter Sicht

Die Möglichkeit, beim Erzählen ein wenig Theater zu spielen, hast du schon kennen gelernt. Du schlüpfst ganz einfach in die Rolle der Bäuerin, des Bauern oder des Studenten und erzählst die Geschichte in der Ich-Form. Dass sich dabei die Reihenfolge der Erzählschritte und damit die Proportionen des ‚Erzählfischchens' ändern können, weißt du schon.

AUFGABE 14 Zeichne das Erzählfischchen (Erzählschritte und Leserfrage) für die Erzählung in der Rolle des Studenten.

AUFGABE 15 Zeichne das Erzählfischchen für die Erzählung in der Rolle des Bauern.

Bei der Veränderung der Perspektive ändert sich aber nicht nur das, was du erzählst. Der Bauer, der Student oder die Bäuerin unterscheiden sich beim Erzählen auch dadurch, wie sie erzählen. Ihre Rolle kommt vor allem in Gedanken und Gefühlen zum Ausdruck, die sie zu den Ereignissen äußern. Die Bäuerin stellt zum Beispiel schon Überlegungen an, bevor sie dem Studenten die Gaben für ihren verstorbenen Mann aushändigt. Wie können wir nun diese Gedanken sprachlich geschickt zum Ausdruck bringen?

Die Bäuerin erzählt zum Beispiel, als sie das Wort Paris missverstanden hat:

> „Ich dachte mir: ‚Da muss der Student ja meinen lieben Mann kennen …‘“

Wenn du nun weitere Gedanken der Bäuerin zum Ausdruck bringen willst, müsstest du eigentlich jeden Satz mit „ich dachte“ oder „ich überlegte“ einleiten. Das wirkt auf die Dauer aber sprachlich schwerfällig und ungeschickt. Zum Glück gibt es einen Trick, der dir in diesen Fällen weiterhilft.

Du gibst einfach deine Überlegungen als Bäuerin, Bauer oder Student direkt ohne solche Einführungen wieder. Das sieht dann zum Beispiel so aus:

> „Aus dem Paradies kam der Student also! Da musste er ja meinen ersten Mann dort kennen gelernt haben! War das ein Glücksfall! Da konnte ich dem lieben Hans vielleicht etwas zukommen lassen. Ich wusste ja nicht, wie es ihm im Paradies erging.“

Wenn du die Gedanken der Bäuerin ohne die Einleitung „ich dachte“ zum Ausdruck bringst, stehen ihre Überlegungen in der Vergangenheit.

AUFGABE 16

Setze das Beispiel fort und ergänze weitere Gedanken der Bäuerin in derselben Art.

AUFGABE 17

Schreibe auch die Gedanken, die der Bauer hat, als ihm seine Frau erzählt, was sie dem Studenten mitgegeben hat, in derselben Form auf.

Wenn du an einer Stelle zügiger erzählen willst, solltest du die Gedanken der Personen nicht in allen Einzelheiten wiedergeben. Die oben breit ausgeführten Gedanken der Bäuerin können auch in einem Satz zusammengefasst werden:

> „Freudig überlegte ich, dass der Student im Paradies meinen ersten Mann kennen gelernt haben musste und ihm vielleicht einige Gaben überbringen könne."

AUFGABE 18

Fasse die in Aufgabe 17 ausgeführten Gedanken des Bauern in einem Satz zusammen.

Die Ich-Erzähler/innen können auch etwas über die Gefühle sagen, die ihre Gedanken begleiten. Sprachlich kann das durch adverbiale Bestimmungen zum Ausdruck kommen. So überlegt die Bäuerin „freudig", welche Folgen sich daraus ergeben können, dass der Student angeblich aus dem Paradies kommt. So können Erzähler/innen auch zum Ausdruck bringen, was sie von ihren eigenen Handlungen, Gedanken oder Gefühlen halten. Die Bäuerin könnte zum Beispiel der Meinung sein, dass sie „blitzschnell scharfe Überlegungen" anstellte. Du kannst es deinem Publikum überlassen, für wie glaubwürdig es dein Urteil hält, vor allem wenn du deine Rolle als Erzählerin = Bäuerin gut spielst.

AUFGABE 19

In der folgenden Erzählung tritt der Bauer als Ich-Erzähler auf. Ergänze die Lücken im Text, indem du fehlende Gedanken und Gefühle und ihre Bewertung durch den Bauern einfügst. Wir geben dir am Anfang des Textes Beispiele.

Ich rannte, so schnell ich konnte, in die Richtung, die mir der Fremde angegeben hatte. „Der Schurke wird mir nicht entgehen“, dachte ich. Weit konnte er ja noch nicht gekommen sein! „Er darf nur nicht merken, dass er verfolgt wird“, sagte ich im Stillen zu mir. Am Waldrand blieb ich erst einmal stehen und überlegte ______________ . ______________ schlich ich mich von Baum zu Baum. „______________“, dachte ich. Als schon eine Stunde vergangen war, fühlte ich ______________ . Sollte ______________ ? ______________ beschloss ich, zu meinem Pferd und dem Fremden zurückzukehren. Als ich von weitem weder den Fremden noch mein Pferd entdecken konnte, dachte ich: „______________“ Sollte ______________ ? Als ich zu der Stelle kam, wo ich mein Pferd bei dem Fremden zurückgelassen hatte, war kein Zweifel mehr: Der Fremde war mit dem Pferd verschwunden. Da fühlte ich, ______________ .

AUFGABE 20

Erzähle die Geschichte aus der Sicht der Bäuerin (des Studenten). Verwende dabei möglichst alle sprachlichen Mittel, die wir vorgeschlagen haben.

MERKE

- Verwende beim Nacherzählen deine eigene Sprache.
- Erzähle im Präteritum. Mache Abschnitte zwischen den Erzählschritten.
- Achte beim Erzählen auf den Zusammenhang. Verdeutliche ihn durch Konjunktionen.
- Beachte die Proportionen des Erzählfischchens: Durch Raffen hältst du es schmal, durch Dehnen bekommt es mehr Fleisch.
- Die indirekte Rede rafft die Erzählung, die direkte dehnt sie. Dehnen kannst du auch durch Beobachtung von Sinneseindrücken, ‚Großaufnahme‘ und ‚Zeitlupe‘.
- Deine Gedanken und Gefühle kannst du als Ich-Erzähler/in auch ohne Redeeinführung ausdrücken. Sie stehen dann in der Vergangenheit.

Regeln für die gute Nacherzählung

MERKE

Durch Vorarbeiten musst du den Bauplan des Originals bestimmen. Zum Bauplan gehören die Ausgangssituation (Was? Wann? Wer? Wo?), die Erzählschritte (auch roter Faden oder Gräte des Erzählfischchens genannt), die Warum-Fragen und die neugierige(n) Leserfrage(n). Wo sich die Leserfrage(n) zuspitzen, hat das Erzählfischchen seine größte Ausdehnung.

Die Sprache der Nacherzählung ist möglichst selbstständig.

Die schriftliche Nacherzählung steht im Präteritum.

Beim Nacherzählen musst du deinem Publikum den Zusammenhang der Geschichte verdeutlichen. Benutze dazu Konjunktionen. Wechsle im Erzählzusammenhang zwischen dem Gebrauch von Substantiven und Personalpronomina.

Wo das Erzählfischchen schmal sein soll, musst du raffen. Soll es mehr Fleisch bekommen, musst du dehnen.

Beim Raffen fallen unwichtige Einzelheiten weg. Direkte Rede wird in indirekte Rede verwandelt.

Beim Dehnen verwendest du die direkte Rede. Außerdem kannst du durch die ‚Zeitlupe' (Bewegungen werden in allen Einzelheiten erzählt), ‚Großaufnahme' (z.B. genaue Beobachtung des Gesichtsausdrucks) und Beobachtung von Sinneseindrücken (alles, was du hören, sehen, riechen, schmecken, fühlen kannst) die Erzählung dehnen.

Beim Erzählen mit veränderter Perspektive ändern sich meist Zahl und Reihenfolge der Erzählschritte. Bestimme also zunächst den veränderten Bauplan.

Versetze dich ganz in die Rolle des Ich-Erzählers/der Ich-Erzählerin. Teile mit, was er/sie denkt und fühlt und wie er/sie sich und andere beurteilt.

APPELLIEREN

1 Verbote – Gebote – Warnungen

Die Schüler der 6b kommen an einem Mittwochmorgen in die Schule und sehen am Schultor ein Schild mit folgendem Text:

> **Abstellen von Fahrrädern verboten!**
>
> Unbefugt abgestellte Fahrräder werden kostenpflichtig entfernt!
>
> Die Schulleitung

Viele Eltern und Schüler sind der Meinung, dass dieser Text sehr unhöflich sei, die gute Atmosphäre der Schule empfindlich störe. Da Ermahnungen und gute Worte bisher nichts genützt haben, meint der Direktor, müsse auf jeden Fall dort ein Schild angebracht sein. Er sei aber auch bereit, ein Schild mit einem anderen Text aufhängen zu lassen.

AUFGABE 1

Wie wirkt das Schild auf dich? Kreuze an.

- ☐ ansprechend
- ☐ bittend
- ☐ informativ
- ☐ bestimmend
- ☐ höflich
- ☐ unhöflich

AUFGABE 2

Was will der Schulleiter mit einem solchen Schild erreichen? (Absicht) Kreuze an.

- ☐ Er möchte den Schülern verbieten, mit dem Fahrrad zur Schule zu kommen.
- ☐ Er möchte, dass der Fahrradkeller benutzt wird.
- ☐ Er möchte die Schüler auffordern, ihre Fahrräder nicht mehr am Schultor, sondern im Fahrradkeller abzustellen.

AUFGABE 3

Welche Gründe könnte er haben? (Begründung) Kreuze an.

- ☐ Er will den Schülern endlich einmal zeigen, wer das Sagen hat.
- ☐ Er will Ärger mit der Nachbarschaft und der Polizei vermeiden.
- ☐ Er will zeigen, dass an seiner Schule Ordnung herrscht.

MERKE

Will man erreichen, dass Personen einer Aufforderung oder Bitte nachkommen, dann sollte man möglichst Absicht und Begründung nennen.

Der Schulleitung ist es nicht gelungen, mit dem Schild die Schüler zu bewegen, ihrer Aufforderung nachzukommen.

AUFGABE 4

Was fehlte nach Meinung vieler Eltern und Schüler bei dem Schild?
Zwei der folgenden Begriffe machen dies deutlich. Unterstreiche die beiden Begriffe.

Einladung **Aufforderung** **freundliche Ansprache** **Zeichnung**
Begründung **Information** **Verbot**

Die Schüler überlegen sich nun andere Texte für das Schild und wollen diese der Schulleitung als Vorschlag vorlegen. Die Vorschläge, die sie erarbeitet haben, findest du auf der folgenden Seite.

Stellt eure Fahrräder bitte ab heute in den Fahrradkeller. Ihr erspart uns dadurch viel Ärger mit den Nachbarn und der Polizei. Danke für euer Verständnis!

Die Schulleitung

Eure Fahrräder gehören in den Fahrradkeller. Hier behindern sie die Fußgänger. Im Interesse einer guten Nachbarschaft müssen wir künftig alle hier abgestellten Fahrräder kostenpflichtig entfernen lassen.

Denkt daran: Eure Fahrräder gehören in den Fahrradkeller!

AUFGABE 5

Unterstreiche in den Textvorschlägen

die Absicht ____________

die Begründung - - - - - - - -

die freundliche Ansprache ....

AUFGABE 6

Für welchen Vorschlag würdest du dich jetzt entscheiden? Kreuze an. Begründe dann deine Entscheidung.

a) ☐ b) ☐ c) ☐

Im Lösungsteil kannst du nachlesen, für welchen Vorschlag sich die 6b entschieden hat. Stimmt deren Entscheidung mit deiner überein?

MERKE

Wenn man mit einer Aufforderung oder Bitte etwas bei jemand anderem erreichen will, sollten möglichst Absicht, Begründung und freundliche Ansprache im Text enthalten sein.

Bei der Diskussion über das beste Schild wirft Michaela ein, dass es gar nicht so einfach sei, ein Verbot mit freundlicher Ansprache zu verbinden. Die übrigen Mitschüler stimmen ihr zu. Außerdem komme es auch noch darauf an, ob man Kinder, Erwachsene oder beide zusammen anspricht.
Wenn du auch dieses Problem hast, dann hilft dir die folgende Übung.

AUFGABE 7

Unterstreiche erst einmal alle Möglichkeiten, die eine freundliche Ansprache enthalten.

Würdet ihr bitte ...

Es wäre nett, wenn Sie ...

Ich möchte Sie höflichst darauf aufmerksam machen, dass ...

Du sollst ... unterlassen.

Ich bitte euch ...

Unterlassen Sie gefälligst ...

Wäret ihr bitte so freundlich und ...

Ich bitte höflich zu beachten, dass ...

Ich bitte darum, dass ...

Denken Sie bitte daran ...

Ich danke euch für ...

Ich verbiete Ihnen ...

Ich fordere euch auf, ...

Ich bitte um Verständnis dafür, ...

Vielen Dank für das entgegengebrachte Verständnis.

AUFGABE 8

Wer ist mit den freundlichen Ansprachen gemeint? Ordne in die Tabelle ein.

Kinder	Erwachsene	Erwachsene und Kinder

MERKE

Wenn du jemanden freundlich ansprechen willst, musst du beachten, ob Kinder, Erwachsene oder Kinder und Erwachsene angesprochen werden sollen.

9 Formuliere nun einmal „eigene Verbotsschilder“ und schreibe sie auf. Denke dabei an das, was du gelernt hast.

Beispiele:

– Es ist verboten, dein Zimmer zu betreten.

– Es ist verboten, deinen Hamster aus dem Käfig zu nehmen.

– Es ist verboten, mit deinem Computer zu spielen.

AUFGABE

10 Diese Verbotsschilder sind dir sicherlich bekannt. Nun hast du gelernt, dass man Verbote auch anders ausdrücken kann. Schreibe als Übung diese Verbote anders formuliert in dein Heft. Überprüfe, ob deine Texte Absicht, Begründung und freundliche Ansprache enthalten.

a)

b)

c)

d)

e)

Die SV stellt den Mitschülern nach der letzten SV-Sitzung die neue Schulordnung vor. Da heißt es in dem Abschnitt zur Pausenregelung:

> Es ist verboten, im Gebäude zu bleiben. Die Schüler dürfen das Schulgelände nicht verlassen. Das Ballspielen auf dem Hof ist nicht erlaubt. Es wird untersagt, Abfälle auf den Boden zu werfen.

Die Schüler der 6b sind mal wieder entsetzt. Zu Recht, findest du nicht? Verbote, Verbote ...
„Kann man das nicht anders sagen?“, fragt Patrick. „Kann man uns nicht mal sagen, was wir in den Pausen dürfen?“, meint Ingo. „Genau!“, stimmen ihm alle zu. Patrick sieht sich den Abschnitt noch einmal an und stellt fest: „Also, wir sollen uns in den Pausen auf dem Schulhof aufhalten, Ballspielen dürfen wir auf der dafür vorgesehenen Wiese und unsere Abfälle sollen wir in den Papierkorb werfen.“

AUFGABE 11

Formuliere jetzt einmal den Abschnitt zur Pausenregelung so, dass deutlich wird, was die Schüler in der Pause tun sollen bzw. dürfen.
Schreibe den Text in dein Heft. Im Lösungsteil findest du einen Vorschlag. Stimmt dein Vorschlag sinngemäß mit diesem überein?

MERKE

Wenn du dich mit einer Bitte oder einer Aufforderung an jemanden wendest, um etwas zu verbieten, dann spricht man von einem **Verbot.**
Du kannst dich aber auch an jemanden wenden, um ihm zu sagen, dass er etwas Bestimmtes tun soll. Dann spricht man von einem **Gebot.**
Wenn du jemanden auf eine Gefahr aufmerksam machst, spricht man von einer **Warnung.**

Wenn du mit dem Fahrrad zur Schule fährst, hast du vielleicht schon einmal dieses Schild gesehen.

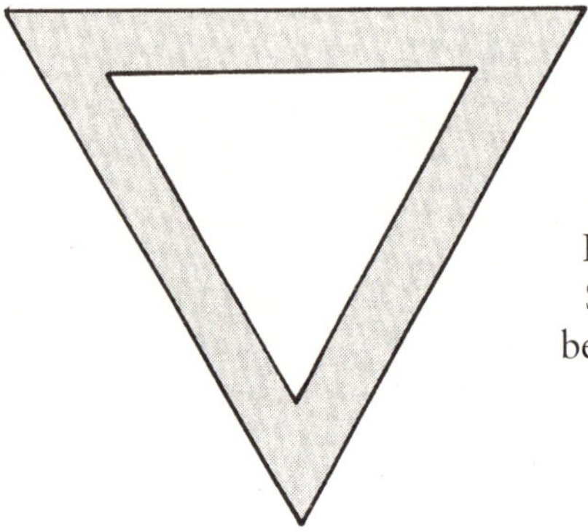

Dieses Schild bedeutet:

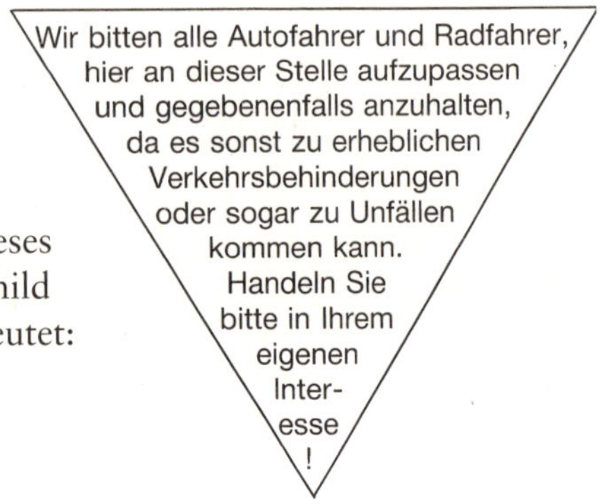

AUFGABE 12

a) Welche Argumente sprechen dafür, sich im Straßenverkehr mit einem Schild ohne Text zu verständigen?

____

____

____

b) Was bedeutet dieses Schild? Kreuze an.

☐ Verbot ☐ Gebot ☐ Warnung

AUFGABE 13

Diese und ähnliche Zeichen hast du bestimmt schon einmal gesehen. Es sind Zeichen für Gebote, Verbote, Warnungen und Hinweise. Ordne diese Begriffe den Zeichen zu.

a) ____________________

c) ____________________

b) ____________________

d) ____________________

AUFGABE 14

Auch das sind Verbote, Gebote, Hinweise und Warnungen. Fertige eine Tabelle an und ordne sie ein.

MERKE

Mit Verboten, Geboten und Warnungen **appelliert** man an jemanden. Je nach Situation können sie knapp formuliert sein oder mit Zeichen, die vereinbart sind, ausgedrückt werden.

2 Werbesprüche

Kai und Uwe haben zu Weihnachten von Freunden und Verwandten einen großen Batzen Geld geschenkt bekommen. Voller Stolz zeigen sie sich gegenseitig ihre „angeschwollenen“ Sparbücher. Sie kommen überein, etwas ganz Tolles dafür zu kaufen. Aber was? „Ich hab's“, ruft Kai. „Wir mischen auf der Domplatte mit!“ „Auf der Domplatte?“, fragt Uwe. „Willst du etwa Skateboard fahren?“ „Na klar, ist doch super, oder?“, antwortet Kai und legt seinen Oberkörper leicht nach vorn, so als ob er schon auf dem Skateboard seine Runden drehte. „Ich seh mich schon im Wettstreit mit den Jungs vom Apostel-Gymnasium, die schlagen wir um Längen!“ „Ist ja schön und gut“, wirft Uwe ein, „aber welches Skateboard steht denn zur Debatte?“ Kai weiß darauf aber auch keine Antwort, und so beschließen die beiden Freunde, sich im Kaufhaus über das Marktangebot zu informieren und sich erst dann zu entscheiden. Zwei Tage später stehen sie etwas ratlos in der Sportabteilung im Kaufhof.

a) MIT DEM SKATEBOARD AUF DU UND DU
HAUTNAH DAS FAHRGEFÜHL ERLEBEN!

b) AUGENBLICK MAL!
JA DU!
DICH MEINE ICH!
AUGEN AUF!
DIESES SKATEBOARD KANN
NOCH HEUTE DIR GEHÖREN!

c) HAST DU EIN SKATEBOARD
UNTERN FÜSSEN.
LÄSST INGE NUR NOCH DICH
JETZT GRÜSSEN.

AUFGABE 1

Du sollst den beiden helfen. Sieh dir dazu die Werbesprüche (S. 104/105) genauer an. Unterstreiche zunächst einmal alle Aufforderungssätze.

AUFGABE 2

Unterstreiche nun mit gestrichelten Linien diejenigen Sätze, in denen versteckte Aufforderungen enthalten sind.

d)
WILLST DU DER KÖNIG DER
DOMPLATTE SEIN?
UNSER SCHNITTIGES ROLLBRETT
SETZT DIR DIE KRONE AUF!
DIE GELDAUSGABE LOHNT SICH.
ALSO RAN!!!

e)
VON NAMHAFTEN SPORTLERN EMPFOHLEN:
– LIGHT SKATEBOARD –
SPURGENAUE FAHREIGENSCHAFTEN
BUTTERWEICHE FEDERUNG
MEHRFACH GELAGERT
SUPERLEICHT, SOFT
WETTKAMPFGEEIGNET
TÜV-GEPRÜFT
ABSOLUT SICHER!

f)
DAS REINE FAHRVERGNÜGEN
SCHRILLE FARBTÖNE
LICHTREFLEXE, BESONDERS NACHTS IM
SCHEINWERFERLICHT SEHR WIRKUNGSVOLL.
DAMIT SCHINDEST DU BEI JEDER
FLAMME EINDRUCK!

g)
De kleene, dicke Dieter
sät zu singem Papp:
"Papp, ich muss e Rollbrett han ..."
DU BRAUCHST AUCH
EINS!
Nur damit bist du in, kannst mit deinen Freunden konkurrieren.
KAUF DIR EINS!

AUFGABE 3

Worin unterscheidet sich Werbespruch c) von den anderen? Was wird damit beabsichtigt?

AUFGABE 4

Versuche einmal in Spruch a) und c) die einzelnen Satzglieder umzustellen. Ändert sich dadurch etwas?

MERKE

In Werbesprüchen stecken sowohl direkte als auch versteckte Kaufaufforderungen.

AUFGABE 5

In welchen Werbesprüchen wird das Produkt nicht erwähnt? Weiß man trotzdem, worum es geht?

AUFGABE 6

In einem Werbespruch kommen Experten zu Wort. In welchem? Was wird damit beabsichtigt?

AUFGABE 7

Schreibe nun alle Informationen heraus, die dir die einzelnen Sprüche liefern. Sortiere sie einerseits nach Informationen, die dir wirklich Auskunft über das Produkt geben und andererseits nach Scheininformationen. Das sind solche, die nur vorgeben, etwas über das Produkt auszusagen. In Wirklichkeit sprechen sie nur das Gefühl an.

Informationen	Scheininformationen
– breite Standfläche	– hautnahes Fahrgefühl

Mit Hilfe der Werbung soll der Käufer bei seiner Kaufentscheidung beeinflusst werden. Hier findest du einige Kniffe, die dabei angewandt werden.

1. Es wird gereimt, damit der Spruch ins Ohr geht.
2. Wissenschaft und Experten werden bemüht, damit das Angebot seriös klingt.
3. Man schreibt im Telegrammstil.
4. Modewörter und Fremdwörter werden benutzt.

5. Der Käufer soll sich durch das vertrauliche Du angesprochen fühlen.
6. Es wird übertrieben: super, unwahrscheinlich ...
7. Das Gefühl, nur mit diesem Produkt etwas Besonderes zu sein, wird erzeugt.

AUFGABE 8

Ordne nun die Werbesprüche diesen Kniffen zu.

AUFGABE 9

Entwirf selbst einen Werbespruch, der dich zum Kauf eines Skateboards überzeugt hätte. Beachte dabei folgenden Merksatz.

MERKE

Werbesprüche sind auf bestimmte Käufergruppen abgestimmt, die direkt oder versteckt zum Kauf aufgefordert werden.
Sie gehen auf den Käufer ein. Sie beeinflussen ihn dadurch, dass sie Wünsche und Träume wecken. Das geschieht durch eine eingängige, einprägsame Sprache.
Werbesprüche enthalten aber auch Informationen, die jedoch sehr einseitig sind. Nur die vorteilhaften Seiten einer Ware werden herausgestellt.

3 Etwas zum Verkauf anbieten

Simone und Anna wollen ihre großen Ferien mit einer Jugendgruppe an der Ostsee verbringen. Annas Eltern waren zwar zunächst dagegen, gaben aber ihre Zustimmung, nachdem Anna ihre Bereitschaft bekundet hatte, die Hälfte der Kosten selbst zu tragen. Dazu will sie ihre ohnehin zu klein gewordene Skiausrüstung verkaufen. Drei Wochen vor Schuljahresende sagt Anna jedoch enttäuscht die Fahrt ab, weil sich niemand auf ihr Angebot hin gemeldet und sie somit auch kein Geld zur Verfügung hat.
„Was hast du denn nur geschrieben, dass sich niemand gemeldet hat?“, fragt Simone. „Zeig doch mal her!“

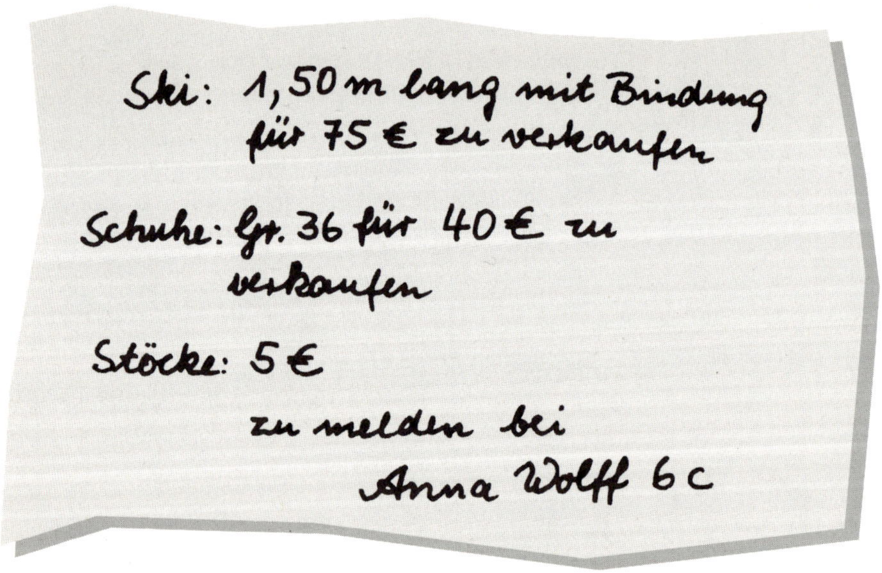
Ski: 1,50 m lang mit Bindung
für 75 € zu verkaufen

Schuhe: Gr. 36 für 40 € zu
verkaufen

Stöcke: 5 €

zu melden bei
Anna Wolff 6c

„Damit kannst du auch keinen Hund hinter dem Ofen hervorlocken. Komm, wir versuchen es mal gemeinsam! Ich habe nämlich keine Lust, ohne dich zu fahren“, sagt Simone.

Am nächsten Tag hängt folgender Anschlag am Wandbrett:

Der nächste Winter kommt bestimmt!

Und die nächste Skifreizeit auch!

Ich habe das supergünstige Angebot
genau für DICH.

Ski: Atomic, wie neu für Allround-Fahrer
1,50 m, modisch in Pink, noch ganz
scharfe Kanten.
Marker-Sicherheitsbindung, über
die Hälfte billiger.
Die Stöcke gibt's als Zugabe.

nur 75 €

Schuhe: weiß, Gr. 36, gerade richtig eingelaufen, bequem wie Pantoffeln,
fast geschenkt.

40 €

zusammen: 135 €

Wer zuerst kommt, mahlt zuerst.

Anna Wolff 6c

AUFGABE 1

Vergleiche die beiden Anschläge miteinander.

a) Schreibe die Informationen heraus. Dazu fertigst du am besten eine Tabelle an:

	Anschlag 1	Anschlag 2
Ski		
Schuhe		
Stöcke		

b) Welcher Anschlagzettel ist ansprechender aufgemacht? Begründe.

MERKE

Ein Anschlagzettel muss folgenden Anforderungen entsprechen.
Er muss
1. die Aufmerksamkeit auf sich ziehen
2. wichtige Informationen in verständlicher Form enthalten
3. schnell lesbar sein
4. den Leser ansprechen und die Vorteile des Angebots herausstellen.

AUFGABE 2

Überprüfe, inwieweit die beiden Zettel diese **Anforderungen** erfüllen. Fertige dazu wieder eine Tabelle an, das erleichtert dir die Arbeit. Benutze die Abkürzungen beachtet (b), teilweise beachtet (tb), nicht beachtet (nb).

Anforderung	Anschlag 1	Anschlag 2
1.		
2.		
3.		
4.		

AUFGABE 3

Entwirf nun selbst einen Anschlagzettel, in dem du dein Mountainbike zum Verkauf anbietest.

Hier findest du einige Angaben zum Rad, die du verwenden kannst:

- stabiler Rahmen
- gute Profilreifen/rot
- wirkungsvolle Bremsen
- an gefährlichen Stellen abgepolstert
- für jedes Gelände geeignet
- billig

4

Zum Geburtstag einladen

Als Petra und Anna ihre Klasse betreten, ist dort der Teufel los. Zwei Mitschüler haben für den kommenden Samstag gleichzeitig zu ihrem Geburtstag eingeladen. Jeder aus der Klasse 6b hält zwei Einladungen in der Hand.

Liebe Mitschülerinnen und Mitschüler,

hiermit möchten ich und meine Eltern euch alle zu meinem diesjährigen Geburtstag in unseren Partykeller einladen. Wir würden uns glücklich schätzen, wenn ihr alle kämet. Auf jeden von euch wartet eine kleine Überraschung. Für gute Musik und ein kaltes Bufett ist gesorgt. Es wäre schön, wenn ihr so gegen 16 Uhr kommen würdet und euch dann bis 21 Uhr die Zeit nähmet, um mit uns gemeinsam zu feiern.

Es grüßt euch herzlich
euer Martin

Hallo,

an meinem Geburtstag, also am 16. 6., steigt eine tolle Fete. Wer Lust hat, kann ja am Samstag mal reinschauen. Cola gibt's reichlich und umsonst. Stimmung müsst ihr mitbringen.
Wenn ihr gut drauf seid, lasst euch doch mal blicken!
Alles klar? Bis Samstag!

Jens

AUFGABE 1

Schreibe auf, was in der ersten und in der zweiten Einladung fehlt.

Als Anna die Einladungen gelesen hat, runzelt sie die Stirn und flüstert Petra ins Ohr: „Diese Einladung ist ja wohl aus dem vorigen Jahrhundert. Ich finde Martin sowieso ziemlich seltsam. Wie doof, dass ich die Einladungen immer meinen Eltern zeigen muss. Wenn die nicht so altmodisch wären, würde ich zu Jens gehen." „Meine Eltern lassen mir freie Hand. Die sind total locker. Ich muss nur spätestens um zehn abends zu Hause sein", sagt Petra ein wenig mitleidig.

AUFGABE 2

Schreibe die Einladung von Martin so um, dass sie nicht mehr altmodisch wirkt.

AUFGABE 3

Warum kommt die zweite Einladung bei den beiden Mädchen besser an?

Von allen unbemerkt hat Frau Schön, die Klassenlehrerin der 6b, die ganze Aufregung eine Zeit lang beobachtet. Ein kurzer Blick auf die Einladungen, und sie lacht laut los. „Das ist ja ein interessantes Stundenthema", bemerkt sie. „Passt einmal auf! Ich möchte euch bei eurem Problem ein wenig helfen. Versucht doch mal, eine Einladung zu schreiben, die sowohl euch als auch allen Eltern gefällt – den strengen und den eher lockeren! Achtet bitte auf das, was ich jetzt an die Tafel schreibe."

MERKE

Eine Geburtstagseinladung muss mindestens enthalten:
- das Datum der Einladung im Briefkopf oben rechts,
- eine freundliche Anrede (hinter die Anrede gehört ein Komma)
- das Datum des Festes, die Adresse und eine Wegbeschreibung bzw. wichtige Verkehrsverbindungen,
- eine freundliche Schlussformel.

AUFGABE

4 Schreibe nun wie die Schüler der 6b eine Geburtstagseinladung. Denke daran, was die Lehrerin an die Tafel geschrieben hat.

Eine Viertelstunde vor Schluss ist schließlich auch der Letzte fertig geworden. Frau Schön hat allen mal über die Schulter geschaut und geht nun lächelnd mit Michaelas Heft nach vorne: „Ich glaube, ich habe die Tagessiegerin gefunden. Hört mal zu!“
Nachdem Frau Schön vorgelesen hat, geht ein Raunen, Kichern, Glucksen durch die Reihen.
Patrick meldet sich: „Die Eltern lassen sich doch nicht für dumm verkaufen“, meint er empört.
„Wieso?“, ruft Petra aufgeregt, „intelligente Eltern kapieren das doch sofort!“
„Also ich finde eine solche Einladung ziemlich überheblich“, äußert sich Sven.
„Ich glaube, eure Eltern haben dreimal soviel Humor wie ihr!“, verteidigt sich Michaela.

AUFGABE

5 Beschreibe, was Michaelas Vorschlag (S. 115) von den beiden anderen unterscheidet.

AUFGABE

6 Unterstreiche diejenigen Formulierungen, an denen die Ironie in Michaelas Einladung besonders deutlich wird. (Ironie: Man drückt mit einer Äußerung das Gegenteil von dem aus, was man wörtlich sagt.)

AUFGABE

7 Schreibe einen Geburtstagswunschzettel für deine Eltern in einem ähnlichen Stil wie Michaela die Einladung.

Liebe Eltern der Klasse 6b,

ich wende mich direkt an Sie als Erziehungsberechtigte Ihres noch unmündigen Kindes. Ich muss Sie dringend davor warnen, am kommenden Samstagnachmittag (16.6.) Ihr Kind aus dem Haus zu lassen.
Ich habe nämlich Geburtstag.
Meine Eltern bestehen aus ziemlich altmodischen Gründen auf einem Geburtstagsfest. Ja, sie halten sogar ein Ende um 21 Uhr für angemessen.
Ohne meine Einwilligung haben sie schon Cola, Limo und Musikkassetten in ihrem Partykeller gestapelt.
Passen Sie bitte am Samstag kurz vor 16 Uhr besonders gut auf Ihr Kind auf!
Sollte es wider Erwarten doch abhanden kommen, so finden Sie es wahrscheinlich unter folgender Adresse:
Familie Festtag
Holzweg 10, Telefon 12345
Ich hoffe, dass wir alle den Samstag gut überstehen werden.

Ihre Michaela Festtag

5 Einen Entschuldigungsbrief schreiben

Patrick ist geknickt. Er hat sich für den Pfingstausflug das Fahrrad von Mischa ausgeliehen. Leider hat er in einem unbedachten Augenblick einen Grenzstein übersehen und ist dagegen gefahren, so dass Vorderrad und Schutzblech des geliehenen Rades verbogen sind. Natürlich hat er sofort versucht, sich bei Mischa zu entschuldigen und ihm die Sachlage zu erklären. Dieser aber wehrt unwirsch ab: „Was habe ich von deiner Entschuldigung? Mein Rad ist kaputt! Ich leihe dir nie mehr etwas."
Was nun? Da hat seine Mutter plötzlich die Idee. „Wie wär's, wenn du Mischa einen Brief schreibst, in dem du dich schriftlich entschuldigst und ihm anbietest, den Schaden zu ersetzen. Vielleicht akzeptiert er deine Erklärung und ist wieder versöhnlich gestimmt."
Patricks Brief sieht folgendermaßen aus:

Köln, den 2. 6.

Lieber Mischa,

am Pfingstsonntag war sehr schönes Wetter, als ich mit deinem Rad fuhr.
Wir haben einen abgelegenen Weg am Rhein gefunden, und uns sind auch nicht so viele Leute begegnet. Es hat richtig Spaß gemacht. Aber auf einmal, als ich gerade nach hinten guckte, ist es dann passiert.
Es krachte, und beinahe wäre ich auch noch hingeflogen.
Stell dir das mal vor! Aber so hat dieser blöde Grenzstein zum Glück nur dein Fahrrad beschädigt.
Das tut mir Leid. Ich kann's ja reparieren lassen.

Viele Grüße
dein Patrick

AUFGABE 1

Sicher hast du einige Verbesserungsvorschläge für diesen Brief. Denke daran, du willst dich entschuldigen und kein Erlebnis erzählen. Versuche deshalb, den Anfang zu kürzen.

AUFGABE 2

Überlege einmal, ob die Entschuldigungsgründe ausreichen, und ob sie geschickt formuliert sind.

Hier sind einige Anmerkungen, die dir bei deinen Überlegungen helfen können. Unterstreiche, welche dir brauchbar erscheinen.

a) Gründe für die Entschuldigung
1. Ich war unaufmerksam.
2. Auf geliehene Sachen muss man besonders gut aufpassen.
3. Es ist besonders peinlich, wenn etwas Geliehenes beschädigt wird.
4. Der Grenzstein war im Weg, da konnte keiner etwas dafür.

b) Formulierungen
1. Ich träumte, was ich besser nicht getan hätte.
2. Durch meine Unaufmerksamkeit habe ich dein schönes Fahrrad beschädigt.
3. Ich bin untröstlich.
4. Der Grenzstein stand natürlich im Weg. Wenn ich aber aufgepasst hätte, wäre wahrscheinlich nichts passiert.

AUFGABE 3

Der letzte Satz des Briefes klingt nicht sehr überzeugend. Denke daran, dass der Verleiher wieder freundlich gestimmt werden soll. Entscheide dich für eine überzeugende und vor allen Dingen freundliche Formulierung.

a) Selbstverständlich lasse ich dein Rad wieder reparieren, denn ich möchte nicht, dass du dich ärgerst.
b) Stell dich doch nicht so an, ich bringe den Schaden schon wieder in Ordnung!
c) Du musst jetzt noch etwas länger ohne dein Fahrrad sein, weil ich den Schaden selbstverständlich reparieren lassen werde. Dann ist dein Rad aber wieder voll einsatzfähig.

AUFGABE

4 Da du erreichen möchtest, dass dein Freund deine Entschuldigung annimmt und euer Verhältnis nicht unnötig belastet wird, soll er auch sehen, dass du dir Mühe gegeben hast. Was musst du an dem vorliegenden Brief ändern, damit Mischa die Mühe erkennt?

MERKE

Ein Entschuldigungsbrief soll helfen, bestehende Spannungen zwischen Absender und Empfänger zu beseitigen. Dazu ist es wichtig, dass du den Entschuldigungsgrund nennst und dass deine Formulierungen erkennen lassen, dass es dir leid tut und du gegebenenfalls zum Schadenersatz bereit bist.

AUFGABE

5 Fertige nun eine eigene Fassung an.

AUFGABE

6 Du musst dir beim Schreiben eines Briefes immer überlegen, ob du deinen Partner siezt. Wenn du ihn dann direkt anredest, werden die Anredepronomen groß geschrieben.

Fülle nun zur Übung die fehlenden Lücken aus. Aber pass gut auf, nicht in jeder Lücke versteckt sich ein Anredepronomen.

Lieber Herr Schmitz,

gestern hat __ir __hr Sohn Jörn zwei von __hren CDs für eine Geburtstagsparty ausgeliehen. Leider hat in einem unbedachten Augenblick __eine Schwester __hre Cola über eine __hrer CDs geschüttet, so dass diese jetzt verklebt ist. Man kann __ie nicht mehr abspielen. Das tut __ir sehr leid, und __ch möchte __ie um Entschuldigung bitten. Selbstverständlich werde __ch von __einem nächsten Taschengeld sofort eine neue CD für __ie kaufen. Ich hoffe, __ie sind nicht allzu böse und können so lange warten.

Mit freundlichen Grüßen
Carola Gross

Die Anredeformel in einem Brief hängt davon ab, ob du an einen Gleichaltrigen oder einen Erwachsenen schreibst. Außerdem spielt es eine Rolle, wie gut du den Erwachsenen kennst.

Beispiele: Lieber Uli
Lieber Herr Schmidt
Sehr geehrte Frau Bruckmann

AUFGABE 7

Entscheide dich nun für jeweils eine der unten aufgeführten Anreden. Du willst dich entschuldigen bei:

1. deiner Tante Maria
2. deinem Klassenlehrer, Herrn Wolff
3. dem Klassenlehrer deiner Schwester, Herrn Moritz.

- Liebstes Tantchen, Hallo Mary, Liebe Tante Maria,
- Werter Herr Wolff, Sehr geehrter Herr Wolff, Lieber Herr Wolff,
- Lieber Herr Moritz, Sehr geehrter Herr Moritz, Also, Herr Moritz

Ebenso musst du bei der Grußformel im Brief auch unterscheiden, an wen du schreibst. Ein Schreiben an deine Freundin oder deinen Freund wirst du anders beenden als an einen Erwachsenen.

Beispiel: Viele Grüße dein/deine
Briefe an Erwachsene schließt du besser so: Mit freundlichen Grüßen dein/deine bzw. Ihr/Ihre.

AUFGABE 8

Schreibe nun an einen Freund, den du im Urlaub kennen gelernt hast, einen Brief, weil du aus Versehen seine Videokassette gelöscht hast.

MERKE

Bei einem Brief kommt es darauf an, dass du die richtige Anrede wählst. Für die Form ist die Beziehung zwischen Absender und Empfänger entscheidend. Das Gleiche gilt für die Grußformel. Du musst ebenfalls beachten, dass Anredepronomen großgeschrieben werden, wenn du jemanden siezt (Höflichkeitsform).

6 Ein Rundschreiben aufsetzen

Wegen des großen Erfolges der vergangenen Jahre will das Städtische Gymnasium auch in diesem Jahr wieder ein Sommerfest veranstalten. Um möglichst viele Stände aufstellen zu können, sollen alle Klassen daran beteiligt werden. Der Ablauf des Festes sowie die Vor- und Nachbereitung soll in einer SV-Sitzung besprochen werden. Sven ist zum ersten Mal Klassensprecher und hat sich vorgenommen, seine Mitschüler genauestens über den Verlauf der Sitzung zu informieren. Damit er auch nur ja nichts vergisst, protokolliert er Folgendes mit:

1. knappe Mehrheit (2 Stimmen) für Sommerfest, dagegen: zu viele Probleme mit dem Aufräumen im letzten Jahr, deshalb Streit zwischen Direktor und SV, zu hohe Kosten, zu geringer Gewinn.
2. Eltern unbedingt helfen, sonst Probleme wie im letzten Jahr.
3. Geld- und Sachspenden der Eltern erforderlich, nur niedrige Preise möglich, hohe Kosten, Spendenliste durch alle Klassen.
4. (mit Mehrheit von 2 Stimmen) Reingewinn aller Stände nicht in Klassenkassen, sondern in SV-Kasse für Anschaffung einer neuen Druckmaschine.
5. (1 Stimme Mehrheit) beliebte Schießbude mit Lehrerköpfen nicht mehr, Verärgerung einiger Lehrer im letzten Jahr.
6. (1 Stimme Mehrheit) Auf Anregung vieler Eltern: kein Verkauf von Cola und Chips, zu ungesund, stattdessen frisch gepresste Säfte und ungeschwefelte Trockenfrüchte, Argument Schülersprecher: Eltern nicht verärgern.
7. Disko-Ende um 20 Uhr (Anordnung des Direktors), Protest aller Klassensprecher.
8. Aus jeder Klasse drei Schüler zum Aufräumen, Protest der 6b: letztes Jahr meiste Arbeit geleistet.

AUFGABE 1

Deine Aufgabe ist es, ein Rundschreiben an die Eltern zu verfassen. Dazu musst du dich zunächst für eine Anrede entscheiden. Wähle aus folgenden Möglichkeiten aus:

Sehr geehrte Eltern, An alle Eltern, Liebe Eltern, Hochverehrte Elternschaft, Werte Eltern,

AUFGABE 2

Suche nun aus Svens Protokoll die Punkte heraus, die für die Eltern wichtig sind und somit für das Anschreiben in Frage kommen.

AUFGABE 3

Du willst die Eltern mit dem Rundschreiben beeinflussen. Dazu ist es wichtig, dass du die angemessenen Worte findest. Hier findest du Punkt 2 des Protokolls unterschiedlich aufgearbeitet. Entscheide, welche Form für ein Rundschreiben die geeignetste ist. Begründe deine Entscheidung.

a) Alle Eltern werden hiermit aufgefordert zu helfen.
b) Ihr müsst uns schon mal helfen, schließlich seid ihr ja unsere Eltern.
c) Ihr als Eltern wollt ja schließlich auch, dass das Fest gelingt, darum helft uns!
d) Ohne eure Hilfe schaffen wir es nicht, da die Kosten entsetzlich hoch sind.

AUFGABE 4

Arbeite die übrigen Punkte sprachlich so um, dass möglichst viele Eltern sich angesprochen fühlen und bereit sind, mitzuarbeiten und Geld- und Sachspenden beizusteuern.

AUFGABE 5

Wähle nun eine geeignete Grußformel aus:

a) Hochachtungsvoll
die SV des Städtischen Gymnasiums
b) Mit freundlichen Grüßen
die SV des Städtischen Gymnasiums
c) Wir bedanken uns jetzt schon für Ihre tatkräftige Unterstützung und verbleiben mit freundlichen Grüßen
Michaela und Patrick für die SV des Städtischen Gymnasiums
d) Viele Grüße
Michaela und Patrick

AUFGABE

6 Jetzt kannst du das gesamte Rundschreiben aufsetzen. Vergleiche deine Arbeit anschließend mit dem Vorschlag im Lösungsteil.

MERKE

In einem Rundschreiben soll jemand zum Mitmachen aufgefordert werden. Dazu muss der Adressat einerseits informiert und andererseits überredet werden. Deshalb ist die Wahl der geeigneten Worte besonders wichtig, damit möglichst viele sich angesprochen fühlen. Selbstverständlich gehört gerade zu solch einem Schreiben eine freundliche Anrede.

Einen Beschwerdebrief schreiben

Jens hat die Nase voll. Heute hat es schon wieder Ärger mit einem Autofahrer gegeben. Der Fußball ist wie meistens nicht im Tor gelandet, sondern auf der Straße. Dabei ist dann an einem vorbeifahrenden Sportwagen der Seitenspiegel abgerissen. Ähnliche Überraschungen hat es jetzt schon öfter gegeben. Wenn die Polizei nun wieder bei Jens' Eltern auftaucht, ist seine Fußballerkarriere und die seiner Freunde beendet.
Aber Jens hat nicht nur die Nase voll, sondern auch eine Idee. „Wir müssen jetzt selbst etwas unternehmen. Die Stadtverwaltung muss ein Gitter um den Bolzplatz aufstellen lassen", meint er bei einer ersten Krisenberatung in der großen Pause am nächsten Tag. „Wenn wir den Bolzplatz nicht mehr haben, können wir uns direkt vor dem Videorekorder festschnallen", stimmt ihm Mischa zu. „An wen müssen wir denn überhaupt schreiben?", will Sven wissen. „Also hört mal zu! Ich hab mir mit meinem großen Bruder schon mal was ausgedacht", schaltet sich Jens wieder ein.

> Lieber Oberstadtdirektor,
>
> wir protestieren! Wenn nicht bald etwas passiert, können wir in unserem Viertel nicht mal mehr Fußball spielen. Wir fordern von der Stadtverwaltung:
>
> Umzäunt unseren Bolzplatz!
>
> Die Stadt ist schließlich nicht nur für die Autofahrer da.
>
> Ihr Jens Fuß

AUFGABE 1 Überlege, was in dem Brief an den Oberstadtdirektor (den Chef der Stadtverwaltung) anders formuliert werden müsste bzw. was fehlt.

Nach einigem Hin und Her hat sich Jens noch einmal hingesetzt und seinen Brief neu geschrieben, diesmal sogar auf dem PC:

Ballstadt, den 16.6.1990

Sehr geehrter Oberstadtdirektor,

wir Jugendliche im Nordviertel haben nur eine richtige Möglichkeit, draußen zu spielen:

unseren Bolzplatz!

Unmittelbar neben dem Bolzplatz verläuft aber eine Straße. Schon mehrfach hat deshalb ein Ball, der auf die Straße gerollt ist, Schaden angerichtet bzw. beinahe Unfälle verursacht.
Im Interesse der Autofahrer und im Interesse der vielen Jugendlichen, die auf dem Bolzplatz spielen, bitten wir Sie dringend, möglichst bald ein Gitter rund um den Platz aufstellen zu lassen.
Für eine rasche Antwort wären wir dankbar.

Mit freundlichen Grüßen

Jens Fuß

Für alle Kicker vom Bolzplatz

AUFGABE 2

Was unterscheidet Jens' zweiten von seinem ersten Brief? Achte dabei auf Folgendes: Formulierungen, Begründungen, Informationen.

AUFGABE 3

Schau dir die folgenden Stichworte an und überlege, welche davon für einen Beschwerdebrief der Autofahrer zum selben Problem als Begründungen geeignet wären:

- geringe Spielmöglichkeiten für Jugendliche,
- Sport fördert die Gesundheit,
- Unfallgefahr durch Erschrecken,
- häufige Sachschäden,
- unnötige Konflikte zwischen Erwachsenen und Jugendlichen,
- Sicherheit für die eigenen Kinder,
- Gefährdung von Passanten

AUFGABE 4

Entwirf nun selbst einen Beschwerdebrief aus der Sicht der Autofahrer und benutze die oben aufgeführten Argumente.

8 Ein Flugblatt entwerfen

Auch Mischa hat eine Idee. Er schlägt vor, ein Flugblatt zu verfassen, um es den parkenden Autos unter die Scheibenwischer zu klemmen. Bis jetzt hat er sich nur Überschriften für das Flugblatt überlegt.

1. Gehört die Stadt nur den Autofahrern?

2. Fußball findet nicht nur im Fernsehen statt!

3. Bolzplatz hinter Gittern! Mehr Sicherheit für Sie und uns!

AUFGABE 1

Welche Überschrift wird wohl die Autofahrer am meisten ansprechen?

AUFGABE 2

Überlege dir selbst Flugblattüberschriften zu Problemen aus deiner Umgebung. Denke daran, für wen das Flugblatt jeweils bestimmt sein soll (die Adressaten).

Über die Überschrift sind sich alle rasch einig geworden. Unmöglich ist es aber dann, sich über einen Text für das Flugblatt zu verständigen. Mischa übernimmt die Aufgabe, alle wichtigen Vorschläge zu sammeln und nachmittags ein Flugblatt zu entwerfen. Er notiert:

a) Bolzplatz hat viele Löcher

b) Straße ist Einbahnstraße

c) Bolzplatz ist sehr klein

d) Viele Jugendliche wollen Fußball spielen

e) Straße viel befahren

f) Autofahrer haben selbst Kinder

g) Bolzplatz einzige Spielmöglichkeit für Jugendliche

h) Anwohner haben Parkplatzprobleme

i) Sport statt Fernsehen

j) Wenn Ball ins Aus, dann immer auf die Straße

k) Autofahrer sollen auf Liste unterschreiben

l) Liste wird an Stadtverwaltung geschickt

AUFGABE 3

Einiges auf Mischas Notizzettel ist überflüssig oder unwichtig. Kreuze nur die für die Autofahrer (die Adressaten) wichtigen Informationen und Begründungen an.
Denke daran: Eine Information beantwortet die Frage:
Worum geht es überhaupt?
Eine Begründung/ein Argument beantwortet die Frage:
Warum meinst du etwas, willst du etwas?

MERKE

Ein Flugblatt muss ausreichend informieren, wichtige Argumente enthalten, die Absicht klar benennen, höflich, aber nicht langweilig formuliert sein, die Adressaten zum Handeln bewegen, nicht aber verärgern.

Mischa hat nun folgendes Flugblatt entworfen:

Bolzplatz hinter Gittern! –
Mehr Sicherheit für Sie und uns!

Sie haben es sicher schon bemerkt: Es gibt noch Jugendliche, die Sport treiben, die nicht hinter dem Fernseher hocken, nicht in Kneipen usw. Sie haben es noch nicht gemerkt? Sie haben nur manchmal einen Fußball bemerkt, der Ihnen vor die Räder gerollt ist, der gegen Ihre Wagentüre geknallt ist, der vielleicht mal einen Spiegel abgerissen hat. Dann machen Sie doch mal Ihre Augen auf und gucken Sie, woher der Ball denn kommt! Benutzen Sie Ihre Füße doch mal nicht nur zum Gasgeben, sondern machen Sie einen Spaziergang und kommen Sie bei uns am Bolzplatz vorbei. Sie werden staunen und uns vielleicht dann besser verstehen als jetzt. Auch wenn Sie es nicht mehr wahrhaben wollen: Sie waren auch mal jung! In diesem Sinne grüßen Sie

Die Kicker vom Bolzplatz Nord

AUFGABE 4

Was ist an Mischas Flugblatt nicht gut, was fehlt?

AUFGABE 5

Entwirf nun selbst einen Text für Mischas Flugblatt.

Nach hitziger Diskussion mit seinen Freunden hat sich Mischa noch einmal hingesetzt und ein neues Flugblatt entworfen (S. 129).

Bolzplatz hinter Gittern

Mehr Sicherheit für Sie und uns

Haben Sie schon mal Fußball gespielt?
Dann wissen Sie sicher, was ein Aus ist.
Sind Sie schon oft
an unserem Bolzplatz
vorbeigefahren?
Dann wissen Sie sicher,
dass für uns das Aus
die Straße ist.

Das ist zu gefährlich – für Sie und für uns und für andere.
Das könnte für unseren Bolzplatz bald das Aus bedeuten.
Doch wo sonst sollen wir spielen?
‚Wir' – das sind eine ganze Menge von Jugendlichen, die aktiv sein wollen statt nur vor dem Fernsehen zu hocken.
‚Sie' – das sind all die Autofahrer, die unbehelligt auf dieser Straße fahren wollen, vielleicht auch Eltern, deren Kinder gerne Fußball spielen.

Sollten wir nicht zusammen etwas unternehmen?

Mit Ihrer Unterschrift helfen Sie, die Stadtverwaltung davon zu überzeugen:

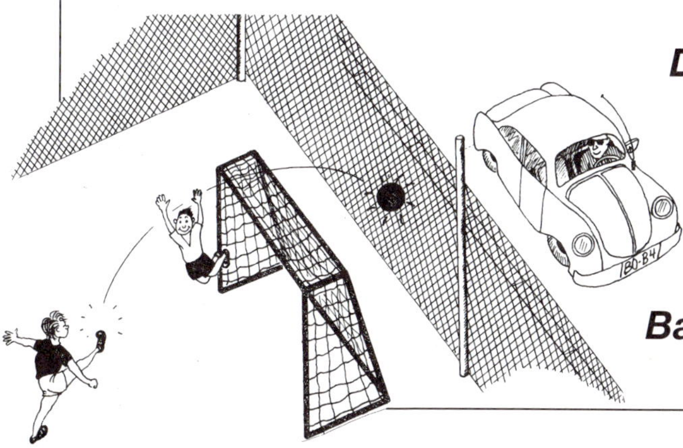

Der Bolzplatz muss hinter Gitter

Ihre Ballstadt-Kicker

AUFGABE 6

Welche besonderen sprachlichen und grafischen Mittel werden in diesem Flugblatt verwendet?

AUFGABE 7

Mit welchen Formulierungen werden die Leser des Flugblatts direkt angesprochen?

AUFGABE 8

Verfasse nun selbst ein Flugblatt zu einem dir bekannten Problem, und lege vorher fest, an wen sich das Flugblatt richten soll.

Mögliche Probleme:

- fehlende Fußgängerampel
- keine Spielmöglichkeiten für Kinder
- zu große Klassen in der Schule
- dauernder Ausfall des Sportunterrichts wegen Lehrermangels
- Schwimmbad am Wochenende immer geschlossen

BESCHREIBEN

1 Eine Person beschreiben

Carsten und Sven kommen gerade aus der Schule. Missmutig und schweigsam trotten sie nach Hause. Hoffentlich gibt's wenigstens zum Mittagessen eine kleine Überraschung – nach so einem Vormittag mit Mathearbeit und zwei langweiligen Deutschstunden. Doch plötzlich ist das alles unwichtig, sind die beiden hellwach. Aus der Sparkasse gegenüber konnte man deutlich zwei Schüsse hören. Kurz darauf ein Schrei, unverständlich gebrüllte Worte, das Splittern von Glas, und dann geht auch schon die Tür auf, zwei Männer stürmen heraus und schauen sich hastig um. In diesem Moment hält mit quietschenden Reifen ein Wagen vor der Bank. Die beiden Männer reißen die Tür auf und werfen sich auf den Rücksitz. Wie die beiden Freunde dann später erfahren, wurde ein Kassierer schwer verletzt, eine ältere Frau erlitt einen Schock und die Täter konnten mit einer Beute von 500 000 DM entkommen.

Wie viele andere Zeugen des Überfalls müssen auch die beiden vor der Polizei aussagen, was sie gesehen und gehört haben. Besonders wichtig ist dem Polizisten, der alles mit der Schreibmaschine festhält, wie die beiden Täter aussahen.

Carsten beschreibt die beiden Täter folgendermaßen:

„Also, der eine von den beiden hatte ganz dunkle Sachen an. Sein Gesicht sah irgendwie komisch aus. Er bewegte sich ziemlich seltsam. Er fuchtelte dauernd mit seiner Pistole rum, obwohl ihn doch niemand verfolgte. Ich glaube, er schwitzte sehr. Dauernd strich er sich die Haare aus der Stirn. Er war wahnsinnig aufgeregt. Der andere schien irgendwie ruhiger zu sein. Ich glaube, er war der Chef von den beiden. In der einen Hand hielt er einen Sack, bestimmt einen Geldsack, in der anderen eine Maschinenpistole. Er trug irgendwas Gelbes, vielleicht ein Hemd oder so etwas – ich weiß es nicht mehr genau. Er bewegte sich viel ruhiger als der andere und fuchtelte auch nicht mit seiner Maschinenpistole so rum. Nur als dann das Auto kam, zeigte er ganz ruhig mit dem Lauf der Waffe auf die Tür, wie ein Kommando, jetzt einzusteigen."

Sven gibt folgende Beobachtungen zu Protokoll:

„Der eine von den beiden war ungefähr 1,90 m groß, trug schwarze Jeans und einen schwarzen Pullover. Er hatte ein ziemlich dickes Gesicht und blonde Haare. Der andere war wesentlich kleiner, er trug ein grünes Sweatshirt und Westernboots. Ich glaube, er hatte braune Haare und eine Halbglatze. Es könnte sein, dass er humpelte. Das kann ich aber nicht mehr genau sagen, weil alles so schnell ging.

AUFGABE 1

Unterstreiche in beiden Beschreibungen alle Angaben, die etwas über das Aussehen der Täter aussagen.

AUFGABE 2

Wessen Täterbeschreibung hilft der Polizei wohl eher, die Bankräuber zu fassen? Begründe deine Meinung.

AUFGABE 3

Welche Informationen der beiden haben mit einer Beschreibung nichts zu tun?

AUFGABE 4

Beschreibe einen Menschen, den du gut kennst, und frage jemand anderen, ohne den Namen des Beschriebenen zu verraten, wen du wohl beschrieben hast. Beschränke dich dabei nur auf die Beschreibung des Aussehens (Haare, Augen, Gesicht, Körperform und -größe).

MERKE

Bei der Beschreibung eines Menschen gehst du von der Gesamterscheinung (Körperbau, Haarfarbe, Kleidung usw.) aus. Erst dann werden Einzelheiten (Augenfarbe, Form der Nase, Hautmerkmale, Form der Hände, Einzelheiten der Kleidung usw.) beschrieben.

2 Ein Tier beschreiben

Markus und Klaus waren immer die besten Freunde gewesen. Leider sind dann Klaus' Eltern weggezogen. Jetzt sehen sich die beiden nur in den Sommerferien und sonst bleibt nur das Briefeschreiben. Heute sitzt Markus grübelnd vor dem weißen Papier. Gerade war er noch so begeistert, und nun fällt ihm nichts mehr ein. Zwei Zwergkaninchen hat er sich von seinem Taschengeld gekauft, und er will Klaus sofort schreiben, was er schon alles bei ihnen beobachtet hat. Folgenden Text bringt er schließlich zu Papier.

> Lieber Klaus,
>
> schade, dass du nicht hier sein kannst. Ich habe mir nämlich gerade Zwergkaninchen gekauft. Sie sind ganz süß. Auch Sven aus der Nachbarschaft findet sie super. Dauernd gibt es was Neues zu beobachten.
> Wir werden es gar nicht leid, ihnen zuzuschauen. Du müsstest jetzt unbedingt hier sein und selbst sehen, was sie bei uns im Garten alles anstellen.
> Hoffentlich kannst du bald mal kommen.
>
> Viele Grüße
> dein Markus

AUFGABE

1° Schau dir die folgenden Wörter an und überlege, was du in Markus' Brief über seine Zwergkaninchen erfährst und was nicht:

schwarze Augen, schwarz-weiß geflecktes Fell, lange Barthaare, rosa Nase, kleine Vorderpfoten, lange Hinterläufe, Stummelschwanz, kurze Ohren, lange Nagezähne, kleine rote Zunge

- beißen (z.B. in herunterhängende Äste)
- knabbern (z.B. an Möhren)
- mümmeln (Gras)
- scharren (nach Wurzeln)
- graben (eine Höhle)
- rupfen (Büschel aus einem Heuballen)
- dösen (in der Mittagshitze)
- hoppeln (gemächliches Fortbewegen, wobei die langen Hinterbeine den Körper auf- und abheben)
- huschen (blitzschnelles Fortbewegen z. B. bei einem ungewohnten Geräusch)
- schnuppern (an einem noch unbekannten Gegenstand)
- klopfen (mit den Hinterläufen, ein Ausdruck der Erregung, zu Beginn einer Flucht z.B. vor einer Katze oder bei einem ungewohnten Geräusch)
- putzen (mit den Vorderpfoten wird kräftig über Ohren und Nase gefahren, Reinigung und Ausdruck des Wohlbefindens)
- lecken (z.B. an einem Salzstein)
- zittern (bei starker Kälte)
- springen (bei einer Verfolgungsjagd untereinander)
- sich strecken (nach längerem Dösen)
- das Maul aufreißen (eine Art Gähnen, meist nach längerem Dösen)
- Haken schlagen (schneller Richtungswechsel bei Verfolgung)
- zucken (bei einem plötzlichen lauten Geräusch)
- Männchen machen (sich aufrichten, um irgendetwas Neues besser wahrnehmen zu können)
- spielen (kleine Steine z.B. zwischen die Zähne nehmen und wieder fallen lassen)

AUFGABE

2 Schreibe den Brief von Markus neu und verwende möglichst viele der aufgeführten Wörter, um über das Aussehen und das Verhalten der Kaninchen genau zu informieren.

AUFGABE **3**

Der folgende Text ist keine Beschreibung, sondern nur eine allgemeine Information über Zwergkaninchen. Überlege: Warum ist dieser Text keine Beschreibung?

> Zwergkaninchen sind Pflanzen- und Körnerfresser. Als Nagetiere brauchen sie unbedingt täglich etwas zum Knabbern. Der Bewegungsdrang der Tiere ist sehr groß.

AUFGABE **4**

Welcher der folgenden Texte ist eine Beschreibung, welcher nur eine allgemeine Information?

> a) Sampson ist ein wunderschönes, temperamentvolles, pechschwarzes Tier mit einem weißen Streifen auf der Nase. Wenn ich den Stall betrete, wendet er sich mit aufgestellten Ohren fragend um. Seine großen, dunklen Augen schauen mich dabei ganz ruhig an.

> b) Der Schäferhund ist unverkennbar ein Nachfahre des Wolfs. Er ist das Ergebnis eines langen Züchtungsprozesses. Entgegen seiner Bezeichnung dient er hauptsächlich als Wach- und Suchhund.

AUFGABE **5**

Verfasse selbst einen kleinen Text über ein beliebiges Tier nach dem Beispiel von a). Achte auf die genaue Beschreibung von Aussehen und Verhalten.

AUFGABE **6**

Unterstreiche im folgenden Text mit verschiedenen Farben diejenigen Ausdrücke, die

a) das Verhalten des Tieres,
b) sein Aussehen beschreiben.

Beißender Geruch schlägt mir entgegen. Ein unruhiger Geselle bewohnt den Käfig. Unermüdlich schnürt* er am Gitter hin und her. Seine Gestalt ist langgestreckt und niedrig, nach unten gesenkt ist der Kopf mit der spitzen Schnauze. Das rote Fell, das an den spitzen Ohren, der Brust und der Schwanzspitze weiß wird, leuchtet in der Abendsonne. Die Augen zu schmalen Schlitzen zusammengekniffen scheint er etwas zu suchen. Seine buschige Rute (Schwanz) beschreibt einen Bogen und schwebt nur wenige Zentimeter über dem Boden.
*(= läuft)

AUFGABE 7

Welches Tier wird hier beschrieben?

AUFGABE 8

Schreibe selbst eine Rätselbeschreibung und frage deine Freundin oder deinen Freund, welches Tier beschrieben wird.

MERKE

Eine Beschreibung soll wie ein Bild des Beschriebenen sein. Man benötigt deshalb genaue Bezeichnungen für die beschriebenen Einzelheiten und viele Attribute, die bestimmte Merkmale beschriebener Einzelheiten noch genauer benennen.
Ein Tier z.B. beschreiben heißt, sein Aussehen und sein Verhalten beschreiben.

3 Den treffenden Ausdruck finden

Beim Beschreiben von Personen oder Tieren kommt es darauf an, das treffende Wort auszuwählen, das Wort, das am genauesten wiedergibt, was du beobachtet hast. Das soll nun noch einmal besonders geübt werden.

AUFGABE 1

Ordne die folgenden Verben dem jeweils passenden Substantiv zu.

schleppt sich vorwärts	ein spielendes Kind
humpelt	ein Boxer
hüpft	ein Verletzter
schlurft	ein Betrunkener
torkelt	ein General
schreitet	ein Mann mit Gipsfuß
tänzelt	eine alte Frau

AUFGABE 2

Beschreibe das, was eine der Personen tun könnte, genauer.

Z. B.: Ein spielendes Kind mit kurzen blonden Haaren und einer tomatenfarbenen Hose hüpft singend über den Bürgersteig. Während es hüpft, kickt es mit dem linken Fuß immer einen Stein vor sich her …

AUFGABE 3

Es gibt viele verwandte Ausdrücke, die sozusagen Nachbarn sind, ohne aber die gleiche Bedeutung zu haben. Ergänze nach dem Muster von a).
Bilde anschließend Sätze mit den einzelnen Ausdrücken.

a) essen	–	fressen	–	schlingen	–	äsen	–	mümmeln
b) gehen	–	?	–	?	–	?	–	?
c) laufen	–	?	–	?	–	?	–	?
d) schreien	–	?	–	?	–	?	–	?
e) weinen	–	?	–	?	–	?	–	?
f) lachen	–	?	–	?	–	?	–	?

MERKE

Bei Beschreibungen kommt es besonders auf eine genaue Wortwahl an. Achte daher darauf, dass du das treffende Wort unter den vielen möglichen Wörtern findest, die dir vielleicht in den Sinn kommen.

Manchmal stellt sich eines meiner Meerschweinchen so in das Häuschen, dass es mit dem Hinterteil herausguckt, und falls sich das andere Meerschweinchen nähert, tritt es aus und galoppiert davon.

Eine Schildkröte schlängelte sich durch das hohe Gras, mümmelte an dem einen oder anderen Halm und rollte sich schließlich zum Schlafen zusammen.

Die Kuh knabberte den saftigen Klee, trippelte ein Stück weiter und röhrte ein klägliches ‚Muh'.

Mit weiten Schwüngen flog der Wellensittich auf die untere Stange seines kleinen Käfigs, schlang rasch einige Körner hinunter und sprang dann mit einem gewaltigen Satz wieder hinauf.

AUFGABE 4.

a) Welche Ausdrücke sind in diesen Texten unpassend und warum?

b) Finde passende Ausdrücke.

c) Einer der vier Texte ist in der Gegenwart, drei sind in der Vergangenheit geschrieben. Warum benutzen die Schüler wohl unterschiedliche Zeiten?

AUFGABE 5

d) Wähle dir eines der Fotos aus und beschreibe:

Was **machte** der Hund wohl alles unter der Dusche?
Wie **bewacht** der Schäferhund ein Haus?

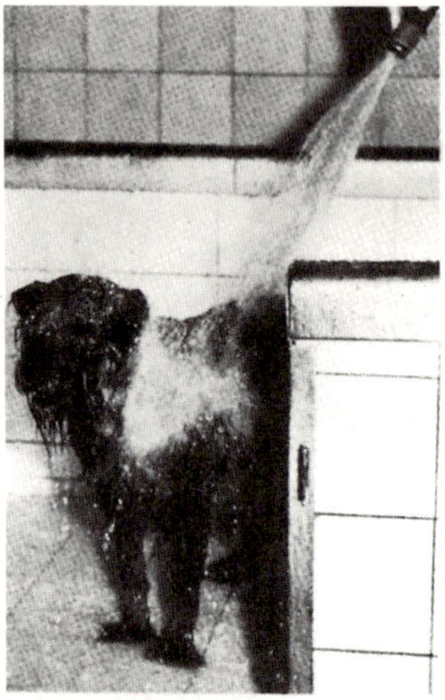

MERKE

Die Beschreibung von Verhalten kann in der Gegenwartsform oder in der Vergangenheitsform abgefasst werden.
Es kommt darauf an, ob du über ein typisches, immer wieder beobachtetes oder ein nur einmal beobachtetes Verhalten schreibst.

Jochen hat eine Katze. Sein Vater hat ihn auf die Idee gebracht, sich zum ersten Mal in seinem Leben als Schriftsteller zu versuchen. Für die Kinderseite der Tageszeitung hat er die spannendste Geschichte von seiner Katze ausgesucht und aufgeschrieben:

Maunz auf Mäusejagd

Maunz heißt meine Katze. Ihre Lieblingsbeschäftigung ist die Mäusejagd. Ziemlich lange wartet sie vor dem Mauseloch. Wenn eine Maus aus dem Loch schaut, wird sie besonders aufmerksam. Verlässt sie das Loch, hüpft sie mit einem Sprung auf sie zu und versucht sie zu kriegen. Wenn sie die Maus nicht kriegt, so läuft sie ihr so lange hinterher, bis sie ihre Beute hat oder bis diese wieder in ihr Loch gelaufen ist. Das ist natürlich interessant. Mit viel Geduld liegt Maunz dann wieder vorm Mauseloch und wartet. Dabei bewegt sie ständig ihren Schwanz. Ihre Hinterbeine hat sie unter ihren Körper gesteckt. Ihre Rückenhaare stehen in die Höhe. Fängt sie nun die Maus, so spielt sie noch eine Zeit lang mit ihr, bis sie tot ist. Wenn sie schließlich die Maus davonträgt, sieht man, wie groß der kleine Mund von Maunz wirklich ist. Ihre Augen sehen jetzt ganz zufrieden aus.

AUFGABE 6

Unterstreiche die Ausdrücke, die dir nicht passend zu sein scheinen.

AUFGABE 7

Schreibe die Beschreibung der Mäusejagd neu und verwende möglichst viele der folgenden Ausdrücke:

stundenlang, sich aufrichten, auf den Boden schlagen, mit ausgefahrenen Krallen, mit den Pfoten schlagen, Maul, sich ducken, springen, hinterherjagen, flitzen, huschen, eilen, Schnauze, alle Muskeln angespannt, Augen wie Schlitze, weit geöffnete grüne Augen, hastig, behutsam, pfeilschnell, buschig, scharf, gierig, ganz ruhig.

AUFGABE 8

Unterstreiche alle Ausdrücke, mit denen im folgenden Text Tiere und Pflanzen beschrieben werden.

Der Schakal und die Erdmännchen

Hungrig trottet der magere, borstige, silbergraue Schakal dem Lauf des Flusses nach, schlängelt sich entspannt durch stachelige Schwarzdornen, vorbei an duftenden Kameldorn-Akazien und – erstarrt plötzlich: Direkt vor ihm stehen voller Aggression mit geöffneten Mäulern, gekrümmten Rücken, mit gesträubtem Fell und drohend steil aufgerichteten Schwänzen dicht an dicht fünfzehn Erdmännchen. Mit hallendem Knurren reagieren sie auf jede Bewegung des Schakals – in panischer Angst, denn das nächste rettende Erdloch ist mehr als vierzig Meter entfernt.

Doch die Kleinen haben Glück, der Schakal stolpert plötzlich, und aus dem Verfolger wird ein Verfolgter, so lange zumindest, bis die Erdmännchen ihre rettenden Löcher erreicht haben. Kaum der Gefahr entronnen, fallen sie in eine Art Freudentaumel: in ein schniefendes, schnüffelndes und balgendes Durcheinander.

AUFGABE 9

Wähle aus dem Text fünf beschreibende Ausdrücke (Substantive, Attribute, Verben) aus und baue sie in einen neuen kurzen Text ein.

4 Beschreiben und Deuten

In Beschreibungen wirst du oft nicht nur das lesen, was jemand beobachtet, sondern auch, was er sich dabei gedacht hat, was er hinter dem äußerlich Beobachteten sieht. Um dir den Unterschied zwischen Beschreiben und Deuten klar zu machen, arbeite bitte das folgende Kapitel durch.

AUFGABE 1 Ergänze die unvollständigen Sätze nach Art des ersten Satzes.

Wenn ein Hund droht, dann fletscht er die Zähne und knurrt.

Wenn meine Mutter ärgerlich wird, dann ______________________________

Wenn sich ein Baby freut, dann ______________________________

Wenn ein Hund Angst hat, dann ______________________________

Wenn eine Katze müde ist, dann ______________________________

Wenn ein Pferd sich erschreckt, dann ______________________________

Wenn ein Wellensittich ______________________, dann flattert er wild im Käfig umher.

Wenn der Mann ______________________, dann schlägt er sich auf die Schenkel und lacht aus vollem Hals.

Wenn eine Schildkröte ______________________, dann zieht sie Kopf und Beine ein.

Wenn ein Baby ______________________, dann schreit es so laut, dass sein Gesicht rot anläuft.

AUFGABE 2

Deutung und Beschreibung gehören meist eng zusammen. Unterstreiche deutende und beschreibende Ausdrücke im folgenden Text mit unterschiedlichen Farben.

> Wenn meine Katze zufrieden ist, schnurrt sie und räkelt sich. Oft will sie dann hinter den Ohren gekrault werden. Ganz entspannt ist ihr Körper jetzt, kein Körperteil bewegt sich. Wenn sie das Kraulen eine Zeit lang genossen hat, stolziert sie erhaben, mit hoch aufgerichtetem Schwanz durch das Zimmer. Mit einem Satz ist sie dann auf der Fensterbank und beobachtet aufmerksam und unruhig die Spatzen, die auf dem Bürgersteig die Krümel aufpicken.

AUFGABE 3

Beschreibe und deute die folgenden Tiere:

- Vögel am Futterplatz
- Raubtiere bei der Fütterung
- ein Wellensittich beim Baden
- zwei fremde Hunde, die sich begegnen
- junge Katzen, die miteinander spielen

AUFGABE 4

Unterstreiche im folgenden Text mit unterschiedlichen Farben:

a) Ausdrücke, die das **Aussehen beschreiben,**
b) Ausdrücke, die das **Verhalten beschreiben,**
c) Ausdrücke, die **Verhalten oder Aussehen deuten.**

> ### Der Königspinguin
>
> Sein Federkleid zeigt einen weißen Bauch, einen schwarzen Rücken und eine goldgelbe Halskrause. Seine Augen schauen aufmerksam. Völlig unbeweglich steht er da auf seinen gerade nach vorn stehenden Schwimmfüßen, mit seinem kleinen flachen Kopf, mit dem spitzen, waagerecht vorragenden Schnabel und den flossenartigen Flügeln. Der ganze Vogel wirkt würdig und ernsthaft. Ein wirklicher König.

AUFGABE 5

Wie stellt der Verfasser des Textes den Königspinguin dar? Woran erkennst du die Haltung des Verfassers?

AUFGABE 6

Ordne die folgenden Ausdrücke, indem du
a) diejenigen sammelst, die Abneigung ausdrücken und
b) diejenigen, die Zuneigung, Sympathie ausdrücken.

hinterhältig, eitel, bescheiden, zärtlich, geschickt, tölpelhaft, mordlustig, klug, eingebildet, stolz, bissig, plump, anschmiegsam.

AUFGABE 7

Beschreibe nun jeweils zwei Tiere, die du gerne magst und zwei, die du nicht magst, vor denen du dich ekelst, vor denen du Angst hast usw.

MERKE

Beschreibung und Deutung gehören meist eng zusammen.
Du beschreibst, was du siehst, deuten heißt, aus seinen Beobachtungen Schlüsse zu ziehen, sich dabei etwas zu denken, was nicht direkt sichtbar ist.

5 Einen Gegenstand beschreiben

Hitzefrei! Endlich! Schon in der großen Pause haben Jan und Hasan beschlossen, ins nahe gelegene Freibad zu fahren. Mit den Rädern dauert die Anfahrt nur 15 Minuten. Ihre Badesachen haben sie vorsichtshalber gleich zum Unterricht mitgebracht. Doch Jan glaubt seinen Augen nicht zu trauen, als er statt seines Fahrrades nur eine Lücke im Fahrradständer entdeckt. „Mensch, Hasan, jetzt ist mein Rad auch geklaut, und der Tag ist im Eimer." Schnell laufen sie ins Schulsekretariat und melden den Vorfall. „Wie sieht das Rad denn aus?", fragt die Sekretärin. „Es ist ein silbernes Rennrad mit einer chinesischen Rundlaufklingel. Es läuft ganz super."

AUFGABE 1

Glaubst du, dass es einfach sein wird, nach Jans Beschreibung das Rad wiederzufinden? Begründe deine Meinung.

AUFGABE 2

Jan beschreibt drei Merkmale seines Fahrrades. Nenne sie. Welches Merkmal ist für das Auffinden unwichtig?

AUFGABE 3

Wenn du selbst ein Fahrrad besitzt, kannst du sicher aufschreiben, an welchen Einzelheiten man es wiedererkennen kann.

AUFGABE 4

Hier sind zusätzliche Einzelheiten, an denen Jans Fahrrad wiederzuerkennen ist:

Rennlenker mit zwei Handbremsen
Rennsattel
10-Gang-Kettenschaltung
27-Zoll-Räder
fester Gepäckträger
Gestell und Schutzbleche in Silber
schwarzer, ovaler Scheinwerfer
runde Schlussleuchte und Rückstrahler
helltönende Klingel

Versuche anhand dieser Einzelheiten, eine möglichst genaue Beschreibung von Jans Fahrrad anzufertigen. Du kannst folgendermaßen beginnen:
Bei dem gestohlenen Fahrrad handelt es sich um ein Rennrad der Marke XY mit 27-Zoll-Rädern. Es hat einen Rennsattel und einen Rennlenker . . .

MERKE

Bevor du einen Gegenstand näher beschreibst, notierst du am besten alle seine Merkmale. Erst dann kannst du eine detaillierte (genaue, mit allen Einzelheiten versehene) Beschreibung anfertigen.

AUFGABE 5

Versuche nun einmal, die abgebildeten Geräte zu beschreiben. Es sind allesamt Küchengeräte. Achte dabei auf:

- das Material
- einzelne Teile
- die Handhabung
- die Funktion

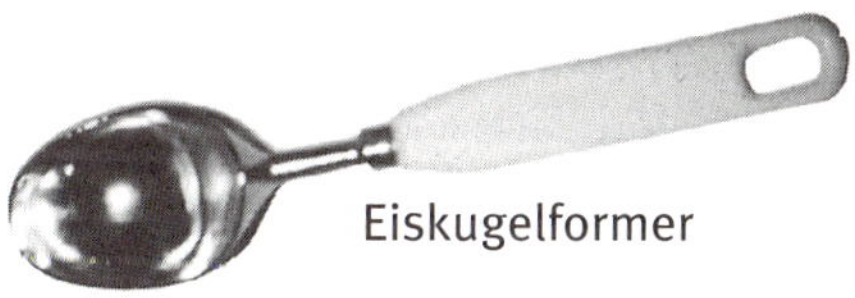
Eiskugelformer

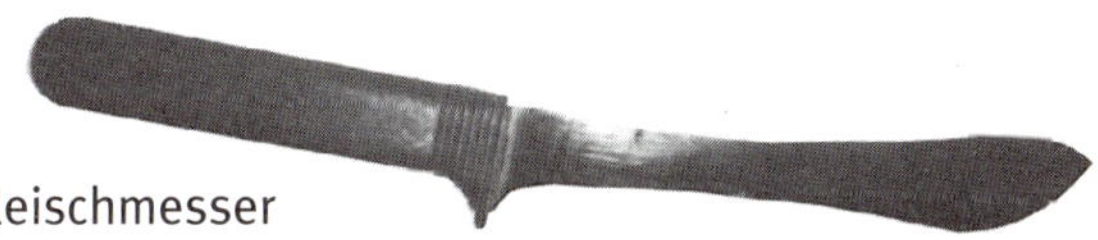
Fleischmesser

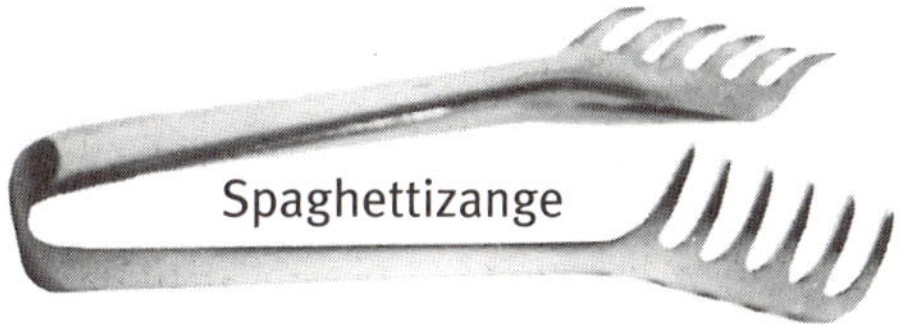
Spaghettizange

a) Ordne die ungeordneten Merkmale den Abbildungen in Form einer Tabelle zu:

lange Stahlklinge, die sich in der Mitte verjüngt und nach oben etwas breiter wird, bevor sie spitz zuläuft; Griff aus weißem Plastik; zum Zerteilen des Fleisches; ganz aus verchromtem Stahl; Loch zum Aufhängen; grauer Plastikgriff mit abgerundeter Ecke; beweglich; verchromter, halbkugelförmiger Kopf; Rillen, damit Daumen und Finger nicht abrutschen; an jeder Seite sechs Zähne; zum Ausstechen der Eiskugeln; Schutzkante zum Vermeiden von Schnittwunden; zum Greifen der Spaghetti; an der Krümmung Haken zum Aufhängen an Topf, Schüssel oder Wandhalterung.

Eiskugelformer	Fleischmesser	Spaghettizange

b) Suche dir nun selbst ein Gerät aus und fertige eine zusammenhängende Beschreibung an.

AUFGABE 6

Du kannst noch weiter üben, indem du Gegenstände beschreibst, ohne sie zu benennen. Wenn dir das treffend gelungen ist, kann man sie leicht erraten.

Beispiel: rund
handgroß
meistens gelb
aufgedrucktes Markenzeichen
ziemlich hart
wird mit dem Schläger geschlagen

Bilde selbst solche Rätsel.

AUFGABE 7

Versuche nun, deine verloren gegangene Schultasche und/oder ein Küchengerät zu beschreiben. Denk an Aufgabe 5.

MERKE

Bei der Beschreibung eines Gegenstandes kommt es darauf an, dass man sich anhand des Textes eine genaue Vorstellung von dem Gegenstand machen kann. Dazu müssen das Material, die einzelnen Teile, die Handhabung und die Funktion genau beschrieben werden.

6 Eine Gebrauchsanleitung verfassen

Thomas und Gaby wollen ihrer Mutter zum Geburtstag einen Kuchen backen. Butter, Mehl, Zucker und Eier haben sie schon bereitgestellt. Nun müssen sie nur noch die richtigen Mengen abwiegen. Thomas füllt Mehl in die Waagschale, doch nichts passiert. Nirgendwo kann er die Grammzahl ablesen. Gaby, die schon öfter beim Backen geholfen hat, klärt ihn auf: „Das ist was ganz Modernes. Die Waage geht mit Batterie. Du musst nur auf den Knopf drücken und schon kannst du ablesen, wie viel drin ist.“ Das ist natürlich eine sehr unvollkommene Gebrauchsanweisung. Vielleicht triffst du in der Schulküche oder zu Hause auch auf eine solche Waage, dann ist es gut, wenn du sie bedienen kannst.

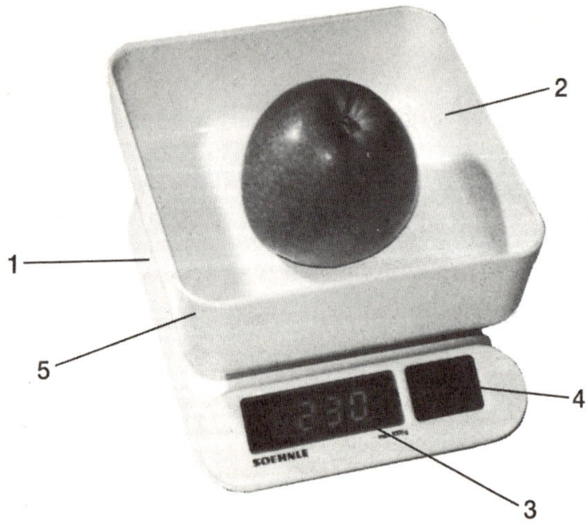

Drucktaste

Digitalanzeige

Schüssel

Waage

Bodenplatte mit Batteriefach

AUFGABE

1 Ordne zunächst einmal die Begriffe den Zahlen zu.

AUFGABE 2

Hier findest du ungeordnet den Wiegevorgang. Bringe die Begriffe in die richtige Reihenfolge.

- Bedienungstaste drücken
- Gewicht erscheint im Anzeigefeld
- Ware auflegen
- Waage ist wiegebereit
- jedes Gefäß wie Teller, Tasse, Schüssel kann benutzt werden
- Anzeige erlischt nach 20 Sekunden
- Waage muss gerade stehen
- Gefäß auf die Waage stellen
- warten bis 0 im Anzeigefeld aufleuchtet
- Waage ist auch ohne jedes Gefäß benutzbar
- lediglich Bedienungstaste drücken und warten, bis 0 aufleuchtet
- Waage arbeitet mit Batterien
- 6 x 1,5 V-Mignon-Zellen ins Batteriefach auf der Bodenplatte einsetzen
- weitere Mengen können zugewogen werden
- es erscheint wieder 0 im Anzeigefeld
- Taste drücken, wenn erste Zutat abgewogen ist
- zweite Teilmenge wiegen usw.
- höchste Tragkraft 1000 g

AUFGABE 3

Schreibe nun für deinen Freund oder deine Freundin eine vollständige Gebrauchsanleitung unter der Überschrift: Die Digitalwaage. Wichtig ist, dass du die Reihenfolge einhältst.
Vermeide auch, die Sätze nur mit **da** und **dann** zu beginnen.
Verwende andere Wörter wie:

zunächst, um ... zu, damit, bevor, anschließend, selbstverständlich, nachdem, danach, indem ...

Gebrauchsanweisungen sind in der Regel allerdings anders abgefasst als deine.

Beispiel:
a) Sämtliche Funktionen werden über eine Taste gesteuert.
b) Wenn Sie den Vorgang beendet haben, schalten Sie das Gerät ab!
c) Wenn man die Kappe abschraubt, läuft die Flüssigkeit heraus.

AUFGABE

4 Worin unterscheiden sich diese Gebrauchsanweisungen von deiner?

AUFGABE

5 Kannst du erklären, warum das so ist?

AUFGABE

6 Fasse deine Gebrauchsanweisung ebenfalls allgemein gültig ab. Du kannst dich für das Passiv, die Höflichkeitsform oder das unpersönliche „man“ entscheiden.

MERKE

Bei einer Gebrauchsanweisung kommt es auf Genauigkeit und die richtige Reihenfolge der Anweisungen an.
Gebrauchsanleitungen können im Passiv, in der Höflichkeitsform und im unpersönlichen „man“ abgefasst werden.

Du leihst deinem Freund das auf S. 153 abgebildete Gerät aus und willst ihm eine Gebrauchsanweisung für das Abspielen von Kassetten dazuliefern.

AUFGABE

7 Sieh dir die Skizze genau an. Welche Funktionen werden benötigt?

AUFGABE

8 Halte in Stichworten die einzelnen Phasen des Abspielvorgangs fest.

AUFGABE

9 Schreibe nun eine einfache Anleitung zum Abspielen von Kassetten.

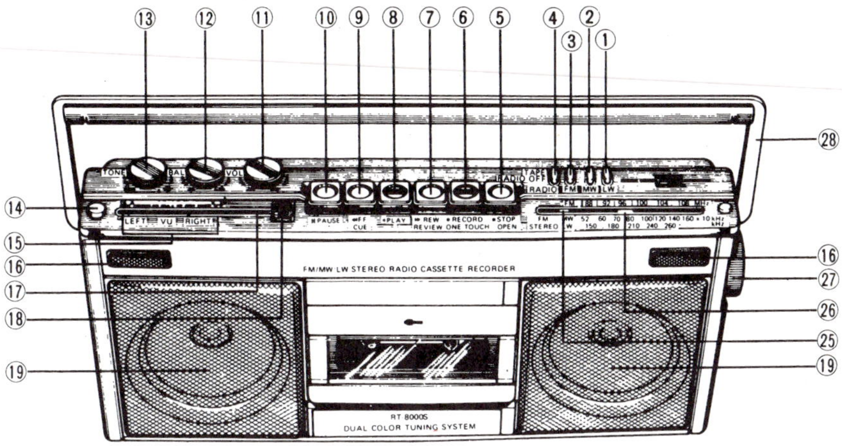

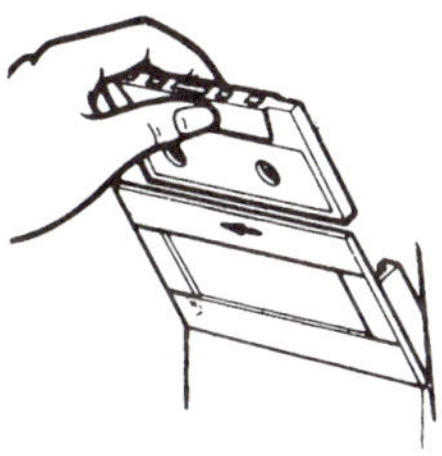

Insert the cassette tape.
Cassettenband einlegen.
Charger une cassette.

REGLER UND IHRE FUNKTIONEN

1. **[LW] Schalter**
   Drücken Sie diesen Schalter für den Empfang von LW-Programmen.
2. **[MW] Schalter**
   Drücken Sie diesen Schalter für den Empfang von MW-Programmen.
3. **[FM] Schalter**
   Drücken Sie diesen Schalter für den Empfang von UKW-Programmen.
4. **[TAPE, RADIO OFF/RADIO] Schalter**
   Stellen Sie den Schalter für den Empfang von Rundfunksendungen auf „RADIO“. Für die Wiedergabe eines Tonbandes bringen Sie diesen Schalter in die Stellung „TAPE, RADIO OFF“ und drücken Sie dann die ⑧ Wiedergabetaste [◀ PLAY]. Achten Sie darauf, diesen Schalter nach Ende des Programms in die Stellung „TAPE, RADIO OFF“ zu bringen, und dass die ⑧ Wiedergabetaste [◀ PLAY] ausgerastet ist.
5. **[■ STOP/EJECT] Taste**
6. **[● RECORD] Aufnahmetaste (einmaliges Antippen)**
7. **[▶▶ REW/REWIND] Taste (Rückspulen/Prüfen)**
8. **[◀ PLAY] Taste (Wiedergabe)**
9. **[◀◀ FF/CUE] Taste (Schnellvorlauf)**
10. **[II PAUSE] Taste**
11. **[VOL] Lautstärkeregler**
    Benutzen Sie diesen Regler zum Einstellen der Lautstärke von Radio oder Tonband.
12. **[BAL] Balanceregler**
    Benutzen Sie diesen Regler, um eine Lautstärkebalance zwischen dem linken und rechten Kanal herzustellen.
13. **[TONE] Tonregler**
    Stellen Sie mit diesem Regler den Ton der Lautsprecher oder Kopfhörer ein.
14. **Teleskopantenne**
15. **[VU] Anzeiger**
    Die aufleuchtenden Lampen dieses Anzeigeinstrumentes zeigen bei Bandwiedergabe, bei Aufnahme oder bei Rundfunkempfang den Audio-Signalpegel an.
16. **Eingebautes Mikrofon**
17. **Bandzählwerk**
18. **Rückstellknopf für Bandzählwerk**
19. **Lautsprecher**

7 Einen Vorgang beschreiben

Uschi fährt in Urlaub. Leonie hat sich bereit erklärt, Uschis Hamster in dieser Zeit zu versorgen. Dazu schreibt ihr Uschi einen Merkzettel, damit nur ja nichts schief geht. Über die Reinigung des Hamsterkäfigs schreibt sie:

> Der Käfig muss alle 3 Tage gesäubert werden, da er sonst anfängt zu stinken. Wenn der Käfig sauber ist, freut sich Joschi (der Hamster) und baut sofort ein neues Nest. Denn auch in der Natur hält ein Hamster seine Höhle sauber.

AUFGABE 1

Warum ist dieser Merkzettel mit der Anleitung für die Käfigreinigung kaum eine Hilfe für Leonie?

AUFGABE 2

Schreibe selbst einen Merkzettel für die Käfigreinigung, benutze die Ausdrücke aus der Liste und achte besonders auf
a) die richtige Reihenfolge und
b) hinreichende Genauigkeit der Informationen.

spezielle Käfigstreu im Zoogeschäft,
Spülmittel,
trocken reiben,
auswaschen,
in Mülleimer schütten,
Watte.

Hans hat sich ein Aquarium zusammengespart. Martin, ein alter Hase im Umgang mit Aquarien, schreibt ihm auf, wie man ein Aquarium neu einrichtet.

1. Aquarium aufstellen
2. Geräte anschließen
3. Kies und Wasser einfüllen
4. bis 24 Grad aufheizen
5. Fische einsetzen

Viel Spaß

AUFGABE 3

Schau dir die folgende Liste an und du wirst merken, dass zwar die Reihenfolge der Informationen in Martins Anleitung stimmt, die Informationen für den unerfahrenen Hans aber nicht genau genug sind. Schreibe mit Hilfe der folgenden Ausdrücke Martins Anleitung neu. Bilde ganze Sätze.

ebene, weiche Unterlage (Bruchgefahr!), Beleuchtung, Pumpe, Filter, Heizung, Gebrauchsanleitungen für alle Geräte beachten, Wasser mindestens 24 Stunden ruhen lassen, Fische nicht anfassen.

AUFGABE 4

Schreibe eine Anleitung, wie man dein Haustier (oder das, was du dir immer schon gewünscht hast) pflegen muss.

AUFGABE 5

Beschreibe etwas, was du gut kannst und schon oft gemacht hast (irgendetwas basteln, reparieren, kochen usw.)

Denke daran, dass diese Beschreibung jemand verstehen soll, der es zum ersten Mal macht. Denke an die richtige Reihenfolge der Informationen und ausreichende Genauigkeit.

MERKE

Bei der Vorgangsbeschreibung kommt es neben der Genauigkeit, auf die man beim Beschreiben immer achten muss, auch sehr auf die richtige Reihenfolge der Informationen an.

AUFGABE

6 Im Folgenden wird eine Bastelanleitung nur mit einer Zeichnung dargestellt. Schreibe auf, wie die Maus gebastelt werden soll.

8 Rezepte aufschreiben

Inga und Jenny haben Langeweile. Da hat Jenny plötzlich die Idee: „Komm mit zu uns, wir backen einen Butterkuchen." „Aber das habe ich doch noch nie gemacht", wendet Inga ein. „Ach, komm mit, ich sag dir's. Du brauchst einfach ein halbes Pfund Butter und 200 g Zucker, ein paar Eier, Vanillezucker, einen halben Beutel Mehl, ich glaube auch noch Backpulver. Das kommt alles in eine Schüssel. Dann musst du erst langsam und dann ganz schnell alles mit dem Rührbesen verrühren. Nun noch Backblech einfetten und den Teig darauf verteilen. Obendrauf kommen noch Zucker, Mandeln, Butter – fertig."
Ob die beiden auf diese Weise wohl einen leckeren Kuchen backen können?

AUFGABE 1 Unterstreiche in dem Text die Zutaten. Was fällt dir auf?

Hier findest du die fehlenden Mengenangaben:

Teig:	5 Eier
	1 Päckchen Vanillezucker
	250 g Mehl
	1 Teelöffel Backpulver
Belag:	50 g Zucker
	50 g Mandelplättchen
	50 g Butter

AUFGABE 2 Schreibe alle Zutaten in der Reihenfolge, in der sie benötigt werden, auf.

AUFGABE 3 Welche Informationen brauchst du außerdem, um einen Kuchen zu backen?

AUFGABE 4

Das Rezept ist hier durcheinander geraten. Schreibe es in der richtigen Reihenfolge auf:

> Alle Zutaten mit dem Rührbesen zu einem sahnig-cremigen Teig verarbeiten. Erst, wenn das Mehl nicht mehr staubt, auf eine höhere Einstellung schalten. Nun die übrigen Zutaten hinzufügen. Zuerst Mehl, Backpulver und Zucker in die Rührschüssel eines Handrührgerätes geben. Zum Schluss mit Zucker, Butterflöckchen und Mandeln bestreuen. Den Teig gleichmäßig auf ein gefettetes Blech streichen. 15 bis 20 Minuten bei 210° backen. Auf die mittlere Einschubleiste setzen. Nach dem Herausnehmen sofort in Stücke schneiden.

AUFGABE 5

Jetzt kannst du die Ergebnisse aus 3 und 4 zu einem kompletten Rezept zusammenstellen wie in einem richtigen Kochbuch. Schöner wird es, wenn du noch eine Zeichnung hinzufügst. Vielleicht verspürst du auch Lust, das Rezept auszuprobieren.

AUFGABE 6

Du hast beim Aufschreiben des Rezeptes gesehen, dass man auf einige Fachausdrücke nicht verzichten kann. Schreibe sie heraus.

AUFGABE 7

Notiere gebräuchliche Mengenangaben, die man für ein Rezept braucht. Setze in Klammern dahinter die Abkürzungen.

AUFGABE 8

Schreibe nach nebenstehender Zeichnung ein Rezept auf, gegliedert nach Zutaten und Zubereitung.

MERKE

Bei einem Rezept kommt es auf genaue Mengen-, Zeit- und Temperaturangaben und die richtige Reihenfolge für die Zubereitung an. Auch Fachausdrücke sind nötig.

KAISERSCHMARRN

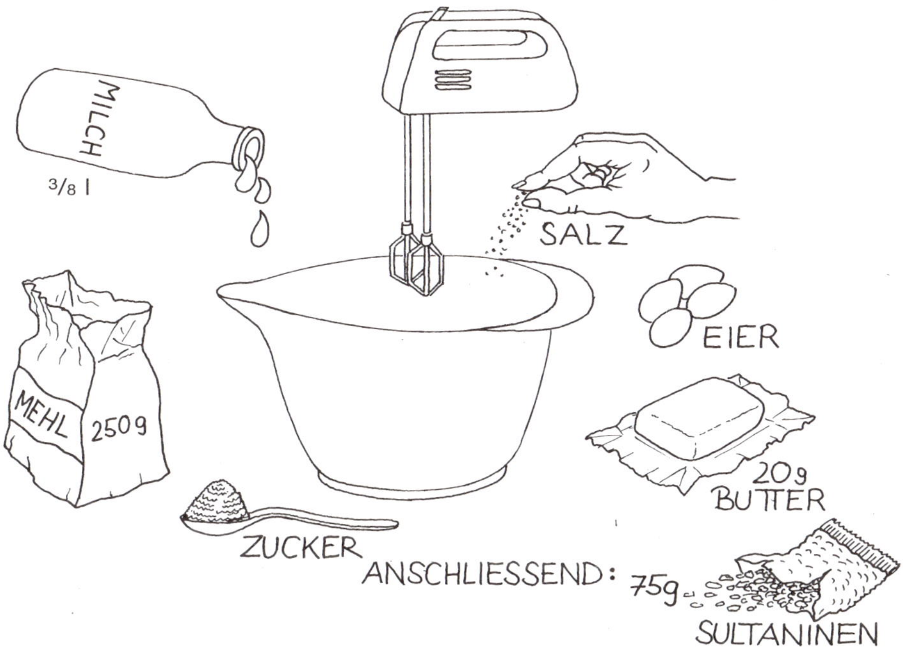

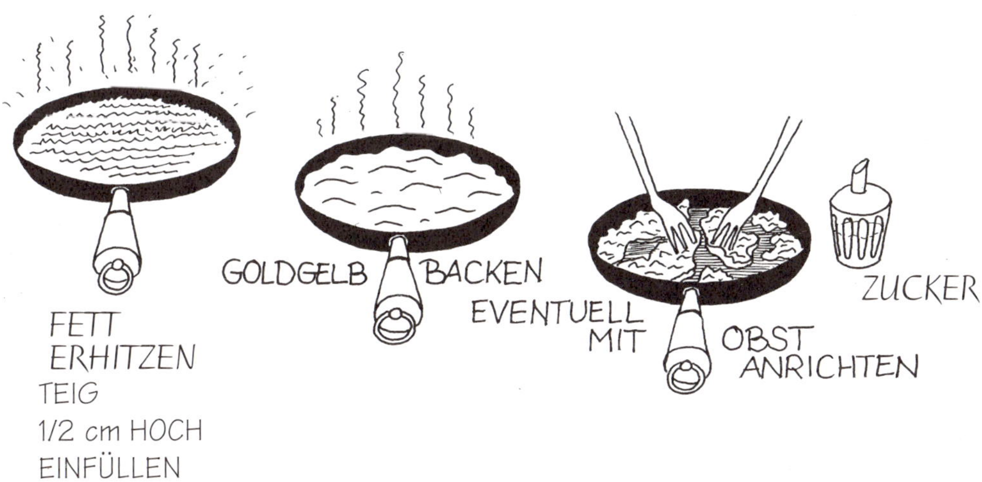

9

Spielregeln aufschreiben

Udo und Simone sitzen an einem regnerischen Nachmittag in der Bude und langweilen sich entsetzlich. Simone wühlt in ihrer Spielkiste und stellt fest, dass alle Spiele durcheinander geraten sind. Sie findet Spielpläne, Würfel, Spielsteine, Memory-Kärtchen, Dominosteine und zerknitterte Spielanweisungen. „Was soll man damit nur anfangen?“, meint Simone. Plötzlich hat Udo eine Idee. Er zieht einen Spielplan aus der Kiste (den Spielplan siehst du auf S. 161), nimmt einen Würfel, einen roten und einen blauen Spielstein und legt die Sachen auf den Tisch. „Wir erfinden selber eine Spielregel, das müsste doch klappen“, schlägt Udo vor. Die Beiden legen Folgendes fest:

 nochmals würfeln

 einmal aussetzen

 zurück zum Start

 drei Felder vorrücken

Udo und Simone fangen an zu spielen, und es dauert nicht lange, da geraten sie sich fürchterlich in die Haare. „So ein doofes Spiel, das funktioniert überhaupt nicht!“, ruft Simone. „Kein Mensch weiß, wer anfangen darf, keiner weiß, wann das Spiel zu Ende ist, und, und, und …“ Da kommt Michael dazu und meint: „Gebt doch nicht gleich auf!“ Er setzt sich an den Tisch und schreibt für die beiden eine Spielregel auf.

Man braucht einen Spielplan, einen Würfel und für jeden Mitspieler einen andersfarbigen Spielstein. Man muss ausmachen, wer zuerst würfelt. Dann muss man warten, bis man eine Sechs gewürfelt hat. Derjenige, der eine Sechs hat, darf zwar anfangen, aber er muss nochmals würfeln.
Die Zeichen haben folgende Bedeutung:

 nochmals würfeln

 einmal aussetzen

 zurück zum Start

 drei Felder vorrücken

Zum Schluss braucht man, um ans Ziel zu kommen, die passende Zahl, die noch fehlt. Wer das schafft, ist der Sieger.

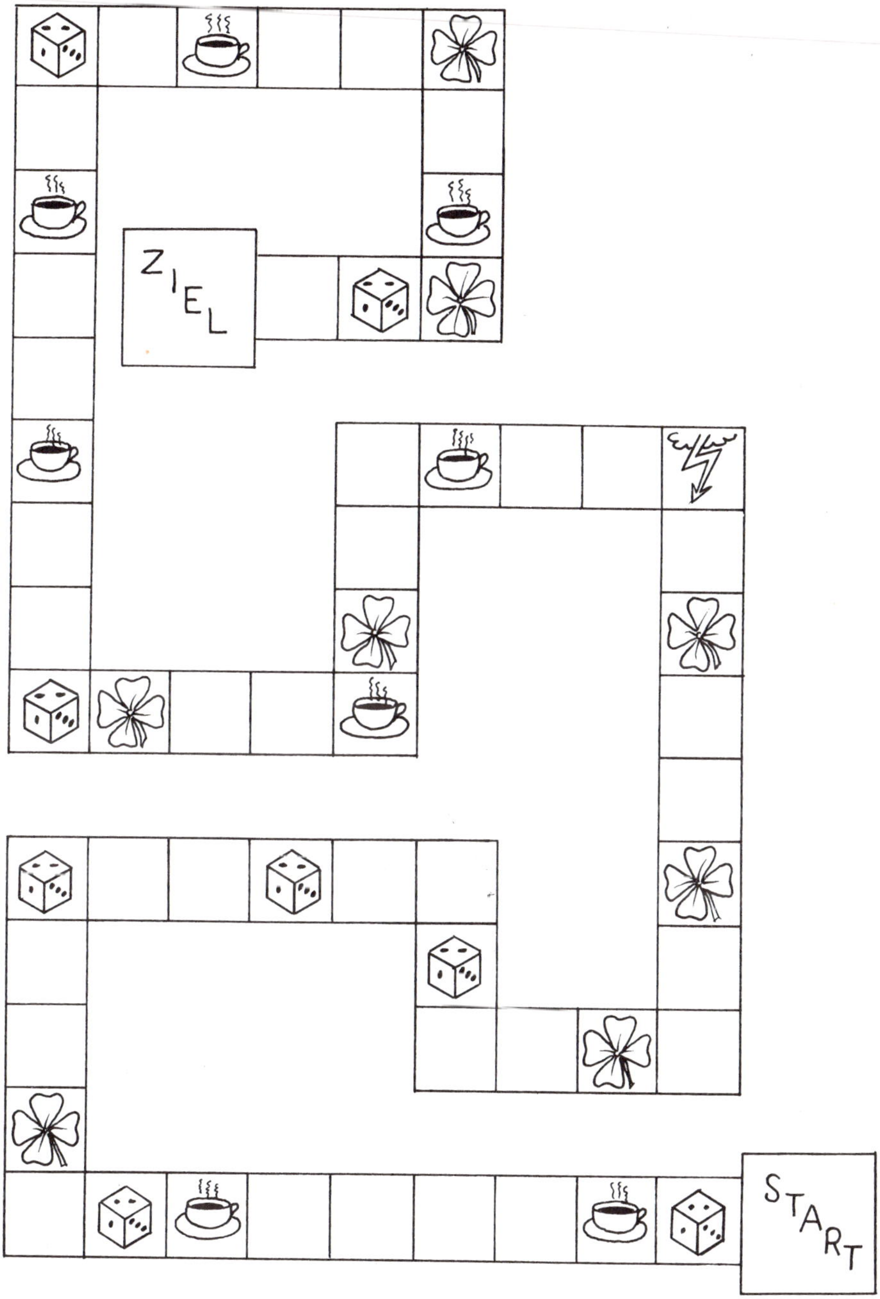
ZIEL
START

Während Michael schreibt, fällt Simone ein, dass sie kürzlich in der Schule über Spielanweisungen gesprochen haben und ihre Lehrerin einige Punkte genannt hat, die zu beachten sind.
Gemeinsam überlegen die Drei und sind erstaunt, was ihnen noch alles einfällt.

- ☐ Wie fängt das Spiel an?
- ☐ Wie viele Personen können mitspielen?
- ☐ Wer beginnt?
- ☐ Was braucht man für das Spiel? (Material)
- ☐ Wie endet das Spiel?
- ☐ Wie kann man gewinnen?
- ☐ Wie verläuft das Spiel? (Richtung, Reihenfolge, Verbote)
- ☐ Was muss man machen, bevor das Spiel beginnt?

AUFGABE 1

Diese Fragen müssen in einer Spielanweisung geklärt werden, doch die Reihenfolge stimmt so nicht. Lies die Fragen noch einmal gründlich durch und überlege, was man zuerst wissen muss, um ein Spiel spielen zu können. Schreibe eine Eins davor und nummeriere weiter.

AUFGABE 2

Sieh dir jetzt nochmals Michaels Spielanweisung an. Welche Fragen hat er beachtet, welche nicht? Trage dein Ergebnis in die folgende Tabelle ein.

beachtet	nicht beachtet

AUFGABE 3

Michaels Spielregel war schon ganz gut. Du kannst es aber besser, wenn du die folgenden Sätze liest, sie nummerierst und sie in der richtigen Reihenfolge in dein Heft schreibst.

Spielregeln für das „Schlangenspiel"

- ☐ Ein Kleeblatt bedeutet drei Felder vorrücken.
- ☐ Auf dem Weg zum Ziel kommt man auf Felder mit verschiedenen Zeichen.
- ☐ Die Spielsteine werden am Start aufgestellt.
- ☐ Es ist nur erlaubt, vorwärts zu gehen.
- ☐ Der Würfel wird immer an den linken Mitspieler weitergegeben.
- ☐ Bei einer Sechs darf der Spieler nochmals würfeln.
- ☐ Rausschmeißen ist verboten.
- ☐ Zu Beginn des Spiels wird der Spielplan so hingelegt, dass alle Mitspieler ihn sehen können.
- ☐ Zeigt der Würfel die Zahl vier, so setzt man seinen Spielstein vier Felder weiter.
- ☐ Man braucht einen Spielplan, für jede Person einen andersfarbigen Spielstein und einen Würfel.
- ☐ Wer zuerst eine Sechs gewürfelt hat, darf beginnen.
- ☐ Der Spieler würfelt von neuem.
- ☐ Bei dem „Schlangenspiel" können 2 bis 5 Personen mitspielen.
- ☐ Derjenige, der als erster das Ziel erreicht hat, hat gewonnen, und damit ist das Spiel beendet.
- ☐ Wer auf den Blitz setzen muss, muss zurück zum Start.
- ☐ Kommt man auf einen Würfel, so darf man noch einmal würfeln.
- ☐ Eine Tasse heißt einmal aussetzen.

MERKE

Bei einer Spielregel müssen alle Schritte genau erklärt und in die richtige Reihenfolge gebracht werden.
Eine Spielregel wird in vollständigen Sätzen und in der Gegenwart geschrieben.

Wenn du Lust hast, kannst du den Spielplan auf ein DIN A 4-Blatt zeichnen und einmal nach der Spielregel, die in deinem Heft steht, spielen. Viel Spaß!

Udo, Simone und Michael haben jetzt auch Spaß an dem Spiel bekommen. Sie kramen weiter in der Kiste und finden 40 Memory-Kärtchen. Das sind Bildkarten, bei denen immer zwei Karten gleich sind, d. h. ein Pärchen bilden. (Kann man übrigens gut selbst herstellen.)
Sie haben noch keine Idee, wie man mit den Karten spielen kann. Vielleicht kannst du ihnen helfen, indem du die Spielregeln für das Memory-Spiel aufschreibst. Dazu solltest du vorher noch einige Übungen machen, denn eine Spielregel sollte in vollständigen Sätzen und in der Gegenwart geschrieben werden.

AUFGABE

4 Schreibe nun eine Spielregel für das Memory-Spiel. Du kannst die folgenden Stichworte zur Hilfe nehmen:

2 bis 6 Personen – 40 Spielkarten (20 Pärchen) – Karten mit Bildseite nach unten legen – mischen – ausmachen, wer anfängt – zwei Karten aufdecken – ein Pärchen darf der Spieler behalten – Spieler ist nochmal dran – bei zwei verschiedenen Karten, Karten wieder umdrehen – der nächste Mitspieler ist dran – wer die meisten Pärchen hat, hat gewonnen – Spiel beendet, wenn alle Pärchen gefunden worden sind.

10

Einen Weg beschreiben

Sandra feiert ihren 12. Geburtstag. Sie darf eine Fete machen, und sie hat zehn Freunde und Freundinnen eingeladen. Für alle, die noch nie bei ihr waren, hat sie eine Skizze angefertigt.

Margret und Nicole haben ihre Einladung mit der Skizze verloren. Margret, die Sandra schon einmal besucht hat, schreibt Nicole aus der Erinnerung heraus auf, wie sie den Weg finden kann. Sie schreibt:

> Du kennst doch den Bahnhof. Von dort gehst du immer geradeaus. Nach einiger Zeit musst du in die Klosterstraße einbiegen. Auf der linken Seite, im Haus Nummer 23, wohnt Sandra.

AUFGABE 1 Kann Nicole nach dieser Beschreibung den Weg finden? Begründe.

AUFGABE 2 Schreibe Wörter auf, die eine Richtung oder eine Ortslage angeben, z. B. geradeaus, hinter, …

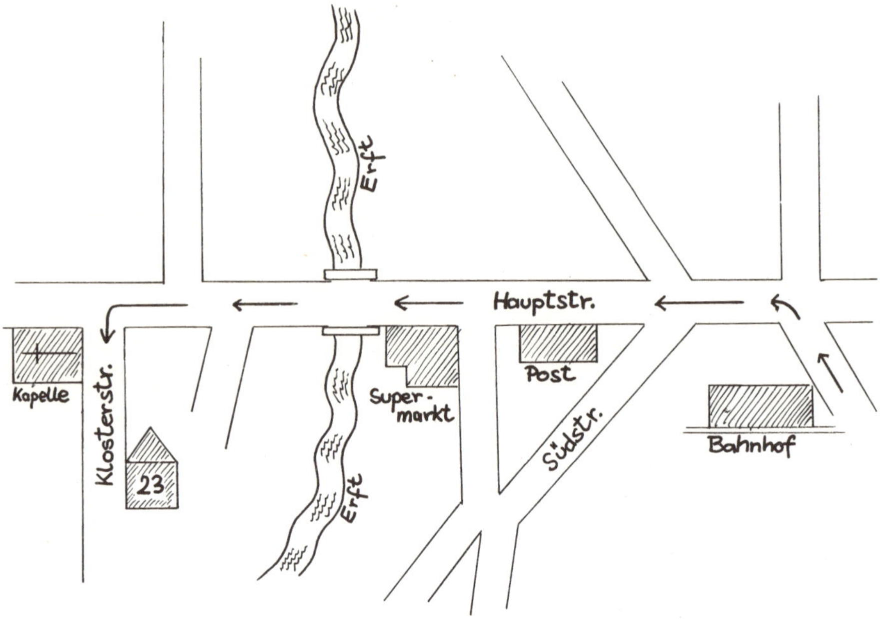

AUFGABE

3 Versuche einmal, anhand der Skizze oben, den Weg vom Bahnhof bis zu Sandras Wohnung in Stichworten zu beschreiben. Beginne so:
Am Bahnhof links halten – Hauptstraße entlang – …

MERKE

Wenn man jemandem einen Weg beschreiben will, muss man ganz genaue Hinweise geben: Genaue Richtungsangaben und Straßennamen, örtliche Besonderheiten und das alles vollständig und in der richtigen Reihenfolge.

Manchmal ist es erforderlich, den Weg nicht in Stichworten, sondern in Sätzen zu beschreiben. Dabei ist es nicht immer leicht, sich genau auszudrücken. Das kannst du aber lernen.

AUFGABE

4 a) Auch Satzanfänge machen häufig Schwierigkeiten. Lies die folgende Wegbeschreibung und unterstreiche alle Satzanfänge.

Zuerst gehst du die Römerstraße entlang. Dann, an der Kreuzung, biegst du links ab und gehst den Mühlenacker entlang bis zur nächsten Kreuzung. Dann überquerst du die Hauptstraße. Dann gehst du die Kastanienallee entlang. Dann kommst du an einer Schule vorbei. Dann, hinter der Kurve, musst du dich rechts halten. Dann siehst du nach ungefähr 100 m auf der linken Seite den Sportplatz.

b) Der erste Satz ist in Ordnung. Ersetze die übrigen Satzanfänge oder lass sie einfach weg. Du kannst die Sätze auch umstellen. Hier findest du eine Auswahl von möglichen Satzanfängen:

Bevor, Wenn, Nachdem, An, Vor, Hinter, Auf, Unter, Über, Nach, Da, Nun, Jetzt, Dort, Zur, . . .

AUFGABE 5

Versuche jetzt einmal, eine Wegbeschreibung so zu formulieren, dass Nicole, die den Weg zu Sandras Wohnung nicht kennt, ihn findet.

Dirk hat für einige Mitschüler, mit denen er eine Bande gründen will, einen geheimen Treffpunkt ausgesucht. Er gibt ihnen vor dem ersten geheimen Treffen eine Skizze und eine Beschreibung (S. 168).

AUFGABE 6

Achtung! Stimmt alles? Vergleiche einmal die Skizze mit der Beschreibung (S. 168). Was fällt dir auf?

AUFGABE 7

Bringe nun die Sätze der Beschreibung in die richtige Reihenfolge, indem du sie nummerierst und geordnet ins Heft schreibst.

AUFGABE 8

Lass jemand anderen nach deiner Beschreibung eine Skizze anfertigen.

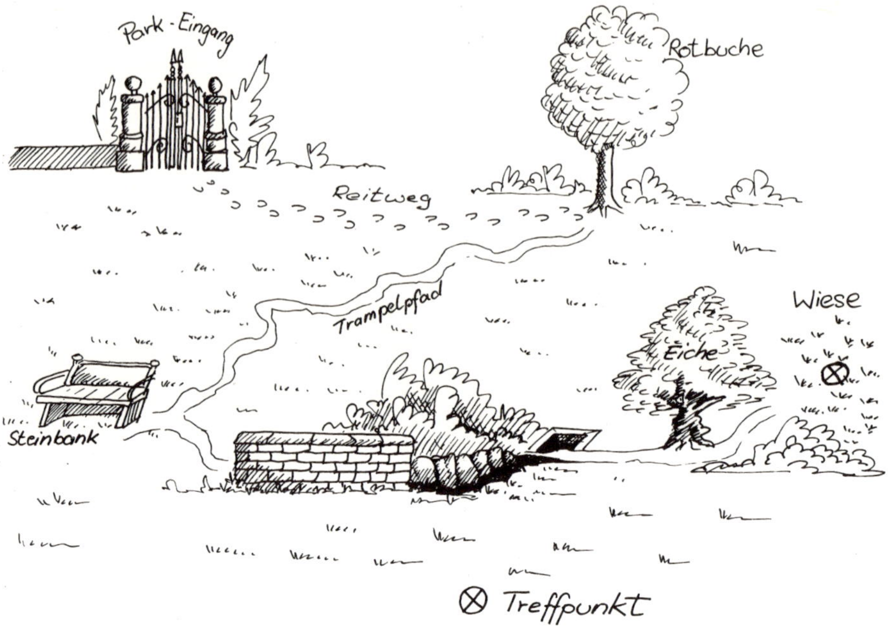

Beschreibung:

- ☐ Krieche im Gebüsch hinter der Steinmauer durch den Graben.
- ☐ Gib acht!
- ☐ Fallgrube!
- ☐ Folge dem Trampelpfad bis zur Steinbank.
- ☐ Zuerst musst du vom Haus deiner Eltern den Parkeingang erreichen.
- ☐ Rechts neben der Eiche siehst du ein Gebüsch.
- ☐ Jetzt gehe den Reitweg entlang bis zur Rotbuche.
- ☐ Auf der kleinen Wiese hinter dem Gebüsch findest du unseren Treffpunkt.

BERICHTEN

1 Einen Stichwortzettel/ Merkzettel anlegen

Tinas beste Freundin Lena ist erkrankt und muss das Bett hüten. Ihre größte Sorge ist, dass sie in der Schule etwas verpassen könnte. Aber mit dem Husten würde sie andere nur stören, also bleibt sie schweren Herzens zu Hause. Nachmittags bekommt sie Besuch von Tina. Nachdem sie sich eine Weile hat bedauern lassen, bombardiert sie Tina mit Fragen: „Was habt ihr denn heute alles in Erdkunde gemacht? Wie weit seid ihr gekommen?“
„Nun mal langsam“, lacht Tina. „Eins nach dem anderen.“ Aber als sie Lena vom Unterricht berichten will, fällt ihr lediglich ein, dass sie übers Fischen mit dem Schlepp- und Treibnetz gesprochen haben. Lena ist ganz sauer: „Warum hast du dir denn nichts notiert, dann könnte ich jetzt auch etwas lernen!“

AUFGABE

1 Welche Vorteile hat es, wenn man sich über einen Stundenverlauf Notizen macht?

Tina nimmt sich vor, in der nächsten Stunde einige Notizen anzufertigen, damit sie ihre Freundin zufriedenstellen kann. Als sie wieder zu Besuch kommt, hält sie folgenden Zettel in der Hand:

Netz auswerfen,
Fische schlachten,
in Kisten füllen und verladen,
dann in die Kühltruhe legen
und verkaufen.

AUFGABE 2

Glaubst du, dass Tina mit diesen Notizen Lena einen kompletten Bericht abgeben kann? Begründe.

Thema des Unterrichts war:

Vom Fischfang bis zum Küchentisch

Mit Hilfe von Filmen und Bildfolgen bearbeitete der Lehrer mit den Schülern den Weg des Fisches vom Meer bis zum Verzehr. Anhand des folgenden Berichtes sollst du den Weg nachvollziehen können. (So ungefähr ist auch die Unterrichtsstunde verlaufen.)

Für den Fischfang wird abends das Netz ausgeworfen. In den frühen Morgenstunden wird es Stück für Stück wieder eingeholt. Die Fische werden herausgeschüttet, geschlachtet und ausgenommen. Sofort werden sie in Eis verpackt. Im Hafen angekommen, landet das Schiff an, und die Ladung wird gelöscht. Sofort wird der Fisch in Auktionskisten gefüllt und anschließend versteigert. Die Großhändler verladen die Ware in ihre Kühlwagen und transportieren den Fisch ins Geschäft, um ihn da in die Kühltruhe zu legen. Dort kauft ihn dann die Hausfrau und kann ihn zu Hause zubereiten.

AUFGABE 3

Stelle aus diesem Bericht einen Notizzettel mit geordneten Stichwörtern zusammen. Vergiss die Überschrift nicht.

MERKE

Ein Stichwortzettel muss die wichtigsten Informationen enthalten und übersichtlich angeordnet sein, d.h.
- er sollte mit einer Überschrift versehen sein,
- die Stichwörter werden untereinander geschrieben,
- es sollten keine vollständigen Sätze gebildet werden,
- die richtige Reihenfolge muss eingehalten werden.

AUFGABE 4 Welche Vorteile hat ein solch geordneter Stichwortzettel?

Ihr habt im Physikunterricht folgenden Versuch durchgeführt:

Ein undurchlässiges Sieb

Für diesen Versuch benötigst du eine Flasche mit einem Blechdeckel, einen 3 mm dicken Nagel, einen Hammer, Wasser. Schlage nun ca. 30 Löcher in den Deckel, fülle die Flasche mit Wasser, schraube sie zu und halte eine Hand über den Deckel. Stellst du die Flasche auf den Kopf und nimmst deine Hand weg, wirst du feststellen, dass kein Wasser herausläuft.

Begründung:
Durch den Zusammenhalt der Moleküle an der Wasseroberfläche wird jedes Loch wie mit einer feinen Haut verschlossen. Es dringt keine Luft in die Flasche hinein, und deshalb kann auch kein Wasser herauslaufen.

AUFGABE 5 In der nächsten Stunde sollst du anhand dieser Zeichnung darüber berichten. Notiere einige Stichwörter:

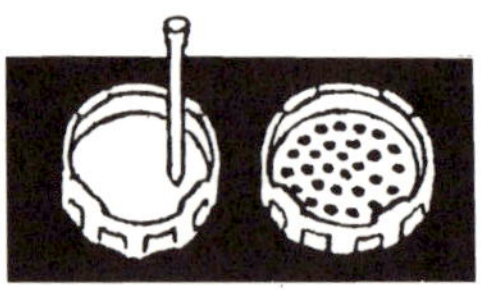

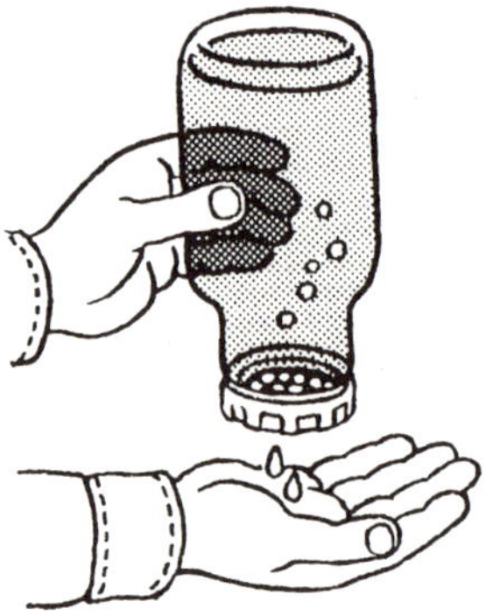

Denke daran, du willst über drei Dinge berichten:
1. Was wird für den Versuch benötigt?
2. Wie läuft der Versuch ab?
3. Welche Begründung gibt es für das Ergebnis?

Ordne deine Stichwörter entsprechend.

AUFGABE 6

Vielleicht hast du schon das Rückenschwimmen erlernt. Stell dir vor, du sollst mit Hilfe der Abbildungen darüber im Sportunterricht berichten. Du machst dir am besten zu jedem Bild Notizen.

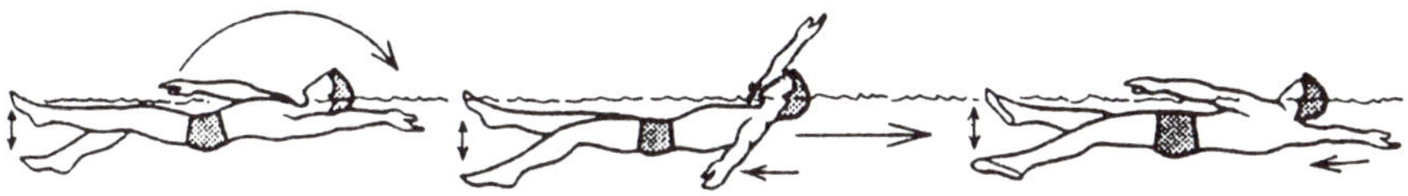

AUFGABE 7

Susannes Großvater ist Imker. Darum hat die Lehrerin sie gebeten, den Mitschülern etwas über Bienen zu erzählen. Aufmerksam hat sie beim Opa zugeschaut. Außerdem hat er ihr einen Text mitgegeben.

Susanne erstellt folgenden Merkzettel, mit dem sie ihren Bericht vor der Klasse geben will. Wie beurteilst du diesen Merkzettel?

Bei den Bienen gibt es Arbeitsbienen, Drohnen, sie haben einen Bau und sie sammeln Nektar. Pollen, Königin, Honigbiene. Sie stechen. Dagegen hilft Bienenhaube.

AUFGABE

8 Hier sind zwei neue Zettel. Welcher ist geeignet für einen Bericht in der Klasse? Begründe.

a)

leben im Volk. Königin, Drohnen, Arbeitsbienen, sammeln nur Nektar, Stachel, sterben nach dem Stechen. Waben Nahrung fürs Volk, neue Königin bildet neues Volk, liefert Honig und Wachs

b)

Die Honigbiene
staatenbildendes Insekt. 1 Königin.
Arbeitsbienen (20 000–70 000).
Drohnen (500–2000) (Männchen)

Königin
langer Hinterleib
legt Eier
bei neuer Königin fliegt alte weg
und gründet neuen Staat

Drohnen
plump
aus unbefruchteten Eiern
ohne Stachel
werden nach der Hochzeit vertrieben

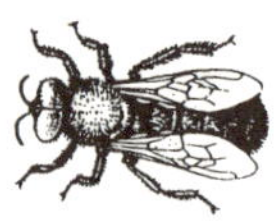

Arbeitsbienen
sammeln Nektar und Pollen
kräftige Mundwerkzeuge
zum Sammeln Körbchen am Hinterbein
Stachel (Verlust nach Stechen)
Stich tödlich
Honigmagen
bildet aus Blütensaft Honig
Drüsen für Wachs — Waben — Bienenwohnung

AUFGABE 9

Dient der Merkzettel als Gedächtnisstütze beim mündlichen Berichten, sind Skizzen sinnvoll und ein ausformulierter Einleitungssatz wichtig, damit kannst du die anfängliche Nervosität überwinden. Formuliere den ersten Satz für Susannes Bericht.

AUFGABE 10

Vielleicht hast du Lust, jetzt einmal einem Freund oder einer Freundin etwas über Bienen zu berichten. Viel Spaß.

MERKE

Ein Merkzettel muss übersichtlich angeordnet sein, damit man sich auf ihm schnell zurechtfinden kann. Das heißt:

- die Informationen müssen in der richtigen Reihenfolge erscheinen
- die Informationen sollen möglichst nach Oberpunkten geordnet sein
- er soll nur Wesentliches und nichts Unwichtiges enthalten.

2 Wesentliche Informationen zusammenfassen

Die Klasse 6b hat einen neuen Biologielehrer bekommen. Er ist ganz nett, nur für Hausaufgaben hat er eine ganz besondere Vorliebe. In der nächsten Biologiestunde soll jeder Schüler kurz über ein Tier berichten, das ihm gut gefällt.
Ingo sitzt zu Hause und brütet über seinen Hausaufgaben. Er hat sich entschlossen, über den Wolf zu berichten und erinnert sich an das Märchen „Rotkäppchen" und an eine Fabel „Der Wolf und das Lamm". Gleich macht er sich Notizen in sein Heft:

> Ein Wolf ist böse, hinter-
> listig, gierig, klug, brutal,
> heimtückisch, gemein…

Das ist alles, was ihm zum Thema „Wolf" einfällt. Er meint, eigentlich weiß das jeder, darüber brauche ich nicht zu berichten. Herr Winter und seine Mitschüler erwarten etwas anderes von ihm, das weiß Ingo.

AUFGABE

1 Eignen sich Ingos Notizen als Information für den Biologieunterricht? Begründe.

MERKE

Berichten heißt **sachlich informieren**, d.h. du sollst über eine Sache oder einen Vorgang möglichst viele Informationen zusammenstellen. Du musst Tatsachen wiedergeben und nicht Meinungen oder Vorurteile.

Ingo muss sich erst selbst einmal Informationen über den Wolf beschaffen. Da fällt ihm ein, im Lexikon nachzuschauen, und er findet unter dem Stichwort „Wolf“ folgenden Text:

> Der **Wolf** (Canis lupus) ist die größte Art der hundeartigen Raubtiere (Familie Canidae). Er wird 100 bis 140 cm lang (Schwanzlänge 30–50 cm) und bis zu 80 kg schwer. Der Wolf war früher in vielen Unterarten über weite Teile Europas, Asiens, Nord- und Mittelamerikas verbreitet, ist heute aber in vielen Ländern zurückgedrängt oder ausgerottet. Größere Bestände gibt es nur noch in der Sowjetunion, in Alaska und Kanada. Einzelgänger in Südwesteuropa, Skandinavien, Osteuropa und den USA. Bedroht ist der Indische Wolf, der als Stammform des Haushundes gilt.
> Der Wolf lebt in Rudeln und ist ein Hetzräuber, der seine Beute (meist Huftiere, aber auch Kleinsäuger) lange verfolgt. Meist fallen ihm kranke und schwächliche Tiere zum Opfer.
> Die Wölfin bringt nach neunwöchiger Tragezeit 3–10 (meist 5–7) blinde und hilflose Junge zur Welt. Nach achtwöchiger Säugezeit, in der sie rasch wachsen, werden die Jungen entwöhnt und anschließend an das Raubtierleben gewöhnt.

Ingo sucht weiter und findet in einem Tierbuch weitere Informationen:

> „Das größte hundeartige Wildsäugetier der Erde ist der Wolf (Canis lupus). Es gibt zahlreiche Arten von Wölfen. Die größte Art bilden die riesenhaften weißen Polarwölfe. Hellgelbsandfarben sehen die Wölfe Arabiens aus. Andere Rassen sind rötlich gefärbt oder silbergrau. Europäische Wölfe erscheinen gewöhnlich graubraun, wobei die Färbung des kürzeren Sommerkleides mehr ins Rötliche spielt als bei dem langhaarigen und stumpf grauen Winterfell. Ein alter Irrtum ist, dass Haushunde, nicht aber Wölfe und andere Wildhunde, bellen könnten. Wölfe haben durchaus Bell-Laute für bestimmte Situationen in ihren angeborenen Lautanlagen.“

Ingo liest die beiden Texte und ist der Meinung, dass diese Informationen ihm helfen können.

MERKE

Um einen Bericht zu schreiben, muss man sich zuerst Sachkenntnisse verschaffen, d.h. Informationen einholen.

Jetzt überlegt Ingo und fragt sich, was ist denn wichtig für meinen Bericht?

Hier sind einige Fragen, die Ingo helfen könnten, die wichtigsten Informationen aus den Texten herauszuholen und zu ordnen:

a) Zu welcher Tiergruppe gehört der Wolf?
b) Wie sieht er aus?
c) Wo lebt er?
d) Wie ernährt er sich?
e) Was erfährt man über die jungen Wölfe?

AUFGABE 2

Lies nun noch einmal beide Texte (S. 177) und versuche Antworten auf diese Fragen zu finden. Formuliere in Stichworten.

Z.B. Antwort zu a)
– größte Art der hundeartigen Raubtiere

MERKE

Fragen, die man zu einem Text formuliert, sind eine Hilfe, um die Informationen zu ordnen.

Mit Hilfe dieser Stichworte könnte Ingo seine Mitschüler sachlich informieren. Leichter ist es für ihn, wenn die Stichworte zusammengefasst und in Sätzen formuliert sind.

AUFGABE 3

Versuche mit Hilfe der Stichworte einen Bericht zu schreiben. Denke an das, was du in diesem Buch über das Schreiben von Texten gelernt hast. (Satzanfänge, vollständige Sätze, wechselnde Wortwahl, ...)

Geschichte bei Herrn Meyer steht auf dem Stundenplan. Die 6b ist mal wieder in Stimmung. Alle Schüler toben durch die Klasse, und Klaus muss dran glauben. Er wird erwischt und bekommt eine Sonderaufgabe auf. Herr Meyer gibt Klaus einen Text über die Germanen. Klaus soll für die nächste Stunde diesen Text zusammenfassen und im Unterricht darüber berichten. Klaus ist ganz schön sauer. Zu Hause rafft er sich auf und liest den Text erst einmal genau durch.

Hier ist der Text, du kannst Klaus bestimmt bei seiner Aufgabe helfen.

So lebten die Germanen

Die Urheimat der Germanen war die Nord- und Ostsee. Einzelne Gruppen oder ganze Stämme brachen immer wieder auf und zogen nach Süden, um neues Ackerland zu erkämpfen. Sie wohnten abgesondert und einzeln, gerade dort, wo ihnen eine Quelle, ein Feld oder ein Waldstück gefallen hatte. Sie bauten ihre Dörfer nicht Haus an Haus, sondern jedes Haus war von freiem Raum umgeben. Sie bauten ihre Häuser aus unbehauenem Holz. Im Innenraum des Hauses standen die Herdstelle und der Backofen, der Wohnraum war gleichzeitig Wirtschaftsraum. Licht kam durch Giebelluken ins Innere. Der Fußboden bestand aus einer Bretter- oder Bohlenlage, wenn er nicht mit Steinen gepflastert oder in Lehm gestampft war. Eine breitere hölzerne Sitz- und Schlafbank lief entlang der Längswände. Gefäße aus Ton und Holz waren auf hölzernen Trägern aufgereiht.
Die Germanen waren Ackerbauern und Viehzüchter. Neben der Feldarbeit zogen die Männer gern zur Jagd, um einen Auerochsen oder einen Hirsch zu erlegen. Das wichtigste Gerät war der Pflug. Dieser war gegenüber dem alten Hakenpflug sehr verbessert. Er besaß ein gebogenes Schar, das den Boden aufschnitt und in Schollen umbrach. Die Bauern pflanzten ausschließlich Getreide an. Die Äcker wurden nur jedes zweite Jahr bestellt, damit der Boden sich erholen konnte.
Die Frau schaffte in Garten und Haus, sie musste das Mehl auf dem Mahlstein reiben, Brot backen und für das Essen sorgen. Das Vieh verlangte seine Wartung, Vorräte, wie Getreide, Pilze, Beeren mussten eingebracht werden und für den Winter getrocknet werden. Waren die Kinder und das Haus versorgt, kümmerte sich die Frau um die Kleidung, die Spinnräder klapperten, der Webstuhl rief zur Arbeit, aus Leder wurden Schuhe geschnitten. Töpfe und Schüsseln formten eilige Hände aus weichem Lehm.

AUFGABE 4

Lies den Text aufmerksam durch. Auf welche der folgenden Fragen gibt der Text Antworten? Kreuze an.

- ☐ Wie wohnten die Germanen?
- ☐ Welche Haustiere hatten sie?
- ☐ Welche Aufgaben hatten die Männer?
- ☐ Welche Aufgaben hatten die Frauen?
- ☐ In welche Schule gingen ihre Kinder?
- ☐ Welche Haushalts- und Arbeitsgeräte benutzten die Germanen?

AUFGABE 5

Schreibe die Antworten auf die Fragen stichwortartig heraus.

AUFGABE 6

Wenn du nun die Stichworte zu Sätzen formulierst, erhältst du eine Zusammenfassung der wichtigsten Informationen.

3 Tagesablauf festhalten

Klassenfahrt nach Winzheim. Es ist einfach super! Im Ort gibt es viele Möglichkeiten, etwas zu unternehmen. Heute Nachmittag haben die Schüler der 6b sogar von 14 bis 18 Uhr Freizeit. Sie können diese Zeit frei gestalten, mit einer Auflage allerdings, sie müssen mindestens zu zweit sein, wenn sie etwas unternehmen wollen. Gegen 18 Uhr kommen alle pünktlich zur Jugendherberge zurück. Sie sind guter Dinge und berichten lauthals von ihren Erlebnissen am Nachmittag. Doch plötzlich ist die Stimmung gedämpft. Frau Wiesemeier tritt in den Aufenthaltsraum und mit ihr der Dorfpolizist. Er hebt mit tiefer Stimme an: „Frau Dorn, die Inhaberin des Geschenkartikelladens, hat Anzeige erstattet. Zwei Schüler aus der Gruppe haben heute Nachmittag in ihrem Geschäft Sachen im Wert von 15,– € gestohlen.“ Alle schauen betreten in die Runde. Frau Wiesemeier ist sehr verärgert und veranlasst alle Schüler, über den Zeitraum von 14 bis 18 Uhr einen Bericht anzufertigen mit Zeitangaben und Aufenthaltsort.
Danach sollen alle Schüler mit ihrem Bericht bei ihr zu einem Gespräch erscheinen. Sie sagt dem Dorfpolizisten zu, ihm bei der Aufklärung des Falls zu helfen. Die Schüler sind sehr bedrückt und nach dem Abendessen gehen sie auf ihre Zimmer und beginnen mit der lästigen, äußerst unangenehmen Arbeit.
Uwe und Silke nehmen ein Blatt und machen Notizen:

14.00 Uhr Gang in den Ort
14.15 Uhr Eis essen in der Eisdiele am Markt
15.00 Uhr Kino – Film: Walt Disneys „Dschungelbuch“
16.30 Uhr Einkaufsbummel: Spielwarengeschäft, Supermarkt, Kiosk
17.00 Uhr Frittenbude am Bahnhof
17.30 Uhr Rückweg, am Schwimmbad vorbei
17.45 Uhr Ankunft in der Jugendherberge

AUFGABE

1 Die Stichworte können auch zu einem zusammenhängenden Text formuliert werden. Vervollständige die folgenden Sätze mit Hilfe der Stichworte.

Um 14.00 Uhr ____ .

Nachdem wir ________________________________, gingen wir um 15.00 Uhr ____________________________. Der anschließende Einkaufsbummel, um 16.30 Uhr ________________________________, so dass wir gegen 17.00 Uhr ______________. Um 17.30 Uhr ____________________ und erreichten um 17.45 Uhr die Jugendherberge.

MERKE

Ein Bericht über einen bestimmten Zeitraum muss zeitlich gegliedert sein, sollte nur sachliche Informationen enthalten und in der Vergangenheit geschrieben werden.

AUFGABE

2 Versuche selbst einmal, deinen Tagesablauf oder einen kürzeren Zeitraum erst in Stichworten, dann als zusammenhängenden Text aufzuschreiben.

Sebastian sitzt am Abend ganz verzweifelt am Küchentisch. Er hat seinen Schlüssel verloren. Nun bleibt ihm nichts anderes mehr übrig, als es seiner Mutter zu sagen. Seine Mutter beruhigt ihn und meint, er solle doch noch einmal ganz in Ruhe überlegen. „Als du aus dem Haus gingst, hattest du den Schlüssel in deiner Hand. Was hast du denn am Nachmittag gemacht?" Sebastian denkt nach, und es fällt ihm auch alles ein, doch in seinem Kopf besteht noch einige Unordnung.

AUFGABE

3 a) Du kannst Sebastian helfen. Schreibe zu jedem Bild von S. 183 die passende Uhrzeit. Achtung: es sind verschiedene Lösungen möglich.

b) Schreibe das Nachmittagsprogramm von Sebastian in Stichworten auf.

c) Schreibe mit Hilfe der Stichworte einen Bericht.

BÄCKEREI

4

Zweck und Absicht im Bericht

Die 6b hat Verkehrsunterricht. Die Schüler sollen einen kleinen Verkehrsfilm wiedergeben, den sie gerade gesehen haben. Jan beschreibt die Szene folgendermaßen:
„Ungefähr 10 Jungen spielen an einer Bushaltestelle. Zwei Jungen beginnen miteinander zu ringen und geraten dabei an den Straßenrand. In diesem Augenblick ..."
Carolin gibt die Szene anders wieder:
„Es ist früher Herbst. Auf der Wiese liegen schon viele Blätter. Manche Bäume sind aber noch grün. Am Rand einer Straße kämpfen zwei Jungen. Sie kommen bestimmt gerade vom Sport und müssen sich noch abreagieren ..."

AUFGABE 1

Wer von den beiden gibt das wieder, was für den Verkehrsunterricht wichtig ist?

AUFGABE 2

Wie könnte der Film weitergehen? Setze die Wiedergabe, die du für die geeignete hältst, fort.

Nach mehreren Beinahe-Unfällen droht die Polizei, den Bolzplatz von Jugendlichen in der Nordstadt zu schließen. Jens, Mischa und die andern tun sich zusammen, schreiben einen Brief an die Stadtverwaltung, ein Flugblatt für die Autofahrer. Sie wollen ein Gitter um ihren Bolzplatz, um weiter ungefährdet spielen zu können. Auch die beiden Tageszeitungen der Stadt sind an der Angelegenheit interessiert und veröffentlichen folgende Berichte:

AUFGABE 3

Vergleiche die beiden Zeitungsberichte (S. 185).
Stelle dir dazu die folgenden Fragen:

Was unterscheidet die beiden Überschriften?
Wessen Argumente kommen am meisten zu Wort
Wie wird das Problem dargestellt?
Welcher Ausblick auf die künftige Entwicklung wird gegeben?

a)

Stadtverwaltung unter Druck gesetzt

Wegen eines ‚dringend notwendigen‘ Gitters um ihren Bolzplatz haben Jugendliche aus der Nordstadt die Stadtverwaltung aufgefordert, aktiv zu werden. Nach ersten Stellungnahmen der Stadtverwaltung ist der Kostenaufwand für ein solches Gitter aber zu groß. Bei vorsichtiger Spielweise sei der Bolzplatz im jetzigen Zustand hinreichend sicher.

b)

Jugendliche fordern sicheren Bolzplatz

Nach mehreren Beinah-Unfällen durch Fußbälle, die versehentlich auf der Straße landeten, ist nun eine Gruppe jugendlicher Fußballamateure aus der Nordstadt aktiv geworden. Sie halten eine Sicherung ihres Bolzplatzes, der einzigen Spielmöglichkeit für Jugendliche in diesem Stadtteil, für dringend notwendig. Dies teilten sie gestern in einem Brief an die Stadtverwaltung mit. Ferner bitten sie zur Zeit in einer Flugblattaktion die Autofahrer, rund um den Platz vorsichtig zu fahren und sie bei ihren Forderungen zu unterstützen. Die Stadtverwaltung reagierte bisher ablehnend. Die Jugendlichen wollen aber nicht aufgeben. Sie werfen der Stadt vor, gerade den nördlichen Teil der Stadt, was die Ausstattung mit Freizeitmöglichkeiten angehe, bisher übergangen zu haben. Dies müsse nun nachgeholt werden.

AUFGABE 4 Für wen ergreifen die Berichte wohl jeweils **Partei**?

MERKE

Wer berichtet, will oft mehr als nur berichten. Er verfolgt eine bestimmte Absicht, einen Zweck, der in seinem Bericht ganz offen oder nur versteckt ausgedrückt sein kann.

AUFGABE 5

Ordne die folgenden Verbformen. Welche stehen in der Gegenwart, welche in der Vergangenheit und welche in irgendeiner Konjunktivform?

er lief, er geht, er arbeite, er hüpfe, sie lag, sie liege, sie liegt, sie hatte gelegen, sie hat gelegen, sie liest, sie las, sie wünschte sich, sie hat getanzt, sie tanze

AUFGABE 6

Erkläre: Warum verwenden die beiden Zeitungsberichte manchmal
die Vergangenheitsform,
die Gegenwartsform,
die Konjunktivform?

AUFGABE 7

Verfasse zwei kurze Zeitungsberichte über dasselbe Ereignis, aber aus verschiedener Sicht. Benutze dazu die folgenden Stichwörter. Für wen ergreift wohl Artikel A, für wen Artikel B Partei?

Artikel A: Sandkästen sind kein Hundeklo, häufige Beschwerden, Empörung, Nachlässigkeit von Hundehaltern, Gesundheitsgefährdung besonders für kleine Kinder, Stadt wird aktiv, Sand erneuern, strenge Bußgeldbescheide, Leinenzwang

Artikel B: Hundeliebhaber angegriffen, Vorwürfe, ständige Streitereien, Hundesteuer ohne Gegenleistung, Eltern machen Druck, Hundebesitzer fühlen sich ungerecht behandelt, Stadt gibt Eltern nach, Leinenzwang, Hundedemonstration angekündigt, Hunde oft einzige Freude für alte Menschen

5

Über Ergebnisse von Gruppenarbeiten berichten

Nach der großen Pause stürmen die Schüler der 5b in die Klasse. Alle schreien, toben, schimpfen und rempeln sich an. Frau Sommer, die Klassenlehrerin, betritt die Klasse. Nur hier und dort kann sie in dem Krach einige Sätze und Wörter verstehen: „Du bist in die Pfütze getreten!“, „Du Blödmann!“, „Ich will in der Pause …“, „Die Großen haben mich …“, „Meine Hose ist ganz nass.“ Erst nach einer Weile beruhigen sich die Schüler, und da Frau Sommer bemerkt hat, dass die Aufregung ihrer Schüler mit der Pause zu tun hat, führt sie ein Gespräch mit ihnen über die anstehenden Probleme.

Am Ende des Gesprächs wird deutlich, dass die Schüler der 5b ihre Pause anders gestalten wollen. Frau Sommer erklärt ihnen jedoch, dass sie mit Schimpfen und Schreien nichts erreichen. Sie schlägt vor, dass sie ihre Kritik und ihre Vorschläge dem Schulleiter mitteilen sollten. Das Gespräch mit dem Schulleiter muss aber vorbereitet werden, und dabei hilft sie ihren Schülern.

Sie gibt ihnen folgende Aufgabe: Überlegt und diskutiert in Gruppen das Thema „Pausengestaltung“ und schreibt eure Ergebnisse in Stichworten auf. Nach einer halben Stunde sammelt sie die Gruppenergebnisse ein. Sie erhält vier Zettel mit folgenden Äußerungen:

- Die Großen ärgern uns immer.
– Auch bei Kälte und Nässe müssen wir nach draußen.
– Wir wollen in der Pause Karten spielen.
– Der Markus aus dem 8. Schuljahr macht sich immer lustig über uns.
– Die Mädchen sind immer so zickig.

– Manche wollen einen Raum, in dem es ruhig ist.
– Man müsste Getränke und etwas zu essen kaufen können.
– Erwin, Peter und Udo wollen immer Autoquartett spielen.
– Wir wollen einen anderen Schulhof, damit wir richtig spielen können.

– Wir wollen in der Pause Musik hören.
– Manche Schüler rempeln uns immer an.
– Es gibt keine Sitzgelegenheiten auf dem Hof.
– Wir finden den Schulhof doof.
– Wir wollen eine angenehmere Pause, damit wir uns danach im Unterricht besser konzentrieren können.

– Die 6a ist so eingebildet und macht in der Pause nur doofe Bemerkungen.
– Immer müssen wir raus, auch wenn wir keine Lust haben.
– Wir wollen uns in der Pause entspannen, damit wir unsere Wut nicht an anderen auslassen müssen.

AUFGABE 1

Frau Sommer bittet nun die beiden Klassensprecher, die Gruppenergebnisse zu ordnen und diese dann dem Schulleiter vorzulegen.

AUFGABE 2

Streiche die Äußerungen durch, die nichts mit der Pausengestaltung zu tun haben.

Jetzt dürfte es dir leicht fallen, die Ergebnisse zu ordnen. Schreibe zu den folgenden Oberpunkten Stichworte auf.

a) Kritik:

b) Verbesserungsvorschläge:

c) Begründungen:

AUFGABE 3

a) Die Gruppenergebnisse können so geordnet dem Schulleiter vorgetragen werden. Es ist jetzt sicher auch nicht mehr so schwer, die Ergebnisse zu einem Bericht zusammenzufassen, der das Anliegen der Schüler deutlich macht. Bevor du dies machst, suche dir einen geeigneten Einleitungssatz aus:

- Wir haben uns etwas überlegt.
- Wir möchten Ihnen unbedingt etwas mitteilen.
- Eine Diskussion in unserer Klasse hat deutlich gemacht, dass ...

b) Versuche nun den Bericht zu schreiben.

MERKE

Ergebnisse einer Gruppenarbeit müssen klar gegliedert sein und sich deutlich auf die Aufgabenstellung beziehen.

6 Einen Zeitungsbericht verfassen

Gaby, Klaus und Sabine sitzen vor dem Unterricht im Klassenraum. Sabine muss noch schnell die Englischhausaufgaben abschreiben, als Gaby sie unterbricht:

Gaby: Mensch, ich war gestern mit Klaus in der Realschule auf dem Sommerfest. Das war einfach Spitze. Die hatten ein Hummelballett, das war bühnenreif.

Klaus: Und erst die Modenschau „Verrückt“! So irre Kostüme habe ich noch nie gesehen, einfach fantastisch!

Gaby: Höhepunkt war die Michael-Jackson-Parodie. Die war fernsehreif, der helle Wahnsinn!

Sabine vergisst glatt, ihre Aufgaben weiter abzuschreiben. „Könnt ihr darüber nicht in unserer Schülerzeitung einen Bericht schreiben? Die sind um jeden Artikel verlegen. Außerdem wäre das mal etwas anderes. Vielleicht kriegen unsere Mitschüler dann auch mal so etwas auf die Beine.“

Klaus: So etwas habe ich aber noch nie gemacht. Wie geht das denn?

Sabine: Du musst schon genauer schreiben, als du jetzt redest. Dabei darfst du aber nicht ins Schwärmen geraten, der Artikel sollte eher sachlich sein. Du musst aber trotzdem so verfahren, dass man sich den Ablauf des Abends genau vorstellen kann.

Klaus: Hm, Gaby, da musst du mir aber helfen. Am besten notieren wir uns einige Stichwörter mit den nötigsten Informationen.

AUFGABE

1 Sabine gibt Klaus bereits einige Hinweise für das Verfassen eines Berichts, schreibe sie heraus.

Pünktlich zum Unterrichtsbeginn hat Klaus das letzte Wort aufgeschrieben. Sein Stichwortzettel sieht folgendermaßen aus:

25.8., 19.30 bis 21.00 Uhr, Aula Heinrich-Böll-Realschule, Pinguintanz, Modenschau „Verrückt“, Hummelballett, zwei Hummeln führen durchs Programm, Square Dance, Las-Vegas-Zaubernummer, Spezialitätenbüfett, Getränkestand, Motto: Eine Reise um die Welt, Sketche, Michael-Jackson-Parodie, Play-Back-Nummern verschiedener Künstler, begeisterte Eltern, Zuschauer wollen Zugaben, alle Kostüme selbst entworfen und genäht, Dekorationen und Bühnenbild selbst gestaltet, Schüler wollten schönen Abend bereiten.

Aus dem Stichwortzettel soll ein Bericht entstehen, der die folgenden Fragen beantworten soll:

a) **Wann** fand das Fest statt?
b) **Wo** war die Veranstaltung?
c) **Wer** führte sie durch?
d) **Was** wurde geboten?
e) **Wie** wurde es dargestellt?
f) **Warum** wurde das Fest veranstaltet?

AUFGABE 2

Schreibe nun zu jeder Frage die entsprechenden Stichwörter aus dem Notizzettel heraus.

wann?	25. 8., 19.30–21.00 Uhr
wo?	
wer?	
was?	
wie?	
warum?	

MERKE

Grundlage für die Erstellung eines Berichts ist ein Stichwortzettel, der nach den Fragen

Wann? Wo? Wer? Was? Wie? Warum?

geordnet werden kann.

AUFGABE 3

Das, was du berichten willst, hat sich in der Vergangenheit zugetragen. Schreibe aus folgendem Text die Verbformen in der Vergangenheit heraus. Du kannst die Verbformen ordnen nach Präteritum, Perfekt und Plusquamperfekt.

Wie in jedem Jahr, so feierte auch gestern die Heinrich-Böll-Realschule ihr Sommerfest. Schon Wochen vorher hatten die Schüler mit ihren Proben begonnen. Sie opferten manchen Nachmittag dafür. Doch die Mühe hat sich gelohnt. Immer wieder riefen die Eltern nach Zugaben. Die Darsteller lagen sich vor Freude in den Armen. Vergessen war alle Mühe. Auch für unseren Reporter war es kein verlorener Abend, denn gleich bei seiner Rückkehr ins Pressehaus sagte er: „Dort ist es immer wieder schön, die Atmosphäre begeistert mich.“

MERKE

Ein Zeitungsbericht ist in der Regel in der Vergangenheitsform verfasst.

AUFGABE 4

Schreibe in kurzen Sätzen auf, was du gestern Nachmittag getan hast. Suche auch in deinem Bericht alle Verbformen in der Vergangenheit heraus und ordne sie wiederum nach den drei Vergangenheitsformen.

Einen Tag, nachdem Gaby ihren Bericht der Redaktion abgegeben hatte, erhielt sie ihn zurück mit folgender Bemerkung:

Du musst den Text unbedingt überarbeiten. Für die Schülerzeitung ist er zu lang. Wenn du dich auf die wichtigsten Tatsachen beschränkst und deine eigene Stellungnahme zu den einzelnen Nummern weglässt, ist dein Artikel druckreif.

AUFGABE 5

Aus der Bemerkung der Redaktion kannst du weitere Hilfen für das Schreiben eines Berichts entnehmen. Arbeite sie heraus.

AUFGABE 6

Hier ist ein Ausschnitt aus Gabys Bericht:

> … Acht niedliche, kleine Pinguine bewegten sich trippelnd auf der Bühne zu den Klängen der Musik „I'm singing in the rain". Welche Arbeit müssen die Schüler gehabt haben, die die Kostüme genäht haben. Sicher saßen sie tagelang an der Nähmaschine. Manch echter Pinguin würde beim Anblick der Kostüme vor Neid erblassen. Am besten bewegte sich der Zweite von rechts. Nur der kleine, pummelige Pinguin in der zweiten Reihe beherrschte seine Schrittfolge nicht. Er schielte nur nach seinen Nachbarn. Meiner Meinung nach müsste so etwas bei der Probe bemerkt werden und der Tänzer gegen einen Ersatzmann ausgetauscht werden …

Versuche bitte, den vorliegenden Abschnitt zu kürzen. Beachte dabei die in Aufgabe 5 angesprochenen Forderungen.

MERKE

Ein Bericht soll kurz und sachlich sein, die wichtigsten Tatsachen enthalten, den ganzen Ablauf des Geschehens wiedergeben.
Auf eine eigene Stellungnahme wird verzichtet.
Er soll mit einer Überschrift versehen werden.

AUFGABE 7

Fertige nun einen vollständigen Bericht für die Schülerzeitung an. Grundlage dafür ist dein Stichwortzettel. Beachte auch die Zeit. Denke daran: Eine treffende Überschrift weckt die Neugier des Lesers.

AUFGABE 8

Schreibe jetzt einen Bericht über ein sportliches Ereignis (Fußball, Handball o.ä.) oder über den Verlauf des letzten Schulsportfestes, der in eurer Schüler- oder Wandzeitung veröffentlicht werden kann. Denke dabei an den Stichwortzettel und die W-Fragen.

AUFGABE 9

Im folgenden Zeitungsbericht ist einiges verloren gegangen und durcheinander geraten. Versuche, den Bericht sinnvoll zu ergänzen und die einzelnen Teile in eine richtige Reihenfolge zu bringen.

Stelle dir dabei die folgenden Fragen:

- Was ist die **Überschrift**?
- Was gehört in die **Einleitung**?
- Was gehört in den **Schluss**?

Doch nach vier Tagen verstummte der Jubel jäh. Da bestimmte das Unterrichtsministerium, dass die Klasse aus Ribe ihre Prüfung nochmals machen muss ...... Henrik Moltke, einer der Väter, kann die Welt nicht mehr verstehen: „Durch das deutsche Fernsehen sind wir hier bald zweisprachig. Schon fünfjährige Kinder sprechen fließend deutsch, weil sie so viele deutschsprachige Zeichentrickfilme sehen. Wir werden das so nicht hinnehmen!“ ......

Schüler konnten zu gut Deutsch ...... Vier Tage lang hatten die Abiturienten des Gymnasiums in der dänischen Stadt Ribe ihre Höchstnoten bejubelt ...... Doch Peter Smith, als Prüfer nach Ribe gekommen, verteidigt seine Noten. „Da war kein Schwindel dabei. Uns war klar, dass die Zensuren Aufsehen erregen würden. Doch da war nichts zu machen. Die Schüler waren einfach tüchtig, extrem tüchtig. Ich habe nie etwas Ähnliches erlebt.“ ...

MERKE

Beim Berichten musst du sehr auf den Aufbau achten.
Besonders die ersten Sätze sind wichtig, damit auch ein Leser, der noch gar nicht informiert ist, schnell weiß, worum es geht.
Am Schluss eines Berichts soll von den Folgen eines Ereignisses in der Gegenwart oder in der Zukunft die Rede sein.

AUFGABE 10

In manchen Zeitungsberichten wird als **Einleitung im Fettdruck eine Zusammenfassung** gebracht, der dann ein längerer Bericht mit Einzelheiten folgt. Welcher der beiden folgenden Texte gehört wohl in die Einleitung, welcher in den Mittelteil des Berichts?

Begründe deine Meinung mit einzelnen Formulierungen in beiden Texten. Die Überschrift lautet: „Braten stank den Kunden“

a)

Das Sonderangebot klang so verlockend, da packte die Hausfrau den Rinderbraten gleich kiloweise in den Einkaufskorb. Das böse Erwachen folgte zu Hause, denn der vermeintliche Sonntagsbraten stank bestialisch. Weil sich diese Fälle in dem Lebensmittelmarkt wiederholt hatten, saß die Ladenbesitzerin jetzt auf der Anklagebank.

b)

Die Inhaberin schob die Schuld auf ihre Verkäuferin: „Das war eine Aushilfe, die ich daraufhin sofort entlassen habe.“ Ein halbes Jahr später machte eine andere Kundin dieselbe Erfahrung. Auch diesmal wurden Prüfer eingeschaltet, die wiederum Proben mitnahmen, deren Ergebnis nicht einwandfrei war.

AUFGABE **11** Denke dir **zusammenfassende Einleitungen** unter folgenden Überschriften aus:

Schäferhund biss Kleinkind

Rentnerin schlug Taschendieb in die Flucht

Papagei verriet Einbrecher

Zwölfjähriger steuerte LKW von Köln nach München

AUFGABE **12** Die folgenden Berichte von einer Skifahrt mit der Klasse werden bei einer Schülerzeitung als Beiträge eingereicht. Welcher der beiden wird wohl genommen und warum?

„Als wir in Zell angekommen waren, wurde ausgepackt. Dann gab es Abendessen. Darauf zeigte uns unser Lehrer einen Skifilm. Dann holten wir unsere Spiele aus den Zimmern. Danach hieß es dann, ins Bett zu gehen. Denn der nächste Tag sollte hart werden …“

„Vom 17. bis zum 27. Februar machten wir unsere erste langersehnte Skifahrt. Als wir endlich in Zell angekommen waren, wurde auf die Zimmer gestürmt und rasch ausgepackt. Nach dem Abendessen zeigte unser Klassenlehrer einen Skifilm. Lustiger wurde es dann erst, als wir unsere Spiele aus den Zimmern holen konnten. Leider mussten wir früh ins Bett gehen, weil unser erster Skitag hart werden sollte …“

AUFGABE 13

a) Die folgenden Texte sind Auszüge aus Zeitungsberichten. Überlege: Gehören sie in die Einleitung, den Hauptteil oder den Schluss?

b) Vervollständige die Texte aus deiner Fantasie, so dass aus ihnen vollständige Texte mit Einleitung, Hauptteil und Schluss werden.

1. In den vergangenen Tagen hatten die Meeresbiologen von Okeanos vergeblich versucht, ‚Flipper', wie die New Yorker den verirrten Delphin bereits nach einem bekannten ‚Fernsehstar' getauft haben, mit Hilfe von allerlei Geräuschen dazu zu bewegen, das verschmutzte und verkehrsreiche Gewässer des East River in Richtung Atlantik zu verlassen.

2. Der Wagen durchbrach eine Schutzplanke, überschlug sich und landete mit himmelwärts gerichteten Rädern auf einem Feldweg.

3. Der Mann hatte von einem Hersteller von Fertiggerichten drei Millionen Mark verlangt. Er drohte damit, mit Glassplittern versetzte Produkte des Unternehmens in die Regale von Supermärkten zu stellen.

7 Von besonderen Ereignissen genau berichten

Martina ist von einem Auto angefahren und leicht verletzt worden. Der Autofahrer hatte übersehen, dass sie als Letztes von einer größeren Gruppe von Schulkindern aus der Bahn sprang, um die Straße zu überqueren. Er hätte warten müssen, damit alle Fahrgäste ungefährdet den rechten Fahrbahnrand erreichen konnten.
Im Krankenhaus erzählt Martina ihrer Freundin Petra:

„Ich sprang aus der Bahn, dann fühlte ich einen ganz starken Stoß. Ich glaube, ich habe laut geschrien. Ich sah noch, dass das Auto rot war. Dann wurde es dunkel, und ich weiß nichts mehr."

In einer ersten Vernehmung durch die Polizei gibt der Fahrer, Herr Möllers, zu Protokoll:

> „Am 20. 6. um 7.20 Uhr befand ich mich auf dem Weg zu meiner Arbeitsstelle, dem Bankhaus Tresorius u. Söhne. In der Zeppelinstraße musste ich wegen einer Straßenbahn anhalten, um die Fahrgäste aussteigen zu lassen. Es regnete, und meine Scheiben waren ziemlich stark beschlagen. Die meisten Fahrgäste waren Schulkinder, die aus den Türen drängten und dann die Straße überquerten. Als niemand mehr ausstieg, fuhr ich langsam an. Plötzlich sprang noch ein kleines Mädchen auf die Fahrbahn. Ich trat sofort auf die Bremse, erwischte das Kind aber noch mit der linken Ecke der Stoßstange. Ich stieg aus meinem Wagen und bat die umstehenden Personen, einen Krankenwagen zu holen."

AUFGABE

1 Schau dir die folgenden W-Fragen an und trage in die Tabelle unten die Informationen aus beiden Berichten ein, die jeweils Antwort auf diese Fragen geben. Welcher der beiden Berichte enthält die meisten Informationen?

Was hat sich ereignet?
Wer war beteiligt?
Wo ist das Ereignis passiert?
Wann ist das Ereignis passiert?
Wie hat es sich im Einzelnen zugetragen?
Welche Folgen haben sich aus dem Ereignis ergeben?

	Martinas Bericht	Herrn Möllers Bericht
was?		
wer?		
wo?		
wann?		
wie?		
welche Folgen?		

MERKE

Denke immer wieder an die ‚W-Fragen', wenn du von einem Ereignis berichten willst. Diese Fragen helfen dir beim Erinnern und beim Ordnen des Erlebten.

AUFGABE 2

Schau dir die Bilderfolge auf der nächsten Seite an und berichte, was passiert ist. Beantworte, soweit es geht, die W-Fragen und achte besonders auf die Reihenfolge. Erzähle alle wichtigen Ereignisse in ihrer zeitlichen Abfolge. Mache keine Rückblicke.

AUFGABE 3

Verfasse nun selbst zu einem der beiden folgenden Ereignisse einen möglichst genauen Bericht. Mache dir dazu zunächst Stichworte mit Hilfe der W-Fragen:

- Schäferhund warf Radfahrer um
- Schüler verliert bei Prügelei auf dem Schulhof einen Zahn

Zwei Polizisten haben einen Einbrecher festgenommen. Jeder der beiden Polizisten schreibt einen Bericht:

„Mein Kollege und ich nahmen gestern nach einem kurzen Schusswechsel einen lange gesuchten Einbrecher fest. Der Täter wurde leicht verletzt. Andere Personen kamen nicht zu Schaden. Ungefähr gegen Mitternacht konnten wir unseren Dienst beenden. Das Ganze begann damit, dass uns eine Frau anrief und von verdächtigen Geräuschen in ihrer Nachbarwohnung berichtete ......"

„Am Dienstag, den 20.6.1990 wurden wir gegen 22.45 Uhr in die Moselstraße 70 gerufen. Die Anruferin, Frau Meister, wohnhaft im selben Haus, III. Stock, teilte mit, dass sie in der Nachbarwohnung verdächtige Geräusche gehört habe. Sie wisse sicher, dass sich ihre Nachbarn zur Zeit in Urlaub befänden. Kollege Schütze und ich trafen um 22.55 Uhr am Tatort ein und ließen uns von Frau Meister die Haustüre öffnen ......"

7 ZENTRUM
Büro
POLIZEI

AUFGABE 4

Was unterscheidet die beiden Berichtsanfänge?

AUFGABE 5

Setze den geeigneten Berichtsanfang fort und verwende dabei die Informationen aus der im folgenden aufgeführten Liste. Achte darauf, dass die Informationen in die richtige Reihenfolge gebracht werden.

Täter Hermann Schweiß, Streifschuss am rechten Oberschenkel, drei Schüsse von Polizisten abgefeuert, Einbrecher wollte Schusswaffe ziehen, Wohnungstüre aufgebrochen, Krankenwagen benachrichtigt, Tresor aufgebrochen, mehrfach vorbestraft, Geschädigte telefonisch gegen 23.40 Uhr am Urlaubsort benachrichtigt.

LÖSUNGEN

1 Erlebtes erzählen

AUFGABE **1**

Bei dem darzustellenden Erlebnis kann es sich um etwas Besonderes, Merkwürdiges, Lustiges, Komisches, Seltsames, Überraschendes, Aufregendes, Aufregenswertes (also etwas, über das man sich aufregen könnte), Spannendes, Unheimliches, Ärgerliches, Ungewöhnliches, Entsetzliches, Schmerzliches, Trauriges, Heiteres, Angenehmes usw. handeln.

AUFGABE **2**

Auch das Frühstück, z.B. seine Zubereitung, gibt eventuell etwas für das Wiedererzählen her. Die Treppe, das Überspringen der Stufen und das Rutschen auf dem Geländer muss ja nicht immer gut gehen. Was für Unannehmlichkeiten können mit einer ins Schloss fallenden Haustür verbunden sein? Auch ein Fahrrad bietet fast unbegrenzte Möglichkeiten zu Erlebnissen, unter Umständen sogar zu sehr gefährlichen. Das gleiche gilt für eine viel befahrene Hauptstraße in der Dunkelheit, während eine Abkürzung durch den Wald, zumal bei Nebel, zu andersartigen, aber nicht minder erzählenswerten Erlebnissen führen kann. Also hier sind die Stichwörter noch einmal im Überblick: Wecker, duschen, Frühstück, Treppe, zufallende Haustür, Fahrrad, Hauptstraße, Abkürzung durch den Wald.

AUFGABE **3**

	Überschrift: Ein Streich
duschen	Vorfreude auf warme Dusche. Lange Duschzeit. Warten der anderen Familienmitglieder. Ärger. Bruder stellt warmes Wasser ab. Kälteschock.
	Überschrift: Eine Ungeschicklichkeit
Frühstück	Eltern abwesend. Selbstversorgung. Ungenügende Vorratsbeschaffung. Milch übergekocht. Toast angebrannt. Ohne Frühstück in die Schule. Hoffen auf baldige Rückkehr der Eltern.
	Überschrift: Ein schmerzliches Erlebnis
Treppe	Trotz ständiger Ermahnungen der Mutter Treppe im Sprung genommen. Besondere Eile, um rechtzeitig zum Bus (Schulausflug) zu kommen. Mehr Treppenstufen als gewöhnlich. Abgeknickt. Bänderzerrung.

Keine Schule. Kein Ausflug. Dafür Krankenhaus.

Treppengeländer als Variante: Beim Rutschen Holzsplitter durch die Hose ins Hinterteil.

Überschrift: Ein aufregendes Erlebnis

Haustür

Heute niemand daheim. Schlüssel in der Wohnung vergessen. Ist der Elektroherd abgestellt? Quälende Stunden in der Schule.

Überschrift: Eine Lehre

Fahrrad

Vorgeschichte: Ständige Vorhaltungen der Eltern, weil Fahrrad nicht sofort nach Gebrauch in den Keller gestellt wird. Trotzdem wieder einmal vergessen. Morgens große Überraschung: Fahrrad nicht vorhanden. Suche vergebens. Gestohlen? Oder Mutter hat Fahrrad in Garage versteckt.

Überschrift: Mit dem Schreck davongekommen

Hauptstraße

Rekordversuch für Schulweg mit Freunden. Fahrrad in schlechtem Zustand: Licht funktioniert nicht, Bremsen nicht in Ordnung. Morgens noch dunkel. Schlechte Sicht. Belebte Straße. Berufsverkehr. Hektik. Unfall, Sachschaden. Personen glimpflich davongekommen.

Überschrift: Ein Missgeschick

Abkürzung durch den Wald

Schlechte Wege im Wald. Fahrrad hat schmale Räder. Empfindlich. Wurzelwerk und Steine im Weg. Schließlich: Platten (Plattfuß). Reifenflicken. Abkürzung braucht doppelte Zeit.

Überschrift: Ein unheimliches Erlebnis

Nebel. Einsamkeit. Nebelfetzen als unheimliche Gestalten. Geräusche. Angst. Auftauchende Nebelgestalt entpuppt sich als harmloser Wegweiser.

Überschrift: Glück im Unglück

Wegen Nebel Orientierung verloren. Waldwege sehen alle gleich aus. Irrfahrt. Begegnung mit Spaziergänger. Hilft weiter. Abkürzung nur noch bei schönem Wetter.

AUFGABE 4

Glück im Unglück / Ein ärgerliches Erlebnis / Am Schluss mussten wir doch lachen / Noch einmal davongekommen / Als ich jemandem mal einen Streich spielte / Eine schmerzhafte Angelegenheit / Lustig war's schon, aber ... / Ein aufregendes Abenteuer / Was hätte da alles passieren können!

AUFGABE 5

Bei einem Thema wie „Ein Tiererlebnis" bist du nur daran gebunden, dass im Mittelpunkt deines Erlebnisses ein Tier steht. Welches, ist dir überlassen; auch ob die Geschichte auf etwas Lustiges oder Trauriges oder ... hinauslaufen soll.

Sogar noch freier bist du bei einem so allgemein gehaltenen Thema wie „Ein Ferienerlebnis".

Die „Ferien auf dem Bauernhof" schränken dich da schon mehr ein durch die Wahl des Ortes und der Szenerie.

Die Streich-Geschichte weist auf einen bestimmten Knüller hin, lässt aber offen, was dabei herauskommt, ob die Geschichte nur lustig ist oder eventuell ärgerlich oder ob sie gar böse ausgeht.

AUFGABE 6

Die Sprichwörterthemen verlangen von dir eine Geschichte, in der das Sprichwort durch ein konkretes Erlebnis belegt und veranschaulicht wird. Solche Erzählungen laufen meistens auf eine Belehrung hinaus, sie haben lehrhaften Charakter.

2 Planvoll erzählen

AUFGABE 1

Mögliche Pointe (Knüller): Es gelingt tatsächlich, nach langem Bangen, den unterernährten Igel durchzufüttern und den Winter über am Leben zu erhalten.

AUFGABE 2

Zum Beispiel: Der Igel wird schamponiert und gebadet. Er ist wasserscheu und versucht, dem Waschen zu entgehen. Zuerst durch Flucht, dann durch einen Biss in die Hand.
Oder: Der Igel ist aus der Kiste verschwunden, die für ihn als Winterquartier hergerichtet war. Überall wird er gesucht. In der Speisekammer

hört man ein schmatzendes Geräusch. Der Igel hat sich ein anderes Winterquartier gesucht: eine mit Äpfeln gefüllte Obstkiste.

Oder: Der Igel ist in den Korb mit Wollknäueln geklettert und hat es sich dort behaglich gemacht. Als die Mutter stricken will, fasst sie in ein stacheliges Knäuel.

AUFGABE **3**

In den letzten Sommerferien: wann?	ich mit meinen Freunden: wer? wir: wer?
in Holland an der Nordsee: wo?	am Rande eines Wäldchens: wo?

AUFGABE **4**

①	wer?	Ich, mein Hund Leo
	wann?	als ich eines Nachmittags, es war Freitag ... von der Schule nach Hause kam ...
	wo?	Schule, Haus des Erzählers
	was?	Begrüßung durch den Hund
②	wer?	Ich mit meiner Freundin
	wann?	am späten Mittwochnachmittag um 14.53 Uhr
	wo?	Hauptstraße
	was?	einkaufen
③	wer?	Meine Mutter und ich
	wann?	Tag vor Heilig Abend
	wo?	kcine direkte Angabe, aber vermutlich zu Hause
	was?	Christbaum schmücken, schneien
④	wer?	Wir. Wer sich hinter dem „wir“ verbirgt, wird in diesem Beispiel erst im Verlauf des weiteren Textes klar: ich, der Erzähler. Sein Vater. Seine Mutter. Eventuell noch weitere Personen, die vielleicht später erst genannt werden.
	wann?	abends (vgl. Abendprogramm)
	wo?	zu Hause; in einem Raum, in dem ein Fernsehapparat steht. Küche als nächster Schauplatz.
	was?	gemütlich sitzen. Weinflasche öffnen, Knall.
⑤		Der Vorspann gehört zum Brief, aber nicht zur Erlebniserzählung. Die beginnt erst mit dem 2. Satz.
	wer?	Erzählerin, Vera, Karsten, Dirk
	wann?	gestern Mittag
	wo?	am Neckar, Gasthaus
	was?	Radtour, einkehren zum Essen und Trinken

AUFGABE 5

Beispiel 1: evtl. leichte Andeutung durch das Adjektiv „stürmisch“
Beispiel 2: –
Beispiel 3: –
Beispiel 4: Knall wie von einer Explosion. Erschrocken. „O Gott.“ Mutter kreidebleich.
Beispiel 5: Allgemeine Andeutung: ein weniger lustiges Erlebnis.

AUFGABE 6

Beispiel 6:
„besonderes“ Geburtstagsgeschenk.
Geschenk: Um was es sich handelt, wird noch nicht verraten. Prinzip der Verrätselung.
Es passiert „etwas Besonderes“. So wenig alltäglich, dass man es jetzt noch weiß und sich sogar noch lange erinnern wird.

Beispiel 7:
Andeutung allgemein: „es“ = etwas passiert. Verrätselung: das, was passierte. Das Geschehen wird nicht genannt, aber dass es ganz lustig war. Weitere Andeutung: Für den Vater war es wohl nicht so ganz lustig, vielleicht ärgerlich oder peinlich oder ...

AUFGABE 7

Beispiel 2:
Am späten Mittwochnachmittag um 17.53 Uhr ging ich mit meiner Freundin zum Einkaufen. Wir mussten ein Stück die Hauptstraße entlanggehen. Ich nahm diesen Weg sehr ungern, zumal in der Abenddämmerung. Und mein ungutes Gefühl trog mich auch diesmal nicht.

Beispiel 3:
Es war ein Tag vor Heiligabend. Meine Mutter und ich schmückten gerade den Christbaum. Draußen schneite es, und ich freute mich schon riesig, dass es endlich einmal wieder weiße Weihnachten geben würde. Aber es wurden nicht nur weiße, sondern für meinen Onkel eigentlich eher schwarze Weihnachten; denn Schnee kann auch sehr unangenehm sein.

AUFGABE 8

Da kann einem schon der Appetit vergehen.
Ein Hund im Wirtshaus verdirbt den Spaß am Essen.

AUFGABE **9**

Vier Freunde unternehmen eine Radtour. Hungrig und durstig kehren sie in einem Gasthaus ein. Ein Hund verdirbt ihnen den Appetit, zuerst dadurch, dass er sich schüttelt, als das Essen gebracht wird, dann dadurch, dass er sein Fressen wieder von sich gibt.

AUFGABE **10**

Eine Eidechse geht in Erholung (auf Urlaub).

Am letzten Schultag übergibt Markus seinem Freund Volker einen Schuhkarton mit einer Eidechse. Sie soll ein bisschen Luftveränderung haben. Volker lässt sie zu Hause aus Mitleid im für Eidechsen idealen Steingarten frei, kann sie aber nicht wieder einfangen.

AUFGABE **11**

Eine Lösung können wir dir hier nicht vorgeben. Wir hoffen, du hast dir etwas Lustiges, Spannendes usw. ausgedacht.

AUFGABE **12**

Der Aufsatz handelt davon, dass ein Mädchen mit seiner Mutter am Tag vor Weihnachten die Rückkehr des Vaters, der die Großmutter von weither mit dem Auto holt, erwartet, und zwar zum Mittagessen. Wegen der Schneemassen gibt es ein Verkehrschaos. Die daheim Wartenden machen sich Sorgen. Erlösung nach sechs Stunden Verspätung.

AUFGABE **13**

„Sie kommen gleich.“ Mehr als ein Drittel des Aufsatzes ist schon vorbei.

AUFGABE **14**

AUFGABE

15 Es war der Nachmittag vor Heiligabend. Ich durfte mit meiner Mutter den Christbaum schmücken, weil mein Vater nicht zu Hause war. Er wollte meine Großmutter, die in der Lüneburger Heide wohnte, über Weihnachten zu uns holen. Draußen schneite es vor sich hin. Keine gute Aussicht für den nächsten Tag, an dem mein Vater mit dem Auto zum Mittagessen zurück sein wollte. Als ich am nächsten Morgen aus dem Fenster schaute, sah ich meine Befürchtungen bestätigt. Es hatte mindestens einen halben Meter geschneit. Da es bis zum Mittagessen noch Zeit war, wollte ich noch die Freuden des Winters genießen und ging nach draußen, wo ich einen Schneemann und ein Schneehaus baute. Kurz vor der erwarteten Ankunftszeit rief meine Mutter: „Katrin, komm rein! Sie kommen gleich." Ich ging ins Haus und zog mein gutes Kleid an. Als ich das Radio einschaltete, kamen gerade Nachrichten. Ich wollte schon einen anderen Sender einstellen, da hörte ich den Sprecher sagen: „Chaos auf den bundesdeutschen Straßen. Durch die ungeheuren Schneemassen sind die Räumfahrzeuge völlig überlastet ..." „Hoffentlich kommen sie durch und es passiert nichts!", sagte meine Mutter. Die Zeit verging, aber mein Vater und meine Großmutter kamen nicht. Langsam machten wir uns Sorgen. Endlich hörten wir ein Auto vorfahren. Sie waren es. Das Auto hatte am Kotflügel eine kleine Beule und Vater und Großmutter machten einen entnervten Eindruck. Aber sonst war alles in Ordnung und, nachdem sie ihre Geschichte von der Fahrt durch das Schneechaos und von der Beule erzählt hatten, machten sie schon wieder einen normalen Eindruck. Dann holten wir das Mittagessen nach, aufgewärmt natürlich, und dann kam die richtige Bescherung. Und so wurde es trotzdem noch ein schönes Weihnachtsfest.

AUFGABE

16 Auch in diesem Fall können wir dir – aus leicht einsehbaren Gründen – keine fertige Lösung präsentieren.

3 Anschaulich schreiben

AUFGABE

1 „Langsam machten wir uns Sorgen."

AUFGABE 2

Sorgenvolles Warten

1. Häufiger Blick auf die Uhr.
2. Radionachrichten über Straßenverhältnisse einschalten.
3. Mutter: „Hoffentlich ist nichts passiert!“
4. Unruhe; immer wieder zum Fenster gehen und Ausschau halten.
5. Mittagessen vom Herd nehmen. Kochen unterbrechen. Vorwurfsvoll: Essen verkocht.
6. Bei jedem Motorengeräusch horchen, aufspringen, enttäuscht wieder hinsetzen.
7. Zeitung zur Hand nehmen, herumlesen, sich aber nicht konzentrieren können, Zeitung wieder weglegen.
8. Reden: Jetzt könnten sie aber wirklich kommen.
9. Sollen wir bei der Polizei anrufen?
10. Beruhigung: Wenn etwas passiert wäre, hätten wir schon Nachricht.
11. „Jetzt lass uns endlich essen!“ „Nein, warte noch! Sie müssen jeden Augenblick da sein.“
12. Mutter: „Jetzt mache ich mir aber wirklich Sorgen!“

AUFGABE 3

(Anfang wie S. 211 mit folgenden Ergänzungen)

... Ich wollte schon einen anderen Sender einstellen, da hörte ich den Sprecher sagen: „Chaos auf den bundesdeutschen Straßen. Durch die ungeheuren Schneemassen sind die Räumfahrzeuge völlig überlastet ...“ „Hoffentlich kommen sie durch, und es passiert nichts!“, sagte meine Mutter. Die Zeit verging, aber mein Vater und meine Großmutter kamen nicht. Langsam machten wir uns Sorgen. „Gleich ist es schon 15 Uhr. Jetzt könnten sie aber wirklich kommen. Das Essen verkocht ja schon. Das schöne Gemüse.“ Meine Mutter machte ein verzweifeltes Gesicht, sicher nicht nur wegen des Essens. Jetzt fasste sie einen Entschluss. Sie schaltete den Herd aus und schob die Töpfe von der Kochplatte. Dann setzte sie sich in den Sessel, nahm eine Illustrierte zur Hand, blätterte ein wenig, schaute zur Uhr und blätterte weiter. Draußen wurde das Geräusch eines Autos hörbar. Beide sprangen wir auf und stürzten ans Fenster. Es war der Nachbar. „15.30 Uhr schon! Ich glaube, ich rufe die Polizei an!“ Meine Mutter war schon ganz nervös. Immer wieder eilte sie zum Fenster und schaute hinaus. „Nichts! Jetzt rufe ich an!“ Ich versuchte sie und mich zu beruhigen: „Wenn etwas passiert wäre, hätte die Polizei schon bei uns angerufen. Die stecken einfach im Stau.“ Also warteten wir weiter und horchten auf jedes Geräusch, das von der Straße heraufdrang. Es wurde schon langsam dunkel, da hörten wir ein Auto vorfahren. Sie waren es. Erleichtert sprangen wir die Treppen hinunter und liefen ihnen entgegen ...

AUFGABE 4

1. Freude über ein Geschenk:
lachen, jubeln, den Geber umarmen, Kuss geben, die Tatsache des Geschenks gleich weitererzählen, sich sofort mit dem Geschenk beschäftigen (spielen, anziehen), (bei Kleidung) vor den Spiegel treten, sich drehen, von allen Seiten besehen, Ausruf: Wie schön!, Geschenk immer wieder zur Hand nehmen und anschauen

2. Zorn:
Gesicht läuft rot an, Zornesadern schwellen, Augenbrauen zusammenziehen, Stirn in Falten legen, Mund verziehen, Hände zur Faust ballen, auf den Tisch trommeln, erregt hin- und herlaufen, vom Stuhl aufspringen, jemanden anschreien, mit dem Fuß aufstampfen, schlagen, jemanden schütteln, hart anfassen. Beschimpfungen

3. Beleidigtsein:
Gesicht verziehen, sich abwenden, sich in den Schmollwinkel zurückziehen, verstummen, nicht mehr reden, sich in sich zusammenziehen, schmollen, auf Fragen nicht antworten

4. Angst
unterm Bett nachschauen, Türen verriegeln, Kopf unter die Bettdecke stecken, feuchte Hände bekommen. Angstschweiß auf der Stirn, zittern, Kribbeln in der Magengegend, blass werden, sich anschmiegen, anhänglich werden, in allen Zimmern Licht anknipsen, jemanden bitten, ob er bleibt

5. Lustlosigkeit, Langeweile:
Gesichtszüge hängen lassen, mit unfreundlichem Gesicht herumlaufen, ziellos herumgehen, alles anfangen, bei nichts bleiben, vieles anfassen, aber kurz darauf wieder hinlegen, schlaffe Körperhaltung, sich aufs Bett werfen, an die Decke blicken, zum Fenster gehen und hinausschauen, immer auf der Suche nach Interessantem, Anregendem, Herumstochern im Essen, Herumkritzeln in Heften, Zeitschriften

6. Zahnschmerzen:
jammern, Wange halten, Wärmflasche an die Wange halten, dann Eisbeutel, Kopf schief legen, nach Tablette fragen, überlegen, ob man Arzt anruft, sich Vorwürfe machen, weil man nicht früher zum Zahnarzt gegangen ist, Zähne aufeinander beißen, Tuch um Kinn und Kopf wickeln, sich ins Bett legen, sich hin- und herwälzen

AUFGABE 5

1. traurig sein, mutlos sein / 2. Schmerzen haben / 3. Schmerzen aushalten / 4. arrogant sein, sich über jemanden erhaben fühlen / 5. genau zuhören / 6. wie 5. / 7. sich für jemanden interessieren / 8. Ausdruck von Er-

schrecken / 9. stolz / 10. leise, vorsichtig gehen / 11. anmaßend, angeberisch sein / 12. staunen / 13. etwas nicht mögen / 14. stehlen / 15. ratlos sein, nicht wissen / 16. verschwenden / 17. viel Geld haben / 18. etwas mit Leichtigkeit tun können / 19. völlig überrascht sein / 20. sich mit einer gefährlichen Sache befassen / 21. verwirrt, verstört sein / 22. helfen / 23. jemanden beobachten, überprüfen, überwachen / 24. ohne Rücksicht, blindlings seine Interessen verfolgen

AUFGABE **6**

1. öffnen / 2. schließen, verschließen / 3. säubern, reinigen / 4. zerstören / 5. reparieren / 6. beenden, zum Abschluss bringen, fertig stellen / 7. töten, umbringen, ermorden / 8. aufräumen / 9. Licht einschalten, anknipsen / 10. teilnehmen, sich beteiligen

AUFGABE **7**

Mein Hamster Moritz
(1) erfüllte; (2) fuhr; (3) suchte; (4) setzte; (5) stellte; (6) öffnete; (7) beißen; (8) schloss; (9) gewarnt; (10) genannt hatte; (11) beißen; (12) Füttern; (13) Reinigen; (14) schützen; (15) gelegt; (16) gewöhnte; (17) denke

Übermut tut selten gut
(1) unternehmen; (2) langweilte; (3) klingelte; (4) stand; (5) abholen; (6) sausten; (7) drehte; (8) wählten; (9) übertrafen; (10) aufstellen; (11) fuhr; (12) riet; (13) hörte; (14) blieb; (15) festgefahren; (16) erreichte; (17) getragen; (18) prallte; (19) zogen; (20) erfuhr; (21) bringen; (22) sich übergeben; (23) festgestellt

Der Schreck
(1) machten; (2) beobachten; (3) sahen; (4) blutete; (5) führte; (6) gingen; (7) gefolgt; (8) wussten; (9) herauskommen; (10) führt; (11) gingen; (12) gerieten; (13) knackte; (14) drehten; (15) zeigte; (16) trauten

AUFGABE **8**

Keine „wörtliche Rede“ am Anfang, weil der Erzähler zur Sache kommen will und die Erzählung zügig vorantreiben muss. Wörtliche Rede ist aber ein Mittel der Entfaltung, das am besten eingesetzt werden kann, wenn der entscheidende Handlungsteil erreicht ist. Dann dient sie als Ausdruck von Gedanken und Gefühlen, Erhöhung der Spannung, Detaillierung. Also sollte hier die „wörtliche Rede“ nicht vor dem Festsitzen der Angel einsetzen.

… da saß die Angel unseres Freundes Peter plötzlich fest. „Mensch, ich hab' einen an der Angel!“, rief Peter. Doch die Schnur ließ sich nicht einholen. Entweder hatte sich der Köder in einem Algenbüschel verfangen, oder ein außergewöhnlich großer Fisch hatte angebissen. Peter bat meinen Vater: „Kannst du mir mal helfen? Ich schaff' das nicht allein.“ Jetzt zogen mein Vater und Peter mit vereinten Kräften, der eine holte die Schnur Meter um Meter ein, der andere rollte sie auf. Gott, musste da ein Brocken an der Angel sitzen. Jedenfalls mühten sich die beiden furchtbar ab. Die Spannung wuchs. „Meinst du, das ist ein Fisch?“, fragte Peter. „Ich weiß nicht. Da ist kein Zucken zu spüren.“ Wir einigten uns auf ein großes Algenbüschel. Jetzt durften es höchstens noch 10 m sein. Jeden Augenblick musste die „Beute“ zu sehen sein. Noch ein Zug und noch einer und – „Um Gottes Willen, ein Seeungeheuer“, rief mein Vater und wurde blass. Ein Monstrum mit weit aufgerissenem Maul erschien. „Schaut mal, die spitzen Zähne!“ Uns allen wurde weich in den Knien. Mein Vater glaubte, dass es sich um einen Seewolf handelte …

4 Fantastisches erzählen

AUFGABE **1**

Mitten im Sprung mit dem Pferd in der Luft umkehren und sich am eigenen Zopf mit dem eigenen Arm aus dem Morast ziehen.

AUFGABE **2**

Besonders geeignet sind die Stellen, in denen die Geschichte auf eine kritische Situation zuläuft. Die fantastische Erfindung stellt dann häufig die Lösung eines Problems oder die Aufklärung eines rätselhaften Vorgangs dar, bietet einen Ausweg zum Guten und führt die Geschichte zu einem Happyend.

AUFGABE **3**

Der Erzähler muss auf irgendeine Weise selbst aus den gefährlichsten Situationen noch einmal davongekommen sein, vielleicht sogar als erfolgreicher Held, dem immer alles gelingt. Man könnte sich allerdings auch vorstellen, dass ein Erzähler von seinen Misserfolgen spricht. Da er aber später erzählt, was er vorher (angeblich) erlebt hat, so muss er zumindest überlebt haben.

AUFGABE **4**

1. Die Jagd auf einen Hasen, der auf dem Rücken nochmals vier Läufe besitzt und sich, wenn die Bauchbeine ermüdet sind, herumwirft und auf dem Rücken weiterläuft.
2. Der Hund, der so schnell und so lange im Dienste Münchhausens lief, dass er sich die Beine bis dicht unter den Leib bis auf Stummel weglief.
3. Der berühmte Ritt auf der Kanonenkugel.

AUFGABE **5**

Ein anderes Mal hatte ich eine noch gefährlichere Situation zu meistern, die mich fast das Leben gekostet hätte. Ich ritt auf meinem Pferd durch eine Sumpflandschaft, deren Gefährlichkeit ich nicht richtig einschätzte. Zwar merkte ich wohl, dass die Hufe meines Pferdes ab und zu tiefer als gewöhnlich einsanken, aber ich achtete nicht weiter darauf. Da blieb mein Pferd plötzlich vor einem ca. fünf Meter breiten, mit Wasser gefüllten Graben stehen. „Nun“, sagte ich, „das ist doch kein Problem für uns beide!“, nahm mit dem Pferd einen tüchtigen Anlauf und drückte ihm die Sporen tief in die Flanke. Doch auch das nützte nichts. Zwar machte mein Pferd einen mächtigen Satz, aber wir flogen nicht weit genug. Unweigerlich wären wir im Sumpf gelandet, wenn ich nicht geistesgegenwärtig mein Pferd an den Zügeln herumgerissen hätte und den Schwung ausnutzend wieder dort gelandet wäre, woher ich gekommen war. Jetzt nahm ich noch einen größeren Anlauf, das Pferd drückte sich kräftig ab. „Jetzt muss es gehen“, dachte ich. Da aber der weiche, morastige Boden nachgab, langte es gerade bis zur Mitte des Sumpfes, und dann war es geschehen. Bis zur Brust steckten mein Pferd und ich im Morast. Alles Strampeln und Mit-den-Armen-Fuchteln nützte nichts. Wir sanken langsam, aber stetig. Schon sah ich den Tod unweigerlich vor Augen. Die Kräfte des Pferdes begannen zu erlahmen. Sein Wiehern verwandelte sich in ein klägliches Keuchen. Ich schrie um Hilfe. Doch niemand war in der Nähe, der mich hätte hören können. „Hilf dir selbst, so hilft dir Gott!“, hieß es immer. Aber wie? Der Morast stieg, wir sanken weiter. Noch ein paar Spannen, und es war endgültig aus. In meiner Verzweiflung fasste ich meinen Schopf und zog. Ich zog mit aller Kraft, die ich noch besaß. Und tatsächlich. Wir hörten auf zu sinken. Ich zog weiter. Und siehe da. Langsam, ganz langsam ging es nach oben. Fest presste ich meine Beine um den Leib des Pferdes. Und mit letzter Anstrengung gelang es mir, mich samt Pferd am eigenen Haarschopf aus dem Sumpf zu ziehen. Erschöpft ließ ich mich am rettenden Ufer zu Boden fallen. Nachdem wir uns einigermaßen erholt hatten, ritten wir in einem Bogen um das Sumpfloch und kamen über einen kleinen Umweg schließlich glücklich ans Ziel unserer Reise.

AUFGABE 6

- sich mit Schaudern erinnern, d.h. ein haarsträubendes Erlebnis folgt.
- Das Büro hat nur 10 Stockwerke, der Fahrstuhl hält aber nach Erreichen des 10. Stockwerks nicht und zeigt weitere Stockwerke an.
- Ich-Erzählung → Happyend

AUFGABE 7

Der Erzähler/die Hauptperson befindet sich in einem Fahrstuhl, der nicht mehr hält. Es werden Stockwerke angezeigt, die es in dem Haus in Wirklichkeit nicht gibt.

AUFGABE 8

Folgende Lösungen sind von Schülern deines Alters gefunden worden:
- Fahrstuhl hat Seil mit Anker als Notbremse, weil das schon öfters passiert ist. Halt wie bei Fesselballon. Erzähler klettert am Seil herab.
- Fahrstuhl kann nicht gebremst werden, wird immer schneller. Entpuppt sich als Rakete. Mondumkreisung. Fahrt zurück ohne Einfluss des Erzählers, da Rückkehr programmiert ist.
- Fahrstuhl als Rakete. Eine zweite Rettungsrakete wird hinterhergeschickt. Umsteigemanöver. Sichere Landung auf der Erde.
- Fahrt wird immer rasanter. Erzähler wacht auf. Hat nur geträumt.
- Fahrstuhl steigt nur, solange der Schwung reicht. Dann fällt er wieder. Weiche Landung mit Fallschirm.

<u>Der Fahrstuhl</u>

... Es hörte gar nicht auf. Im Gegenteil, der Aufzug wurde schneller und schneller. Die Stockwerkanzeige drehte durch und rasselte die Zahlen unleserlich durch. Ich kam mir vor wie in einer Rakete. Es konnten höchstens Sekunden vergangen sein, die mir allerdings wie eine Ewigkeit vorkamen, als der Fahrstuhl an Geschwindigkeit verlor. Jetzt war die Stockwerkanzeige auch wieder lesbar: 1943ster Stock. Wo war ich? Ehe ich mir diese Frage noch beantworten konnte, öffnete sich die automatische Fahrstuhltür, und mir bot sich ein grandioser Ausblick auf ein Wolkenfeld. Dann schloss sich die Tür wieder von selbst, und der Fahrstuhl setzte sich in Bewegung, doch diesmal in die entgegengesetzte Richtung. Es ging abwärts. Nun, ihr könnt euch vorstellen, dass ich über diese Wendung der Ereignisse auch nicht gerade glücklich war. Das Blut schoss mir in den Kopf, sämtliche Eingeweide pressten sich nach oben, die Haare standen mir zu Berge. Die Talfahrt des Fahrstuhls wurde sehr ungemütlich. Er verlor schnell an Höhe, und ich war mir blitzschnell darüber im Klaren, dass mir schleunigst etwas einfallen musste. Sonst würde ich den Sturz nicht überleben. Ich schaute mich um. Der Fahrstuhl selbst war sehr stabil. Er konnte den Aufprall einigermaßen überstehen. Aber ich? Meine Knochen waren wirklich zu zerbrechlich, als dass ich eine Chance gehabt hätte. „Die Hosenträger!“, fuhr es mir durch den Kopf. „Die Hosenträger sind meine Rettung.“ Hastig befestigte ich sie und mich an den Haken der Dachluke meines Fahrstuhls und hing so etwas hilflos, aber mit gewachsener Hoffnung an der Decke unter der Luke. Gleich musste der Fahrstuhl aufprallen. Würden die Hosenträger halten? Da – und ich hatte Glück. Der Fahrstuhl machte eine „weiche“ Landung, genau im Schwimmbecken unseres Freibades. Der Aufprall wurde durch die Hosenträger stark gemildert. Sie spannten sich bis zum Äußersten. Ich knallte auf den Boden und erfuhr im gleichen Augenblick einen Zug nach oben. Die bis zum äußersten gespannten Hosenträger benutzten mich als Geschoss und jagten mich durch die Dachluke nach draußen. Hosenträger samt Hose blieben im Fahrstuhl. Ich selbst landete mit einem eineinhalbfachen Salto im Wasser. Glück muss der Mensch haben. Der Portier unseres Bürogebäudes sagte mir später, dass dieser Defekt der Fahrstuhlanlage schon öfters aufgetreten, aber selten so glimpflich wie in meinem Fall ausgegangen sei.

AUFGABE **9**

Endlich wurde ein kleiner Lichtschimmer sichtbar, und als dieser näher kam und größer wurde, war die Überraschung groß und die Bestürzung auch. Die Straße war abrupt zu Ende. Ein Erdrutsch oder Ähnliches hatte die Landschaft außerhalb des Tunnels um 100 m gesenkt. Wir fielen ins Leere …
Rettungsmöglichkeit: Rettungsmannschaft mit Leitstrahlkanone wartet unten, hat Leitstrahl abgeschickt – auf diesem hellen Leitstrahl gleitet das Auto langsam nach unten, kommt wohlbehalten unten an.

AUFGABE **10**

Kein Lösungsvorschlag

AUFGABE **11**

Der Puddingberg wächst und wächst – drängt aus dem Kühlschrank – überflutet Küche, dann den Flur – bahnt sich einen Weg ins Treppenhaus. Die Gäste kommen, werden fast von der Puddingflut weggerissen. Augenblick höchster Not und Verzweiflung – in diesem Moment klingelt der Wecker. Alles Gott sei Dank nur ein Traum.

AUFGABE

12 Seltsames Wesen steigt aus: Mischung aus Mensch und Insekt. Das Wesen wirkt nicht bedrohlich, eher lustig. Versuche, sich zu verständigen, schlagen fehl. Das Wesen schwenkt Weltraumkarte. Aha, es hat sich verflogen. Du hilfst ihm auf den richtigen Weg mit Hilfe der Sternkarte. Das fremde Wesen ist sehr erleichtert und fliegt wieder davon.

5 Aus der Sicht einer beteiligten Person erzählen

AUFGABE

1 Dem Kaufhausdetektiv ist das Lachgesicht zuzuordnen, denn er ist stolz auf den Erfolg. Dass den erwischten Jungen nicht wohl ist und dass sich das auch in ihrem Gesicht ausdrückt, ist klar.

AUFGABE

2 Eigentlich hatte ich mir dabei gar nichts gedacht. Zuerst jedenfalls. Jetzt sehe ich das natürlich ganz anders, und es tut mir wirklich leid, dass ich bei einer solchen Sache mitgemacht habe. Aber da war einfach der Wunsch stärker, in Toms Bande aufgenommen zu werden. Und Bedingung dafür war, dass wir beide, Fritz und ich, eine Mutprobe bestehen mussten. Als die letzten Bedenken angesichts der großen Ehre, in Toms Bande aufgenommen zu werden, weggewischt waren, gingen wir also ins Kaufhaus und überlegten, was wir mitgehen lassen sollten. „Etwas Nützliches!", war Fritz' Idee. „Etwas, womit wir den anderen auch noch eine Freude bereiten können." Also Schokolade und andere Süßigkeiten. Ja, das sollte es sein. Wir kamen an einen Stand, da standen die Sachen nur so herum. Direkt zum Zupacken. Wir schauten uns um. Niemand in der Nähe, der auf uns achtete. Es war leichter, als wir dachten. Ehe 10 Minuten vergangen waren, hatten 5 Tafeln Schokolade, 5 Päckchen Gummibärchen und 2 Packungen Lakritze den Besitzer gewechselt. Meine Anoraktaschen waren prall gefüllt. Ich steckte meine Hände hinein, damit es nicht so auffiel. „Das reicht", sagte ich. Mich beschlich ein ungutes Gefühl; denn ich dachte jetzt daran, wie wir das alles an der Kassiererin vorbeibringen sollten, ohne dass man uns erwischte. An der Kasse holten wir uns zur Tarnung noch jeder sichtbar ein Päckchen Kaugummi. Um das zu zahlen, nahm ich meine Hände aus der Tasche, und da geschah es. Eine Tüte mit Gummibärchen fiel heraus und landete mit einem Platsch auf dem Boden. Der Rest ging furchtbar schnell. Die Verkäuferin rief nach einem Mann, der ganz in der Nähe stand und sofort nach uns schnappte. Mit eisernem Griff hielt er uns fest. Ich wurde knallrot und konnte nur noch stottern. Mein Gott, hat der Mann geschrien und getobt; als wären wir die schlimmsten Verbrecher. Die Leute sind zusammengelaufen und haben uns böse angestarrt. Ich will mich aber gar nicht beklagen, schließlich ist es ja unsere eigene Schuld. Und was meine Eltern wohl sagen werden, wenn sie das erfahren? Wenn ich es doch nur ungeschehen machen könnte!

AUFGABE

3 Also, passt mal auf! Heutzutage gibt es schon unter Kindern Ganoven. Mit ganzen 12 Jahren, kann ich euch sagen, haben die schon eine kriminelle Vergangenheit, dass einem die Haare zu Berge stehen. Heute habe ich zwei von diesen Gangstern erwischt. Die haben gedacht, sie machen's besonders schlau. Aber da haben sie ihre Rechnung ohne den Wirt gemacht. Glaubten sie doch, sie könnten sich mit ihrer Beute direkt an mir vorbeidrücken, ohne dass ich es merken würde. Ich hab's denen ja gleich angemerkt, dass sie etwas im Schilde führten. Die Hände in den gefüllten Taschen und mit Unschuldsmienen einen Kaugummi bezahlen wollen. Stellt euch vor: 1 Kaugummi. Diese Frechheit. Aber nicht mit mir. Ich nichts wie auf sie los, packte sie am Kragen und schüttle die Burschen, dass ihnen ihre Beute nur so aus den Taschen purzelte. Denen habe ich die Tour vermasselt. Gezittert haben sie und gebettelt. Aber da gibt's nichts. „Denen muss man früh genug das Handwerk legen“, hat mein Chef gesagt und mir auf die Schulter geklopft. „Sie sind Ihr Geld wert.“ Ja, das hat er gesagt. Und das meine ich auch.

AUFGABE

4 „Ich-Erzählung“

Die Situation: Die Frau erzählt ihre Erlebnisse vor dem himmlischen Gericht. Sie ist von den Beklagten im Ofen verbrannt worden. Ihr Ruf ist geschädigt worden, indem man sie zu einer bösartigen Hexe erklärt hat.

AUFGABE

5 Hänsel in Käfig gesperrt. Absicht, die Kinder zu schlachten. Zaubereien. Zaubersprüche. Lebkuchenhaus. Nicht misstrauisch, bös.

AUFGABE

6 Erst von dem Augenblick an, da die Kinder an ihr Haus kommen. Die Vorgeschichte kann sie eventuell aus Erzählungen (evtl. Lügen) der Kinder erfahren haben.

AUFGABE **7**

Möglicherweise Geldgier. Die Frau hat die Kinder vielleicht beim Stehlen erwischt. Mord, damit die Geschichte nicht entdeckt wird. Der Tod eventuell als Unglücksfall. Mit der Verbrennung Vertuschung der Geschichte.

AUFGABE **8**

Hänsel und Gretel

Kennen gelernt habe ich die beiden in meinem Häuschen, das am Rand unseres Dorfes liegt. Ich hatte mich gerade zur Mittagsruhe hingelegt, als ich draußen Geräusche hörte. Da waren Tritte und leises Flüstern und Kichern zu hören, dann krachte es plötzlich, als wäre etwas umgefallen.
„Mein Weihnachtskuchen", fuhr es mir durch den Kopf. Ich hatte nämlich Lebkuchen gebacken und die Bleche zum Abkühlen draußen an die Wand gestellt. Ob sich da jemand dran zu schaffen machte? Ich erhob mich mühsam. Mein Rheuma und mein Alter machten mir schwer zu schaffen. Ich öffnete die Haustür und rief „Wer ist denn da?" Da kicherte es hinter dem Holunderbusch und jemand rief: „Der Wind, der Wind, das himmlische Kind." Ein bisschen ärgerte ich mich schon, weil ich das Gefühl hatte, dass sich jemand über mich lustig machen wollte. Also nahm ich meinen Gehstock fester in die Hand, ging auf das Gebüsch zu und entdeckte ein Mädchen und einen Jungen, die munter und, als ob das ganz normal wäre, sich über meinen Lebkuchen hermachten. Sie erzählten mir eine erbarmungswürdige Geschichte von ihrem armen Elternhaus und ihrer bösen Stiefmutter, die sie aus dem Haus getrieben hätte und baten mich, ob sie nicht die Nacht über bei mir bleiben könnten. Mir gefiel zwar das Auftreten der beiden Kinder nicht, aber man musste den Kindern doch helfen. Mein Mitleid gewann die Oberhand, und ich ließ sie ins Haus herein. Sie gingen gleich an alle Dinge, die sie sahen, heran, nahmen sie in die Hand, ohne zu fragen und führten freche Reden, wenn ich etwas verbot. Ich dachte, ich sollte sie jetzt am besten mit etwas Nützlichem beschäftigen und machte den Vorschlag, der Junge solle das Holz vor dem Haus spalten und das Mädchen mir in der Küche helfen. Sie maulten eine Weile darüber, weil sie keine Lust hatten, und erst als ich ihnen versprach, dass ich ihnen bei ihrem Abschied am nächsten Morgen ein schönes Taschengeld mitgeben würde, bequemten sie sich, das zu tun, was sie sollten. Ich hatte zwar den Blick bemerkt, den sich die beiden zuwarfen, als ich vom Geld sprach, aber im Augenblick dachte ich mir nichts dabei. Das Mädchen ging mir derweilen tüchtig zur Hand und verwickelte mich in Gespräche, was mir im Grunde gefiel, denn ich habe gern Unterhaltung. Doch es kann sein, dass sie mich nur ablenken wollte. Als ich nämlich einmal in meine Bettkammer ging, um etwas zu holen, überraschte ich den Jungen, wie er, statt Holz zu hacken, sich dort zu schaffen machte. Das Bett hatte er schon sichtbar umgekrempelt, und er war gerade dabei,

meine Wäsche im Schrank zu durchsuchen. Ich rief ihn an: „Was fällt dir denn ein? Du, du …" Im gleichen Augenblick war er schon auf mich zugesprungen, er hatte meinen Sparstrumpf in der Hand, versetzte mir einen Stoß, dass ich mit dem Kopf gegen die Türkante fiel und mir die Sinne schwanden. Mehr weiß ich nicht. Auf der Erde bin ich nicht mehr zu mir gekommen. Und was da später über diese Sache und über mich erzählt wurde, ist ein Märchen, und zwar ein ganz bösartiges.

AUFGABE **9**

Keine Lösungsvorschläge.

6 Nach Bildgeschichten erzählen

AUFGABE **1**

1. Ein Räuber dringt mit einer Pistole ins Schlafzimmer von Vater und Sohn ein. Sie wachen auf und sitzen aufrecht im Bett.
2. Schusswechsel zwischen Vater und Räuber. Vater und Sohn nehmen hinter dem Bett, der Räuber hinter der Tür Deckung. Der Sohn schaut unter dem Bett in Richtung auf den Räuber.
3. Der Kampfplatz hat gewechselt. Schusswechsel von Tür zu Tür. Der Sohn wirft einen Reißnagel, Dorn nach oben, in den Weg.
4. Vater und Sohn fliehen. Der Räuber hinterher. Der Reißnagel liegt im Weg.
5. Der Räuber tritt in den Reißnagel.
6. Er schreit vor Schmerz auf und lässt die Pistole fallen.
7. Der Räuber wälzt sich am Boden. Der Vater eilt herbei.
8. Der Räuber liegt gefesselt am Boden. Der Vater zieht noch die Schleife fest. Der Sohn betrachtet hockend den Reißnagel im Fuß des Räubers.

AUFGABE **2**

Das mögliche Geschehen außerhalb der Bilder:

vor 1: Wie der Räuber in das Haus eindringt. Wie er die Schuhe auszieht und warum. Wie Vater und Sohn an einem Geräusch erwachen.

vor 2: Wie Vater und Sohn aus dem Bett herausspringen. Wie der Vater zur Pistole kommt. Wie er das Bett verrückt, es als Deckung benützen will.

vor 3: Ortswechsel während des Gefechts. Der Sohn hat bemerkt, dass der Räuber keine Schuhe an den Füßen hat.

vor 4: Der Anlass, weshalb Vater und Sohn die Flucht ergreifen.

vor 5:
vor 6: } Evtl. beobachten Vater und Sohn, was passiert.
vor 7:

vor 8: Der Ringkampf zwischen Vater und Räuber. Jemand holt das Seil. Der Räuber wird gefesselt. Wie er gefesselt wird.

nach 8: Was mit dem Räuber geschieht.

AUFGABE 3

Drei Personen. „Held“ und wichtigste Person ist wohl der Kleinste, der Sohn.

Die gefährliche Situation wird nicht durch den Vater gemeistert – der muss sogar fliehen –, sondern durch den Sohn.

AUFGABE 4

Die Pointe: Manchmal haben kleine Ursachen große Wirkungen; ein gefährlicher Räuber wird nicht durch den Vater und seine gefährliche Waffe zur Strecke gebracht, sondern durch den kleinen Sohn und einen kleinen Reißnagel.

AUFGABE 5

Bild 5. Großaufnahme. Detailaufnahme. Die Aufmerksamkeit wird auf die Ursache der bevorstehenden entscheidenden Wendung gelenkt.

AUFGABE 6

1. Vater und Sohn sitzen aufrecht und aufmerksam im Bett, als ob sie ein Geräusch gehört hätten.
2., 3. + 4. Pistolenschüsse. Schießerei wird angedeutet durch Pulverwolken und Kugeln.
6. Wehgeschrei, angedeutet durch den zum Schreien geöffneten Mund und die gesamte Körperbewegung.
7. Jammern und Schreien durch den offenen Mund und das Hinfassen an den schmerzenden Fuß.

AUFGABE 7

6. + 7. Gefühl des Schmerzes. Angedeutet durch Springen in die Luft, Wälzen am Boden, zum Schreien geöffneten Mund und den mit einem Strahlenkranz umgebenen Reißnagel.
8. Der Vater könnte etwas zu dem Räuber sagen.

AUFGABE

8 Grundstimmung soll sein: bescheidene Genugtuung über den Erfolg.

Wollt ihr hören, wie wir einmal einen Räuber dingfest gemacht haben? Also eines Nachts, mein Vater und ich lagen schon im Bett und schliefen, da wurde ich durch ein seltsames Geräusch wach. Es hatte sich so angehört, als sei eine Tür ins Schloss gefallen. Ich weckte meinen Vater. Jemand schlich im Hausflur entlang. Wir richteten uns auf und saßen senkrecht im Bett. Ein Einbrecher? Jetzt kratzte es an unserer Schlafzimmertür. Langsam öffnete sich die Tür, und da stand er im Zimmer. Mein Vater knipste das Licht an. Der Bandit hatte die Schuhe ausgezogen und war maskiert, in seiner Rechten drohte uns ein Revolver entgegen. Mit einem Satz waren wir aus den Betten. Mein Vater hatte seine Pistole, die immer unter seinem Kopfkissen lag, ergriffen. Die Kugeln flogen zischend und pfeifend durch die Gegend, und es pfiff nur so von den Querschlägern. Aber Gott sei Dank wurde niemand getroffen. Auf dem Fußboden kauernd stieß ich gegen eine Schachtel mit Reißnägeln. „Das könnte auch eine gute Waffe abgeben“, sagte ich und dachte dabei an den schuhlosen Gangster. Ich streute die Reißnägel auf dem Boden aus und floh nach hinten ins nächste Zimmer. Mein Vater, dem es inzwischen auch zu brenzlig geworden war, mir nach. Der Gangster meinte schon, sein Spiel wäre gewonnen, und lief noch immer wild um sich schießend ein paar Schritte auf uns zu. Das war sein Pech. Plötzlich hörten wir einen markerschütternden Schrei des Gangsters. Wir schauten durch die Tür und sahen, wie er sich schreiend und jammernd am Boden wälzte. Er kniff die Augen zu und hielt sich vor Schmerz den linken Fuß. Mein Vater sah seine Chance gekommen. Er sprang auf den Räuber zu, und es dauerte keine zwei Minuten, da hatte er ihn überwältigt und zu einem Paket verschnürt. „So, so“, sagte er, indem er sich über den Mann beugte, der ihn wütend und finster anblickte. „Jetzt machen wir noch ein hübsches Schleifchen zum Schluss und dann ab mit der Post zur Polizei.“ Ich betrachtete mir inzwischen die Fußsohle des Mannes, wo ich nicht ganz unerwartet einen Reißnagel entdeckte.

AUFGABE

9 Grundstimmung: Wut auf sich selbst

Warum ich hier in diesem Loch sitze? Weil ich ein Dummkopf, weil ich ein Trottel bin. Ich könnte mich heute noch ohrfeigen, wenn ich an diese zwei lächerlichen Figuren von Vater und Sohn denke und deren miese Tricks!
Ich war auf Tour im Stadtteil Frauenhausen. Alles mucksmäuschenstill. Es war ja auch schon Mitternacht vorbei. Da kam ich an das Haus von diesen beiden. Die Haustür mit meinem Dietrichbesteck zu öffnen, war Sache von einer Sekunde. Routinemäßig zog ich meine Schuhe aus und tastete mich bis zur nächsten Tür vor. Irgendwie mussten die das spitz gekriegt

haben, denn als ich leise die Tür öffnete, ging plötzlich das Licht an. Und dann ging alles so rasend schnell, dass ich gar keine Zeit hatte, mich von meinem Schreck zu erholen. Der Alte schoss auf mich. Das konnte ich mir natürlich nicht bieten lassen von dem Greenhorn. Ich schoss zurück, und schon war die schönste Knallerei im Gange. Ich schoss drei ganze Magazine leer, dass dem Alten die blauen Bohnen nur so um die Ohren flogen. Da gab er Fersengeld, und ich hinterher, weil ich ihnen noch zum Abschied einen tüchtigen Schreck einjagen wollte. Natürlich habe ich dabei nicht auf die Reißnägel geachtet, die überall herumlagen. Ich trat in so ein Ding mit meinen bloßen Füßen hinein. Weißt du, was das heißt: Mit nackten Füßen in einen Reißnagel treten? Ich kann dir sagen, ein höllischer Schmerz ist das. Einen Augenblick hat mich der Schmerz übermannt. Ich humpelte herum. Und das haben die beiden ausgenutzt und sich auf mich geworfen. Zu zweit auf einen! Ich hatte keine Chance, schon gar nicht mit dem Nagel im Fuß. Warum musste ich auch meine Schuhe ausziehen! Das war auf jeden Fall die letzte Tour, die ich halbnackt gemacht habe.

AUFGABE **10**

Nun beruhige dich doch. Was ich getan habe, tut mir Leid. Ich wusste doch gar nichts von den Zusammenhängen und kannte doch nur meinen Ärger und meine Wut über die Beleidigung, die ihr mir angetan hattet. Naja, ihr wart das ja gar nicht. Aber ich habe das eben gedacht. Da kommt der Fifi auf mich zu, und ich denke noch: „Was hat der denn da in der Schnauze?“, da erkenne ich meinen schönen neuen Hut, gefüllt mit einem Berg von Abfall. Und iiih, wie schmierig das Zeug war. Ein Apfelkrips, Bananenschalen, halbverfaulte Obstreste. Und die ekelhaften Pfirsichkerne mit den triefenden Fruchtfleischresten! Wenn ich nur daran denke, kommt mir noch jetzt die Galle hoch! „Die machen sich über dich lustig“, dachte ich. Der Gedanke hat mich mehr in Wut gebracht als die Tatsache, dass der Hut natürlich völlig ruiniert war; denn du weißt ja, wie empfindlich ich bin, wenn sich jemand über meine Glatze mokiert. „Verhöhnen lasse ich mich von euch noch lange nicht“, sagte ich außer mir vor Wut zu mir selbst, packte meinen Koffer links, rechts trug ich den vermaledeiten Hut, und dann sah ich euch in der Haustüre stehen und lachen. Das gab mir den Rest. Na ja, und dann ist es passiert. Also nochmals, es tut mir Leid.

AUFGABE **11**

Hauptfiguren: Diener oder Bote, ein adliger Herr, eine adlige Dame
Nebenfiguren: Wegelagernde Ritter (zwei sichtbar)
Der Bote ist der Diener des adligen Herrn. Der Herr und die Dame sind miteinander bekannt.

AUFGABE 12

Bild 1: Der Burgherr hat gerade einen Brief verfasst, den er seinem Diener übergibt. Der soll einer weit entfernt wohnenden Dame eine Nachricht überbringen. Das sagt der Herr zu seinem Diener und er fügt noch hinzu, dass es eilig sei und wichtig.
Bild 2: Der Bote stürmt die Treppen hinunter.
Bild 3: Er läuft ununterbrochen, um seinen Auftrag auszuführen. Nichts kann ihn aufhalten: Kein noch so starker Regen …
Bild 4: … kein noch so breites und tiefes Gewässer. Schwimmend und immer den Brief hoch haltend (damit die wichtige Botschaft nicht nass wird) …
Bild 5: Auch Raubritter, die ihm den Weg verstellen, können ihn nicht von seinem Auftrag abhalten. Er kämpft allein gegen eine Übermacht und entkommt den Gegnern.
Bild 6: Die Kräfte lassen nach. Er muss sich durch dichtes Gestrüpp in einem schier undurchdringlichen Wald kämpfen.
Bild 7: Gezeichnet von Weg, Wetter und den glücklich überstandenen Abenteuern gelangt er ans Ziel. Seine Kleider sind zerrissen. Erschöpft muss er sich an der Türöffnung festhalten. Aber er erfüllt seinen Auftrag und übergibt der Dame den Brief mit der wichtigen Botschaft.
Bild 8: Die Dame öffnet hastig den Brief und liest. Sie traut offenbar ihren Augen nicht. Ihre Hand hebt sich langsam an den Mund. Der Bote steht dabei und schaut erwartungsvoll. „Einen tüchtigen Botenlohn wird das geben“, denkt er.
Bild 9: Da tritt die Dame energisch auf ihn zu, Zorn sprüht aus ihrem Gesicht, und gibt ihm eine schallende Ohrfeige, die ihn körperlich und seelisch völlig aus dem Gleichgewicht bringt.

AUFGABE 13

Meine Güte, bin ich heute geschafft. Und das für nichts und wieder nichts. Im Gegenteil: Da strengt man sich an, gibt als pflichtbewusster Mensch sein Letztes, und was hat man davon? Prügel gibt’s noch obendrein.
Da ruft mich doch mein Herr heute Morgen zu sich, gibt mir einen Brief und sagt: „Hier, den bring auf dem schnellsten Weg zum Fräulein von Handstein auf Burg Handstein.“ Er schärft mir noch ein, wie wichtig der Brief sei. Ich solle nur keine Zeit verlieren und ihn mir bei Todesstrafe ja nicht abjagen lassen. „Wenn es um meinen Kopf geht“, so dachte ich, „muss es wohl eine Sache von äußerster Wichtigkeit sein. Vielleicht steht der Frieden auf dem Spiel, oder es geht um Leben und Tod?“ Also nahm ich den Brief und machte mich sofort auf den Weg. Alles im Laufschritt. Ich sprang die Treppen hinunter und rannte über Wiesen und Felder, getrieben von der Wichtigkeit meines Auftrags. Zu allem Unglück fing es an zu regnen. Jetzt hätte ich eigentlich Schutz suchen sollen, denn das Wasser

ergoss sich in einem Wolkenbruch vom Himmel herunter. Im Nu war ich bis auf die Haut durchnässt. Aber ich lief und lief, was meine Kräfte hergaben. Dann kam ich an einen breiten Fluss. Ein Schiff gab es weit und breit nicht. Ohnehin nass stürzte ich mich in die Fluten und schwamm aus Leibeskräften mit einem Arm; in der anderen Hand hielt ich den Brief und reckte sie hoch in die Luft, damit er nicht nass wurde. Ungemütlicher noch wurde es nach der Durchquerung des Flusses. Ich lief gerade auf einen Weg zu, da sprangen ein paar Bewaffnete aus dem Gebüsch und wollten mir den Weg verstellen. Sie sahen zwar, dass bei mir keine Reichtümer zu holen waren, aber sie hatten den Brief entdeckt, und der weckte ihre Neugierde. „Her mit dem Brief!“ rief der Anführer mir zu. „Nie im Leben!“ und „Aus dem Weg!“ gab ich zurück und schlug mit meinem Schwert so fürchterlich auf die Straßenräuber ein, dass sie einen Augenblick erschrocken zurückwichen. Doch das genügte mir, ich nutzte die Schrecksekunde und war durch, ehe sie sich besinnen konnten. Sie wollten mir nach, doch mit ihren schweren Rüstungen gaben sie den Versuch bald auf. Der Wald wurde immer dichter, bald gab es keinen Weg mehr, ich musste mich durch das dichte Gestrüpp kämpfen. Überall blieb ich hängen, zerriss mir die Kleider und das Fell. Es wurde immer anstrengender und mühsamer. Mit meinen Kräften war ich am Ende. Es konnte aber nicht mehr weit sein. „Durchhalten!“, dachte ich. „Bloß nicht schlapp machen jetzt so kurz vor dem Ziel.“ Ich riss mich noch einmal zusammen. Dann sah ich sie, die Burg Handstein. Am Rande der Erschöpfung, zerschunden und schmutzig stand ich vor der Dame. Herablassend nahm sie mit spitzen Fingern den Brief in Empfang. Während sie den Brief öffnete, musterte sie mich von oben bis unten. Ich spürte, dass ihr mein Aufzug nicht gefiel. „Warte nur“, dachte ich, „bis du den Brief gelesen hast, dann wirst du mein Pflichtbewusstsein, meine Leiden und meine Dienste erkennen.“ Ich malte mir gerade aus, wie sie mich mit Belohnungen überhäufen würde, da überraschte mich eine schallende Ohrfeige. Die Zornesröte war ihr ins Gesicht gestiegen. Noch einmal holte sie aus: „Da meine Antwort. Richte das Deinem Herrn aus.“ Und wutschnaubend verließ sie den Saal. Ich möchte doch zu gern wissen, was in dem Brief gestanden hat.

7 Eine Nacherzählung – was ist das?

AUFGABE 1

Uwe macht folgende Fehler:

1. Er erklärt nicht die Ausgangssituation. (Wo spielt sich die Geschichte ab? Wer ist beteiligt? Um was geht es?) Deshalb versteht sein Publikum nicht, worin eigentlich die Gefahr der „Mutprobe" bestehen soll.
2. Der Zusammenhang seiner Geschichte ist undurchsichtig. Zwischen den einzelnen Sätzen bleiben inhaltlich so große Lücken, dass ein Mitdenken und damit ein gespanntes Zuhören kaum möglich ist. Offene Fragen zwischen den einzelnen Sätzen: Satz 2/3: Warum kann Hannes nicht mehr vom Dach herunterklettern? Satz 3/4: Wer ist Maria? Wie kommt sie in das Telefonhäuschen? Satz 4/5: Wo kommen plötzlich die Männer her, die Hannes retten?
3. Uwes Erzählung wirkt „abgehackt" und dadurch langweilig. Seiner Erzählung fehlt es an „Fleisch", d.h. an Ausführlichkeit an entscheidenden Stellen.

AUFGABE 2

Uwe lässt wichtige Teile der Geschichte aus. Er erzählt nicht, wie die Krokodiler wegfahren oder wie Maria in das Telefonhäuschen geht. Außerdem ist Satz 5 inhaltlich falsch: Hannes wird nicht durch einen Hubschrauber gerettet.

AUFGABE 3

<u>Wo spielt die Geschichte?</u> Auf dem Gelände einer alten Ziegelei.

<u>Wer ist beteiligt?</u> Außer dem zehnjährigen Hannes die etwas älteren Mitglieder der Krokodilerbande mit ihrem Anführer Olaf und dessen Schwester Maria.

<u>Um was geht es?</u> Hannes soll eine Mutprobe ablegen, um in die Krokodilerbande aufgenommen zu werden.

<u>Warum kann Hannes nicht mehr vom Dach herunterklettern?</u> Es haben sich inzwischen Teile des Daches gelöst; außerdem ist er vor Angst wie gelähmt.

<u>Wie kommt Maria in das Telefonhäuschen?</u> Nachdem die Krokodiler und Maria in einer Panikreaktion auf ihren Fahrrädern davongefahren sind, kehrt Maria zurück und begibt sich in ein Telefonhäuschen in der Nähe der alten Ziegelei. Dort alarmiert sie die Feuerwehr.

Damit ist auch die Frage geklärt, <u>wie die Männer von der Gefahr erfahren,</u> in der Hannes schwebt.

AUFGABE **4**

Olaf und die Krokodiler feuern Hannes an, Maria, Olafs Schwester, sieht aus Angst um Hannes weg, der zehnjährige Hannes macht eine Mutprobe, um Mitglied der Krokodiler zu werden, er steigt die wackelige Feuerleiter zum Dach hoch, Hannes hat Angst, er muss weiter zum Dachfirst, wird wieder angefeuert, Hannes kriecht auf dem Bauch zum First, ruft dort „Krokodil" und ist in die Bande aufgenommen.

Hannes klettert unter Gefahren zum Dachfirst; oder: Der Aufstieg auf das Dach.

AUFGABE **5**

1. Erzählschritt: Maria hat Angst um Hannes, Hannes findet nur mit Mühe Halt, er rutscht ganz langsam abwärts, meint, er müsse es unbedingt schaffen, da reißt sich plötzlich ein Dachziegel los, Hannes findet letzten Halt an einer Dachlatte und der Dachrinne, er beginnt zu schreien, die Krokodiler fahren davon, Hannes schreit um Hilfe, Maria fährt hinter den Jungen her, kehrt dann um, ruft in einer Telefonzelle die Feuerwehr, hört das Martinshorn, versteckt sich und beobachtet die Rettung, ein Feuerwehrmann rettet Hannes und schimpft ihn dann aus.

Lösungen

2. Erzählschritt: Der Abstieg beginnt.
3. Erzählschritt: Hannes sitzt hilflos auf dem Dach.
4. Erzählschritt: Die Krokodiler fahren davon.
5. Erzählschritt: Maria alarmiert die Feuerwehr.
6. Erzählschritt: Die Feuerwehr rettet Hannes.

AUFGABE **6**

Ausgangssituation: Der zehnjährige Hannes wollte Mitglied der Krokodilerbande werden. Deshalb musste er vor den Augen der Krokodiler, ihrem Anführer Olaf und dessen Schwester Maria das baufällige Dach einer alten Ziegelei als Mutprobe besteigen.

1. Erzählschritt: Hannes hatte große Angst, als er über die Feuerleiter zum Dach emporstieg. Alle Krokodiler außer Maria feuerten ihn an. Als er unter großen Schwierigkeiten schließlich den First erklommen hatte, rief er „Krokodil" und war in die Bande aufgenommen.

2. Erzählschritt: Aber damit waren noch nicht alle Schwierigkeiten überwunden. Hannes musste wieder vom Dach herunterklettern, das war bedeutend schwieriger als der Aufstieg.

3. Erzählschritt: Als einige Ziegel sich vom Dach lösten, kam Hannes ins

Rutschen. Er fand gerade noch an einer Dachlatte und an der Dachrinne Halt. Verzweifelt schrie er um Hilfe.

4. Erzählschritt: Als Hannes zu weinen begann, fuhren die Krokodiler auf ihren Fahrrädern davon. Auch Maria folgte ihnen zunächst.

5. Erzählschritt: Dann kehrte Maria jedoch wieder um. Von einem Telefonhäuschen aus alarmierte sie die Feuerwehr. Dann wartete sie, bis sie das Martinshorn hörte.

6. Erzählschritt: Sie versteckte sich im Gebüsch und beobachtete, wie die Feuerwehr Hannes vom Dach rettete.

AUFGABE 7

Warum fahren die Krokodiler so plötzlich davon?
Z. 114f.: „Die Krokodiler hatten plötzlich mehr Angst als Hannes auf dem Dach.“ (Vielleicht fühlen sie sich schuldig an der Situation von Hannes?)

Warum kehrt Maria zurück?
Es wird kein ausdrücklicher Grund genannt. Wir können uns ihre Handlungsweise aber durch ihr Verhalten während dem gefährlichen Abenteuer von Hannes erklären: Sie sieht weg (Z. 7.), sie erwähnt, dass Hannes abstürzen könnte (Z. 39f.). Im Gegensatz zu den anderen erkennt sie von vornherein die Gefahr und macht sich deshalb Sorgen um Hannes.

Warum versteckt sich Maria?
Z. 135ff.: „Maria versteckte sich hinter den Sträuchern, damit sie von niemandem gesehen werden konnte, sie hatte Angst, dass es ihr jedermann ansehen könnte, dass auch sie Hannes im Stich gelassen hatte.“

AUFGABE 8

Erzählschritt 1–3 kann unverändert bleiben.

4. Erzählschritt: Denn sie bekamen es plötzlich mit der Angst zu tun. Schließlich hatten sie Hannes ja zu diesem gefährlichen Abenteuer verleitet.

5. Erzählschritt: Maria jedoch kehrte als Einzige zurück. Denn sie hatte von Anfang an gemerkt, dass diese Mutprobe gefährlich war. Deshalb hatte sie sich Sorgen um Hannes gemacht.

6. Erzählschritt: ... wie die Feuerwehr Hannes vom Dach rettete. Denn sie hatte ein schlechtes Gewissen, weil sie Hannes zunächst mit den anderen im Stich gelassen hatte.

AUFGABE

9 Am Anfang steht die Frage: Wird Hannes die Mutprobe bestehen?
Als Hannes in Gefahr ist abzustürzen (Z. 84ff.), spitzt sich die Frage zu: Wird Hannes gerettet? Diese Frage beschäftigt den Leser, bis Hannes wieder festen Boden unter den Füßen hat.
Gelöst wird diese Frage, sobald Hannes durch die Feuerwehr gerettet ist.

AUFGABE

10 Wir bauen die Erzählung im dritten und fünften Erzählschritt noch etwas um. Damit erhält unsere Nacherzählung folgende Gestalt:
Der zehnjährige Hannes wollte Mitglied der Krokodilerbande werden. Deshalb musste er vor den Krokodilern, ihrem Anführer Olaf und dessen Schwester Maria das baufällige Dach einer alten Ziegelei als Mutprobe besteigen.
Hannes hatte große Angst, als er über die Feuerleiter zum Dach emporstieg. Alle Krokodiler außer Maria feuerten ihn an. Als er unter großen Schwierigkeiten schließlich den First erklommen hatte, rief er „Krokodil" und war in die Bande aufgenommen.
Aber damit waren noch nicht alle Schwierigkeiten überwunden. Hannes musste wieder vom Dach herunterklettern. Das war bedeutend schwieriger als der Aufstieg. Als einige Ziegel sich vom Dach lösten, kam Hannes ins Rutschen. Einen Augenblick glaubten alle, Hannes würde abstürzen. Er fand gerade noch an einer Dachrinne Halt. Hannes fühlte, dass er sich nicht lange in dieser Lage halten konnte. Verzweifelt schrie er um Hilfe.
Als Hannes zu weinen begann, fuhren die Krokodiler auf ihren Fahrrädern davon. Denn sie bekamen es mit der Angst zu tun. Schließlich hatten sie Hannes ja zu diesem gefährlichen Abenteuer verleitet. Auch Maria folgte ihnen zunächst.
Dann kehrte sie jedoch als Einzige zurück. Denn Maria hatte von Anfang an gemerkt, dass diese Mutprobe gefährlich war. Deshalb hatte sie sich Sorgen um Hannes gemacht. Was sollte nur aus ihm werden? „Hoffentlich ist er nicht schon abgestürzt!", dachte sie. Von einem Telefonhäuschen aus alarmierte sie die Feuerwehr. Dann wartete sie. Sie glaubte, dass es eine Ewigkeit dauerte, bis sie das Martinshorn hörte.
Sie versteckte sich im Gebüsch und beobachtete, wie die Feuerwehr Hannes vom Dach rettete.

8 Nacherzählen aus veränderter Sicht

AUFGABE **1**

Olaf (Maria) hört die Rufe der Krokodiler, er (sie) sieht, wie Hannes sich am Dach festklammert, wie er von Station zu Station balanciert, wie Teile vom Dach abbrechen, er (sie) kann nicht genau entscheiden, ob die Feuerleiter noch fest genug ist, ob die Teile des Daches, an denen sich Hannes festhält, morsch sind.

AUFGABE **2**

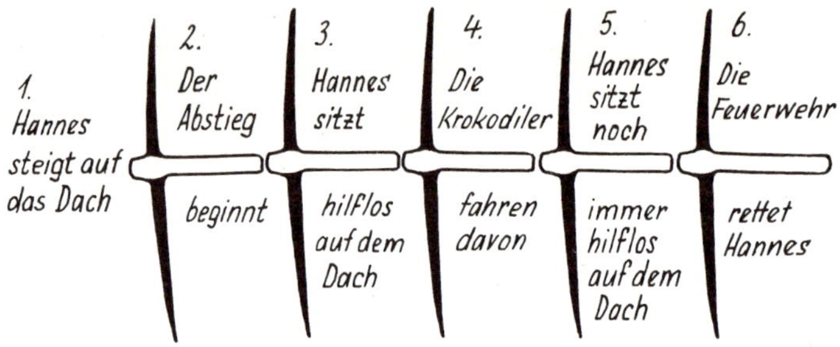

AUFGABE **3**

<u>1. Erzählschritt:</u>
Die werden sich wundern, die meinen wohl, ich sei noch zu jung für eine Mutprobe, Angst habe ich allerdings schon.

<u>2. Erzählschritt:</u>
Jetzt darf ich nicht nach unten sehen, wenn ich nur nicht abrutsche, ich finde nirgends Halt, jetzt stürze ich ab.

<u>3. Erzählschritt:</u>
Hoffentlich hält die Dachrinne, wenn mir nur einer helfen könnte, lange wird das nicht gut gehen, ich bin völlig verzweifelt.

<u>4. Erzählschritt:</u>
Die lassen mich doch nicht etwa im Stich? Vielleicht holen sie Hilfe?

<u>5. Erzählschritt:</u>
Sie sind wirklich alle davongefahren. Wie gemein sie sind! Wenn mich doch nur jemand hören könnte! Werde ich jemals wieder herunterkommen? Stürze ich ab?

<u>6. Erzählschritt:</u>
Rettung! Sie haben mich doch nicht im Stich gelassen. Hoffentlich hält die Dachrinne noch.

AUFGABE 4

Hannes hört im morschen Gebälk ein Knacken, wie lose Ziegel abrutschen, wie es unter seinen Füßen knirscht, wie die Dachrinne sich aus ihrer Verankerung zu lösen beginnt. Er sieht, dass schon mehrere Ziegel heruntergefallen sind, dass die Dachrinne völlig verrostet ist, dass die Dachlatten morsch sind.

AUFGABE 5

1. Schweißgebadet klammerte ich mich an der Dachlatte fest. 2. Voll Schrecken sah ich, dass die Krokodiler alle verschwunden waren. 3. „Das können sie mir doch nicht antun", dachte ich. 4. Da hörte ich mit Erleichterung das Martinshorn. 5. „Sie haben also die Feuerwehr alarmiert", überlegte ich. 6. Mit klopfendem Herzen hörte ich, wie der Wagen in das Gelände der alten Ziegelei einbog. 7. „Sie müssen mich jetzt gleich entdecken", überlegte ich. 8. Mit neuem Mut klammerte ich mich jetzt noch fester an die Dachlatte. 9. Viele Gedanken schossen mir durch den Kopf: „Wenn ich gerade jetzt noch abstürze?" 10. Als der Mann die Leiter hochkam und mich mit festem Griff packte, fühlte ich, dass mir vor Freude die Tränen in die Augen traten.

AUFGABE 6

Alle Mitglieder der Krokodilerbande, deren Anführer mein älterer Bruder Olaf ist, hatten sich auf dem Gelände der alten Ziegelei versammelt, um zu sehen, ob der Hannes mit seinen zehn Jahren die Mutprobe bestehen würde. Wenn er es schaffte, bis zum First der baufälligen Ziegelei zu klettern, sollte er in die Bande aufgenommen werden.

Ich hatte Angst um Hannes, als er die Feuerleiter emporstieg. Deshalb hielt ich mich auch abseits und mochte Hannes nicht wie die anderen anfeuern. Auf allen Vieren robbte Hannes von der Feuerleiter zum Dachfirst hinauf. Und tatsächlich, Hannes hatte es geschafft und schrie vom First herab: „Krokodil, Krokodil!" Die Krokodiler antworteten ihm mit wildem Geschrei: „Du bist aufgenommen! Du bist aufgenommen!"

Aber nun sah alles noch viel gefährlicher aus. Wie sollte Hannes nur jemals wieder herabkommen? Und plötzlich bemerkte ich, wie Hannes abrutschte, er rutschte immer weiter. Mir blieb das Herz fast stehen vor Schrecken, und ich wagte es nicht mehr, zum Dach hinaufzusehen. „Jetzt ist bestimmt etwas sehr Schlimmes passiert", dachte ich. Die Krokodiler sprachen nun kein Wort mehr. Als ich es wieder wagte, zu Hannes hinaufzusehen, entdeckte ich, wie er sich verzweifelt an einer Dachlatte festklammerte und mit den Füßen Halt auf der Dachrinne gefunden hatte, die hin und her schwankte und jeden Augenblick herunterbrechen konnte. Hannes schrie und weinte jämmerlich.

Die Krokodiler starrten voll Entsetzen zum Dach. Dann geschah etwas, das ich nicht begriff. Alle schwangen sich plötzlich auf ihre Fahrräder und fuhren davon, ohne sich noch einmal umzublicken. Ich weiß nicht warum, aber auch ich griff zu meinem Fahrrad und fuhr hinterher.
Doch plötzlich kam ich zur Besinnung. „Wir können doch Hannes in dieser Situation nicht allein lassen", dachte ich mir. Es musste unbedingt etwas geschehen. Vielleicht war Hannes schon abgestürzt? „Nur schnell zurück zu dem Telefonhäuschen", das war alles, was ich denken konnte. Ich fuhr zu der Telefonzelle, wählte dort eilig die Notrufnummer. „Schnell, kommen Sie zur alten Ziegelei", stammelte ich. Dann hängte ich den Hörer zitternd vor Aufregung wieder ein. Würde die Feuerwehr rechtzeitig eintreffen?
Da hörte ich das Martinshorn. Ich versteckte mich im Gebüsch. Denn ich hatte ein schlechtes Gewissen, weil ich Hannes zunächst auch im Stich gelassen hatte. Ich beobachtete, wie eine Leiter ausgefahren wurde. Ein Mann kletterte daran zum Dach hinauf. „Hoffentlich geht alles gut", dachte ich. Da sah ich auch schon, wie der Mann Hannes heil herunterbrachte.

9 Wir trainieren die Nacherzählung (I)

AUFGABE

1 Wer? Beteiligt sind zunächst eine Bäuerin und ein Student. (Der Bauer, die dritte wichtige Person, tritt erst später auf.)

Was? Die Bäuerin hat zum zweiten Mal geheiratet. Sie trauert ihrem ersten Mann nach, von dem sie glaubt, er sei im Paradies. Sie versteht den Studenten, der aus Paris kommt, falsch und glaubt deshalb er komme aus dem Paradies.

Wo/Wann? Auf einem Bauernhof in alter Zeit (16. Jahrhundert).

AUFGABE

2 Von der Bäuerin können wir uns ein Bild machen, weil sie die Stadt Paris nicht kennt und glaubt, dass jemand aus dem Paradies kommen könne.

AUFGABE

3 Der Student ist schlau, gerissen. Er durchschaut sofort die Einfalt/Dummheit der Bäuerin und beschließt, die Situation für sich auszunutzen.
Der Bauer hält sich für klüger als seine Frau: Er hält es nicht für nötig, sie über seine Handlungen aufzuklären und ins Bild zu setzen.

AUFGABE **4**

Der Bauer hält sich zwar für klug, aber übertrifft die Dummheit seiner Frau noch, wenn er einem wildfremden Menschen sein Pferd anvertraut. Er ist dem Studenten nicht gewachsen.

AUFGABE **5**

Aufgrund des Wechsels von Ort, Zeit und Personen ergeben sich vier Erzählschritte:

1. Das Gespräch zwischen Student und Bäuerin.
2. Das Gespräch zwischen Bäuerin und Bauer.
3. Die Verfolgung des Betrügers durch den Bauern.
4. Die Rückkehr des Bauern – Gespräch zwischen Bauer und Bäuerin.

AUFGABE **6**

Das Gespräch zwischen Bäuerin und Student enthält genaugenommen zwei Schritte: Das Missverständnis der Bäuerin und den Auftrag, Geschenke ins Paradies zu bringen. Die Verfolgung des Betrügers zerfällt in drei Teile: Das Zusammentreffen von Bauer und Student, die Suche nach dem Übeltäter und die Rückkehr des Bauern zu der Stelle, wo er dem Studenten sein Pferd anvertraut hat. Somit ergeben sich folgende Erzählschritte:

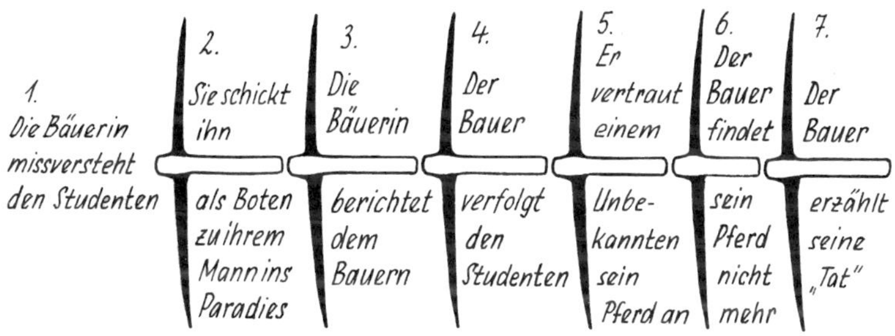

AUFGABE **7**

Der erste und zweite Erzählschritt fallen weg.

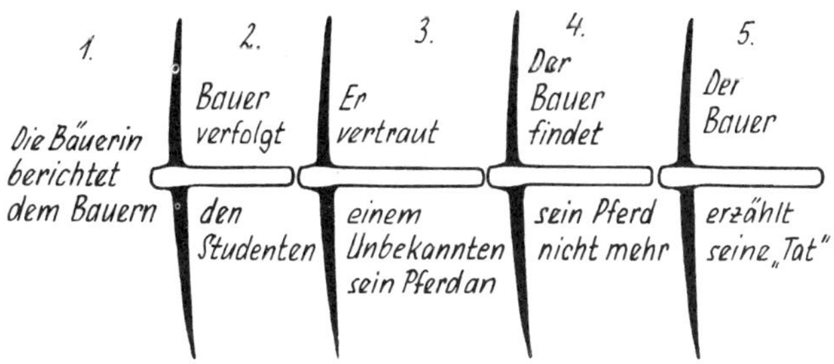

AUFGABE **8**

Abgesehen davon, dass Karin die Fragen zur Ausgangssituation (Wer? Was? Wann? Wo?) nicht klärt, wird der Zusammenhang an drei Stellen nicht klar:
Warum gibt die Bäuerin dem Studenten Geld und Kleider für ihren ersten Mann?
Warum folgt der Bauer dem Studenten?
Warum ärgert sich der Bauer?

AUFGABE **9**

1. Der Student, von dem die Bäuerin glaubt, er komme aus dem Paradies, erzählt auf ihre Nachfrage, dass es ihrem ersten Mann im Paradies sehr schlecht gehe (Z. 26ff.). Sie hat Mitleid mit dem Verstorbenen.
2. Der Bauer will dem Studenten die Geschenke wieder abnehmen (Z. 60ff.).
3. Der Bauer ärgert sich, weil der Student auch ihn hereingelegt hat.

AUFGABE **10**

Welche Folgen hat das Missverständnis der Bäuerin?
Die Frage löst sich, wenn der Student mit den Geschenken das Haus verlässt.

AUFGABE **11**

Wird sich der Bauer klüger verhalten als seine Frau?
Wenn der Bauer zurückkehrt, stellt sich die Frage: Wie wird er seiner Frau den Verlust des Pferdes erklären?

AUFGABE **12**

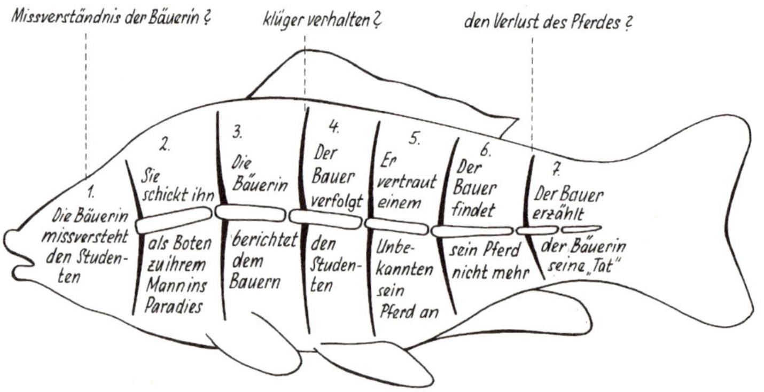

10 Wir trainieren die Nacherzählung (II)

AUFGABE

1 Lösung 2 ist besser verständlich. Es stehen nicht nur unverbundene Hauptsätze nebeneinander. Dadurch wird der Eindruck des „abgehackten“ Erzählens vermieden. Konjunktionen schaffen einen gedanklichen Zusammenhang (z.B.: „da die Bäuerin ein wenig einfältig war“, „um mehr von ihm zu erfahren“, „denn sie glaubte“).

AUFGABE

2 Da der Student durchschaute, wie einfältig die Bäuerin war, erzählte er ihr, wie schlecht es ihrem ersten Mann im Paradies gehe. Er sei sehr arm, es fehle ihm dort an allem. Weil die Frau ihrem Mann etwas Gutes tun wollte, gab sie dem Studenten Geld und Kleider und bat ihn, dass er die Geschenke ihrem ersten Mann bringe.

AUFGABE

3 Ein fahrender Schüler kam einmal in ein Dorf. Da er immer nach einer Gelegenheit Ausschau hielt, sich ohne große Mühe ein Vesperbrot zu ergattern, sprach er eine Bäuerin an, die vor ihrem Haus stand und gern ein Schwätzchen halten wollte; denn ihr Mann war zur Arbeit gefahren.
Als er ihr erzählte, er komme von Paris, glaubte diese, er komme geradewegs aus dem Paradies, wo sie ihren ersten Mann vermutete. Da der fahrende Schüler sehr gerissen war, machte er sich ihre Dummheit zunutze. Er berichtete, dass es ihrem ersten Mann im Paradies sehr schlecht gehe. Da gab ihm die Bäuerin Geld und Kleider, die er bei der Rückreise ihrem ersten Mann überbringen sollte. Der Student aber machte sich, da er die Rückkehr des Bauern fürchtete, nachdem er noch gut gespeist hatte, rasch aus dem Staub.
Als ihr zweiter Mann nach Hause kam, erzählte ihm die Bäuerin, was sie getan hatte. Der Bauer bestieg rasch sein Pferd, um dem fahrenden Schüler die Geschenke wieder abzunehmen. Als der Student diesen von weitem kommen sah, dachte er sich eine List aus. Denn er konnte sich wohl denken, warum der Bauer so rasch hinter ihm dreinritt. Er versteckte also das Bündel mit Geld und Kleidung und stellte sich als Feldarbeiter. Zum Glück hatte er nämlich eine Schaufel und ein Paar Arbeitshandschuhe entdeckt. Als nun der Bauer fragte, ob er nicht einen Mann mit einem Bündel gesehen habe, antwortete er rasch: „Ja, er ist gerade in den Wald gelaufen.“ Da überließ der Bauer dem Fremden sein Pferd und rannte in den Wald. Nach vergeblichem Suchen kam er an die Stelle zurück, wo er sein Pferd gelassen hatte. Als sein Pferd jedoch verschwunden war, merkte er, dass der Student auch ihn getäuscht hatte.

Zu Hause fragte ihn seine Frau, wie es ihm ergangen sei und wo er sein Pferd gelassen habe. Da antwortete der Bauer: „Ich hab's dem Studenten gegeben, damit er rascher ins Paradies kommt."

AUFGABE

4 Ausdrücke wie „Zehrgeld", „im Säckel", „die Füße unter dem Tisch haben", „ins Holz gefahren" sind heute nicht mehr üblich und sollten geändert werden. Auch der Satzbau müsste angepasst werden: „wie man deren viele findet"; „Antwortete der Student".

AUFGABE

5 „Der wenig Zehrgeld im Säckel bei sich trug": Er hatte wenig Geld in der Tasche, von dem er sich etwas hätte kaufen können, um es zu ver-zehren (essen);
„wie man deren viele findet": wie es viele gibt;
„ins Holz gefahren": in den Wald gefahren.

AUFGABE

6 Ein armer Student, der wenig Geld in der Tasche hatte und lieber faulenzen als studieren wollte, wie es viele gibt, ging einmal durch ein Dorf. Dort begab er sich zum Hause eines reichen Bauern, der zur Arbeit in den Wald gefahren war. Im Hof traf er aber seine Frau. Der Bauer war ihr zweiter Mann, ihr erster war vor wenigen Jahren gestorben. Als sie den Studenten ansprach und fragte, woher er komme, antwortete dieser: „Aus Paris."

AUFGABE

7 Heute nicht mehr gebräuchlich und deshalb für deine Nacherzählung auf keinen Fall verwendbar sind folgende Wendungen:
„ich habe zuvor einen Mann gehabt, hieß Hans", „gute Gesellen", „Zehrpfennig", „seid guter Dinge", „etlichen mehr", „wacker zechen", „damit er's um so besser ausrichte". Wenn du willst, kannst du auch die Geldwährung (Gulden, Plappart) „modernisieren".

AUFGABE

8 Da die Bäuerin ziemlich einfältig war, verstand sie, der Student komme aus dem Paradies. Als sie deshalb nachfragte, ob er auch wirklich im Paradies gewesen sei, stimmte ihr der Student, der ihre Dummheit durchschaute, zu. Sie aber bat ihn in die Stube. Denn sie hoffte, von ihm zu erfahren, wie es ihrem ersten Mann im Paradies ergehe.

Auf die Frage der Bäuerin, ob er ihren Mann im Paradies getroffen habe, fragte dieser nach seinem Namen. Als sie ihm sagte, dass er Hans Gutschaf geheißen, gab er vor, sich wohl zu erinnern. Es gehe ihm sehr schlecht, behauptete er. Wenn andere schlemmten und es sich wohl gehen ließen, müsse der arme Mann zusehen. Da begann die Frau zu jammern und zu klagen, dass sie ihrem Manne gerne etwas ins Paradies nachsenden wolle, wenn sie nur einen Boten habe. Der schlaue Student merkte, dass da etwas zu holen war, und bot sich an, als Bote ins Paradies zu reisen. Da freute sich die Bäuerin, bewirtete den Studenten und begann ein Bündel zusammenzupacken.
Alsbald hatte sie aus ihren Schränken Hemden, Hosen, einen gefütterten Rock und sogar ein paar Taschentücher herbeigeschafft. Dann wickelte sie noch einige Hundertmarkscheine in ein Tüchlein und schenkte dem Studenten auch noch etwas, damit er die Post auch gut ins Paradies bringe. Dieser bedankte sich und machte sich auf den Weg.

AUFGABE 9

Erzählschritt 2: Bei der Erzählung des Studenten werden die Augen der Bäuerin immer größer, entsetzt starrt sie den Studenten an, sie seufzt laut.
Erzählschritt 6: Der Bauer legt von weitem die Hand vor die Augen, um besser sehen zu können, er sucht nach Spuren, wo sein Pferd gestanden hat, er schüttelt den Kopf, hält Ausschau, greift sich an den Kopf, beginnt zu schimpfen.
Erzählschritt 7: Der Bauer zeigt eine fröhliche Miene, als ob nichts geschehen sei, sein Gesicht ist aber noch vor Zorn gerötet, er ballt die Fäuste, schaut seine Frau nicht an, pfeift vor sich hin, als sei nichts geschehen. Der Bauer legt die Hand vor den Mund, gerät in Eifer, während er seine Frau zur Verschwiegenheit auffordert, fasst sie bei der Hand.

AUFGABE 10

Der Bauer murmelt etwas zwischen den Zähnen, starrt seine Frau an, scheint etwas sagen zu wollen, schluckt dann, steht mit finsterer Miene da.

AUFGABE 11

Der Bauer rannte, so schnell er konnte, querfeldein. Nach einiger Zeit blieb er stehen, schaute sich in allen Richtungen um, lief dann weiter, lauschte, ob er etwas hören konnte, schaute von einem höheren Punkt aus in die Ferne, rannte wieder los, allmählich wurden seine Schritte langsamer, er blieb stehen, niedergeschlagen kehrte er zurück, von weitem hielt er nach seinem Pferd und dem Fremden Ausschau, eilig näherte er sich der Stelle, wo er den Fremden verlassen hatte.

AUFGABE **12**

Am Mittag kam der Bauer nach Hause. Da eilte ihm seine Frau auch schon voll Freude entgegen und berichtete, dass sie einen Boten gefunden habe, der ihrem Mann, dem es im Paradies sehr schlecht gehe, Geschenke überbringen wolle. Die Zornesader schwoll dem Bauern an, als er das hörte. „Verdammt“, murmelte er zwischen den Zähnen und ritt dem Studenten schleunigst auf seinem besten Hengst nach.
Der Student ahnte nichts Gutes. Deshalb schaute er, als er sich schleunigst aus dem Staub machte, immer wieder zurück, ob ihm jemand folgte. Alsbald entdeckte er, dass sich ihm ein Mann auf einem Pferd näherte. Zufällig entdeckte er auf einem Acker ein Paar Arbeitshandschuhe und eine Schaufel. Er warf das Bündel in eine Hecke und machte sich an die Arbeit. Als der Bauer ankam, fand er einen fleißigen Bauersmann bei der Arbeit. Er fragte ihn, ob er nicht einen Mann mit einem Bündel gesehen habe. „Freilich“, antwortete ihm der Fremde bereitwillig, „als er Euch gesehen hat, ist er eilig in den Wald gerannt.“ Da bat ihn der Bauer, sein Pferd zu halten, und lief zum Wald. Am Waldrand blieb er stehen und lauschte. Dann durchstreifte er in allen Richtungen den Wald, horchte angespannt auf jeden Laut. Aber alle Mühe war vergeblich. Mit niedergeschlagener Miene machte sich der Bauer auf den Rückweg zu seinem Pferd. Von weitem hielt er nach ihm und dem Fremden, dem er es anvertraut hatte, Ausschau. Er wunderte sich sehr, dass er beide nirgends entdecken konnte. Mit eiligen Schritten kehrte er zu der Stelle zurück, wo er den Fremden verlassen hatte. Kopfschüttelnd betrachtete er den Platz, wo sein Pferd gestanden hatte. Da ging ihm plötzlich ein Licht auf. Er merkte, dass es ihm nicht besser ergangen war als seiner Frau und dass der schlaue Student auch ihn hereingelegt hatte. Fluchend machte er sich auf den Heimweg.
Im Hof empfing die Bäuerin schon ihren Mann und wollte wissen, wo er sein Pferd gelassen habe. Da der Bauer nicht zugeben wollte, wie es ihm ergangen war, versuchte er seine Wut zu verbergen. Leise vor sich hinpfeifend, als sei nichts Übles geschehen, sagte er zu seiner Frau, dass er dem Fremden sein Pferd gegeben habe, damit er schneller ins Paradies gelange.

AUFGABE **13**

Für die Nacherzählung hast du viele Vorarbeiten geleistet. Vgl. die Lösungen zu den Aufgaben 6, 8 und 12, dann hast du deine Nacherzählung.

AUFGABE **14**

Vgl. S. 236. Das Erzählfischchen ändert sich insofern, als es nur 5 Erzählschritte gibt. Erzählschritt 1–4 bleiben gleich, im 5. Erzählschritt reitet der Student eilig davon.

AUFGABE
15 Erzählschritt 1 und 3 fallen weg. Der Rest bleibt gleich.

AUFGABE
16 Ob ich ihn etwas fragen kann? Ich will es einmal probieren, ich möchte schon gerne wissen, wie es meinem lieben Hans geht, ob er auch genügend zu essen und gute Kleider hat, vielleicht kennt ihn der Student oder hat ihn einmal gesehen.

AUFGABE
17 Seine Frau war also dümmer, als er gedacht hatte! Der Gauner hatte sie ganz schön hereingelegt. Ob es Sinn hatte, ihm nachzureiten? Dann durfte er nicht lange zögern.

AUFGABE
18 Voll Wut überlegte der Bauer, wie er dem Gauner die Beute, die er bei seiner dummen Frau gemacht hatte, wieder abjagen konnte.

AUFGABE
19 ... Am Waldrand blieb ich erst einmal stehen und überlegte messerscharf. Vorsichtig schlich ich mich von Baum zu Baum. „Ich darf die Geduld nicht verlieren", dachte ich. Als schon eine Stunde vergangen war, fühlte ich mich enttäuscht. Sollte der Gauner entkommen sein? Niedergeschlagen beschloss ich, zu meinem Pferd und dem Fremden zurückzukehren. Als ich von weitem weder den Fremden noch mein Pferd entdecken konnte, dachte ich: „Vielleicht hat er sich zu einer Rast hinter der Hecke niedergelassen." Sollte er weggegangen sein? Als ich zu der Stelle kam, wo ich mein Pferd bei dem Fremden zurückgelassen hatte, war kein Zweifel mehr: Der Fremde war mit dem Pferd verschwunden. Da fühlte ich, wie ich zornig wurde.

AUFGABE
20 **Die Bäuerin erzählt:** Was für ein Glück habe ich doch neulich gehabt! Zufällig kam ein freundlicher Student vorbei, sprach mich an und erzählte von seinen weiten Reisen. Die schönste Reise hatte er ins Paradies gemacht. Auch wohnte er in einem vornehmen Hotel, wo viele reiche Leute abstiegen. Meinen armen Hans, der vor vielen Jahren gestorben ist und der mir viel lieber war als mein jetziger Mann, hat er auch dort getroffen. Aber der Arme war ganz zerlumpt. Ich war sehr traurig, als ich das hörte.

Aber der Student war so freundlich und wollte dem armen Hans bei seinem nächsten Besuch im Paradies etwas von mir mitbringen. Ich packte dem Mann ein schweres Bündel, machte ihm noch eine reichliche Mahlzeit und gab ihm auch noch unser Erspartes mit auf die Reise. Wie freute ich mich, als ich sah, wie eilig der Mann zum Paradies aufbrach!
Als mein Mann zurückkam, überbrachte ich ihm gleich die freudige Nachricht. „Was redest du?", rief mein Mann, und schon saß er auf seinem Pferd und ritt davon.
Nach einer Weile kam er zurück. Der Schweiß stand ihm auf der Stirn. Er seufzte schwer. „Ach, lieber Mann", sagte ich. „Du machst dir doch nicht etwa Sorgen um den Hans? Dem wird es bald besser gehen." „Der Mann wird sich beeilen, um rasch zu dem lieben Hans zu kommen." „Jetzt wird er noch schneller ankommen", antwortete mein Mann. „Denn ich habe ihm mein Pferd dazu gegeben." Gerührt wollte ich ihn umarmen. Er aber wollte keinen Dank, seufzte nur schwer und ging hinaus in den Stall.

Der Student erzählt: Neulich kam ich in ein Dorf. Kaum hatte ich mich ein wenig umgesehen, war mir auch schon klar, wo etwas zu holen war. Eine etwas dickliche Frau mit einem großen runden und einfältigen Gesicht stand unter der Tür eines stattlichen Bauernhauses. Ich grüßte sie freundlich, wir kamen ins Gespräch, und ich erzählte ihr von meinen Abenteuern auf weiten Reisen. Das machte ihr großen Eindruck. Als ich schließlich von meinem Aufenthalt in einem Luxushotel in Paris erzählte, geriet sie in große Aufregung. „Wie?", rief sie. „Sie kommen aus dem Paradies?" Nun wollte sie eine Menge über das Paradies von mir wissen, da sie dort ihren ersten Mann, der vor einigen Jahren gestorben war, vermutete. „Das kannst du haben", dachte ich bei mir. Als sie mich nach dem Befinden ihres ersten Mannes fragte, kam mir eine glänzende Idee. Ich fing an, zu jammern und zu klagen. „Schlecht geht es ihm, erbärmlich schlecht!" Mitleidsvoll blickte ich die Frau an. Sie war ganz außer sich. Und siehe da! Ich hatte es schlau gemacht. Sie bewirtete mich reichlich und brachte Kleider und Geld, die ich ihrem ersten Mann im Paradies übergeben sollte.
Schleunigst verabschiedete ich mich. Denn es konnte nicht mehr lange dauern, bis der Bauer nach Hause kam. Tatsächlich merkte ich, als ich einige Zeit gegangen war, dass hinter mir ein Reiter auftauchte, der nach allen Seiten Ausschau hielt. „Jetzt lass deine Schlauheit spielen", sagte ich zu mir selbst. Und siehe da! Ein paar alte Handschuhe lagen am Rande eines Ackers, daneben fand ich einen Spaten. Ich warf mein Bündel in eine Hecke, bückte mich, zog die Handschuhe über und ergriff den Spaten. Dann begann ich, eifrig im Acker zu arbeiten. Als der Reiter mich sah, fragte er: „Haben Sie vielleicht einen Mann mit einem Bündel gesehen?" „Ja", antwortete ich rasch. „Er ist eben im Unterholz dieses Wäldchens verschwunden." Der Bauer stieg vom Pferd, übergab mir die Zügel und rannte davon. Kaum war er außer Sicht, schwang ich mich auf mein Pferd und ritt, so schnell ich konnte, auf Nimmerwiedersehen davon.

Appellieren

1 Verbote – Gebote – Warnungen

AUFGABE
1 bestimmend – unhöflich – auffordernd

AUFGABE
2 Absicht:
Er möchte die Schüler auffordern, ihre Fahrräder nicht mehr am Schultor, sondern im Fahrradkeller abzustellen.

AUFGABE
3 Begründung:
Er will Ärger mit der Nachbarschaft und der Polizei vermeiden.

AUFGABE
4 freundliche Ansprache / Begründung

AUFGABE
5
a) Eure Fahrräder gehören in den Fahrradkeller. Hier behindern sie die Fußgänger. Im Interesse einer guten Nachbarschaft müssen wir künftig alle hier abgestellten Fahrräder kostenpflichtig entfernen lassen.

b) Stellt Eure Fahrräder bitte ab heute in den Fahrradkeller. Ihr erspart uns dadurch viel Ärger mit den Nachbarn und der Polizei.
Danke für euer Verständnis.

c) Denkt daran: Eure Fahrräder gehören in den Fahrradkeller!

AUFGABE
6 Die Klasse 6b hat sich für Vorschlag a) entschieden.
Begründung:
Es sind Absicht, Begründung und freundliche Ansprache in dem Text enthalten.

AUFGABE 7

Diese Aussagen müssen unterstrichen sein:
- Würdet ihr bitte ...
- Es wäre nett, wenn Sie ...
- Ich möchte Sie höflichst darauf aufmerksam machen, dass ...
- Ich bitte euch ...
- Wäret ihr bitte so freundlich und ...
- Ich bitte höflich zu beachten, dass ...
- Ich bitte darum, dass ...
- Denken Sie bitte daran, ...
- Ich danke euch für ...
- Ich bitte um Verständnis dafür, ...
- Vielen Dank für das entgegengebrachte Verständnis.

AUFGABE 8

Kinder	Erwachsene	Erwachsene und Kinder
– Würdet ihr bitte ... – Ich bitte euch ... – Wäret ihr bitte so freundlich und ... – Ich danke euch für ...	– Es wäre nett, wenn Sie ... – Ich möchte Sie höflichst darauf aufmerksam machen, dass ... – Denken Sie bitte daran, ...	– Ich bitte höflich zu beachten, dass ... – Ich bitte darum, dass ... – Ich bitte um Verständnis dafür, ... – Vielen Dank für das entgegengebrachte Verständnis.

AUFGABE 9

Formulierungsvorschläge
- Ich bitte darum, mein Zimmer nicht zu betreten, da ich zur Zeit an einer wichtigen Sache arbeite.
- Würdet ihr bitte meinen Hamster nicht aus dem Käfig nehmen. Er ist das nicht gewöhnt, und es würde ihn unnötig aufregen. Vielen Dank!
- Wäret ihr bitte so freundlich, nicht an meinem Computer zu spielen, weil ich ihn erst kürzlich geschenkt bekommen habe und nicht möchte, dass er kaputt geht.

AUFGABE 10

a) Wir bitten darum, die Baustelle nicht zu betreten, da wir weder für eintretende Unfälle noch für andere entstandene Schäden Verantwortung übernehmen können.
Eltern, achtet bitte auch auf eure Kinder!

b) Wir bitten euch, im Hausflur nicht zu spielen, da sonst andere Mitbewohner gestört werden.
Vielen Dank für euer Verständnis.

c) Wir bitten um Verständnis, den Rasen nicht zu betreten, weil die Grünfläche sonst zu sehr leidet und schon bald nicht mehr schön aussieht.

d) Würdet ihr bitte auf der vorgesehenen Spielfläche Ball spielen, um Zerstörungen des Geländes zu vermeiden.

e) Wir bitten um euer Verständnis, auf dem Schulhof nicht mit dem Rad zu fahren. Bei der Menge der Schüler könnte es leicht zu Unfällen kommen.

AUFGABE 11

Vorschlag für einen Abschnitt der Schulordnung zur Pausenregelung:
Haltet euch während der Pause bitte nur auf dem Schulhof auf, da sonst keine Aufsicht gewährleistet ist und ihr nicht versichert seid, wenn euch etwas passiert. Um andere Schüler nicht zu stören, benutzt bitte den dafür vorgesehenen Platz zum Ball spielen. Wenn ihr eure Abfälle in die Papierkörbe werft, können sich alle wohlfühlen, und niemand muss den Dreck des anderen beseitigen.

AUFGABE 12

a) – Es ist deutlich zu sehen (Signalwirkung).
– Die Aussage ist klar und für jeden verständlich.
– Es ist keine persönliche Ansprache.
– Nicht jeder kann die Sprache verstehen.

b) Warnung

AUFGABE 13

a) Man muss geradeaus fahren. [Gebot]
b) Kurvenreiche Strecke [Warnung]
c) Fußgänger müssen hier gehen. [Gebot]
d) Vorsicht Rechtskurve [Warnung]

AUFGABE 14

Verbote
– Das Radfahren auf dem Schulhof ist verboten.
– Das Betreten des Rasens ist verboten!

Gebote
- Liebe deinen Nächsten.
- Ball spielen nur auf der Wiese erlaubt.

Hinweise
- Verkauf um die Ecke

Warnungen
- Vorsicht! Anhänger schwenkt aus.
- Beim Laufenlassen der Motoren besteht Vergiftungsgefahr!

2 Werbesprüche

AUFGABEN 1+2

a) Mit dem Skateboard auf Du und Du. Hautnah das Fahrgefühl erleben!
b) Augenblick mal! Ja du! Dich meine ich! Augen auf! Dieses Skateboard kann noch heute dir gehören!
c) Hast du ein Skateboard untern Füßen,
lässt Inge nur noch dich jetzt grüßen.
d) Willst du der König der Domplatte sein? Unser schnittiges Rollbrett setzt die Krone auf! Die Geldausgabe lohnt sich. Also ran!!!
e) Von namhaften Sportlern empfohlen: – Light-Skateboard – Spurgenaue Fahreigenschaften, butterweiche Federung, mehrfach gelagert, superleicht, soft, wettkampfgeeignet, TÜV-geprüft, absolut sicher!
f) Das reine Fahrvergnügen, schrille Farbtöne, Lichtreflexe, besonders nachts im Scheinwerferlicht sehr wirkungsvoll. Damit schindest du bei jeder Flamme Eindruck!
g) De kleene, dicke Dieter sät zu singem Papp: „Papp, ich muss e Rollbrett han ...“ Du brauchst auch eins! Nur damit bist du in, kannst mit deinen Freunden konkurrieren. Kauf dir eins!

AUFGABE 3

c) ist gereimt. Absicht: Durch den Reim prägt sich der Spruch besser ein.

AUFGABE 4

a) Auf Du und Du mit dem Skateboard.
Das Fahrgefühl hautnah erleben.
Es ändert sich nichts.

c) Inge lässt nur dich jetzt grüßen,
hast du ein Skateboard untern Füßen.
Der Reim bleibt bestehen. Das Skateboard rutscht in die zweite Zeile, wird dadurch weniger wichtig.

Grüßen lässt Inge nur dich,
hast du ein Skateboard untern Füßen.
Der Reim ist aufgehoben. Der Spruch prägt sich nicht mehr so gut ein.

AUFGABE 5

In f) wird das Produkt nicht erwähnt. Durch die Umschreibungen wird jedoch deutlich, worum es sich handelt.

AUFGABE 6

e) Das Produkt soll seriöser als andere wirken.

AUFGABE 7

Informationen	Scheininformationen
– Light-Skateboard	– hautnahes Fahrgefühl
– spurgenau butterweiche Federung	– mit Skateboard wirst nur du gegrüßt
– mehrfach gelagert	– namhafte Sportler
– breite Standfläche	– reines Fahrvergnügen
– schrille Farbtöne	– sehr wirkungsvoll
– Lichtreflexe	– Du kannst konkurrieren
– TÜV-geprüft	– Die Geldausgabe lohnt sich.

AUFGABE 8

1. c)
2. e)
3. a) e) f)
4. e) f)
5. b) c) d) f) g)
6. d) e) f)
7. c) d) f) g)

AUFGABE 9

Ohne Lösung

3 Etwas zum Verkauf anbieten

AUFGABE 1

a)

	Anschlag 1	Anschlag 2
Ski	1,50 m lang, Bindung 75 €	Atomic. 1,50 m lang, für All-round-Fahrer, geschliffene Kanten, Marker-Bindung 75 €
Schuhe	Gr. 36, 40 €	weiß, Gr. 36, bequem, 40 €
Stöcke	5 €	Zugabe

b) Zeichnung, besser grafisch gestaltet, Gesamtpreis ist angegeben.

AUFGABE 2

Anforderungen	Anschlag 1	Anschlag 2
1	nb	b
2	tb	b
3	b	b
4	nb	b

AUFGABE 3

Ohne Lösung

4 Zum Geburtstag einladen

AUFGABE 1

In eine Geburtstagseinladung gehört unbedingt:
- die Adresse, wo der Geburtstag stattfindet,
- das Datum, an dem der Geburtstag stattfindet,
- die genaue Anfangszeit und der Schluss des Festes.

In der ersten Einladung stehen nur Anfangszeit und Schluss. In der zweiten nur das Datum.
Alle anderen wichtigen Informationen fehlen.

AUFGABE 2

Liebe 6b (ist weniger steif als Martins Anrede).

Mein Geburtstag steht vor der Tür, und ich möchte euch alle herzlich dazu einladen. In unserem Partykeller ist genug Platz für uns. Überraschungen gibt's und Musik und was zu essen ... Na ja, bleibt nur noch zu sagen, wann's losgeht, nämlich am 16. 6. um 16 h (Schluss etwa um 21h).

Also bis dann
euer Martin

(Martin lädt alleine ein, es ist ja schließlich auch sein Geburtstag. Er vermeidet in dieser Einladung umständliche altmodische Formulierungen wie ‚wir würden uns glücklich schätzen' usw.)

AUFGABE 3

Anrede ist sehr locker.
Formulierungen entstammen z.T. der Jugendsprache: „Wenn ihr gut drauf seid."

AUFGABE 4

Name Kleinstadt, den 11. 6. 1989

Liebe 6b,
wie jedes Jahr um diese Zeit habe ich mal wieder Geburtstag. Da bei mir zu Hause genug Platz ist, lade ich euch alle herzlich ein. Los geht's am 16. 6. um 16 h. Gegen 21 h wird dann Schluss sein. Für diejenigen, die noch nie hier waren, die Adresse:
Kleinstadt-Nord, Eichweg 9.
Ihr könnt die Linien 5 und 9 bis Haltestelle Parkstraße nehmen. Außer dem Üblichen gibt's dann noch eine Überraschung für alle – ich kenne sie aber selbst noch nicht.

Also bis dann
euer/eure ....

AUFGABE 5

Die Einladung ist wie eine Warnung geschrieben, obwohl Michaela beabsichtigt einzuladen.

AUFGABE 6

Z.B. „Ich muss Sie dringend davor warnen ..." oder „Ohne meine Einwilligung haben sie ..."

AUFGABE 7

Ohne Lösung

5 Einen Entschuldigungsbrief schreiben

AUFGABE 1

Die ersten vier Sätze können entfallen. Du beginnst am besten so:
Auf unserer Fahrradtour am Pfingstsonntag bin ich mit deinem Rad gegen einen Grenzstein gefahren …

AUFGABE 2

a) Die ersten drei Gründe sind brauchbar.

b) Die Formulierungen 2 und 4 sind brauchbar.

AUFGABE 3

a) und c) überzeugen, wobei c) noch besser ist, weil eine zusätzliche Entschädigung angeboten wird.

AUFGABE 4

Der Satz „Das tut mir natürlich leid“ müsste geändert werden, weil er für eine Entschuldigung nicht ausreicht.
Der letzte Satz klingt nicht überzeugend genug.

AUFGABE 5

Mögliche Fassung:

Köln, 2. 6.

Lieber Mischa,
auf unserer Fahrradtour am Pfingstsonntag habe ich durch meine Unaufmerksamkeit dein Fahrrad beschädigt. Ich bin auf einen Grenzstein gefahren, der natürlich im Weg stand. Hätte ich aber aufgepasst, wäre wahrscheinlich nichts passiert. Selbstverständlich lasse ich dein Rad wieder reparieren, denn ich möchte nicht, dass du dich ärgerst.

Viele Grüße
dein Patrick

AUFGABE 6

mir, Ihr, Ihren, meine, ihre, Ihrer, sie, mir, ich, Sie, ich, meinem, Sie, Sie

AUFGABE **7**

1. Liebe Tante Maria, 2. Lieber Herr Wolff, 3. Sehr geehrter Herr Moritz,

AUFGABE **8**

Mögliche Lösung:

Köln, 5. 8.

Lieber …,
anstelle meines Briefes wirst du sicher ein Päckchen mit deiner Videokassette erwartet haben. Leider muss ich dich enttäuschen, mir ist nämlich ein Missgeschick passiert. Weil ich am Sonntag mit den Pfadfindern unterwegs war, wollte ich die „Vorstadtkrokodile“ aufnehmen. In der Eile habe ich statt einer Leerkassette deine bespielte eingelegt – und nun ist alles gelöscht. Es tut mir außerordentlich leid, aber den Schaden kann ich nun nicht mehr gutmachen. Kann ich dir statt dessen einen meiner Filme überspielen? Ich lege dem Brief eine Liste bei, such' dir bitte einen aus!

Viele Grüße
…

6 Ein Rundschreiben aufsetzen

AUFGABE **1**

Liebe Eltern, An alle Eltern,

AUFGABE **2**

2, 3, 6, 8

AUFGABE **3**

2. Ohne eure Hilfe schaffen wir es nicht, da die Unkosten entsetzlich hoch sind.

Es wird an die Hilfe der Eltern appelliert mit der Begründung, dass es sonst nicht zu schaffen ist. Den Eltern wird somit das Gefühl vermittelt, gebraucht zu werden.
Bei a) und b) liegt keine Begründung vor, c) enthält ebenfalls keine Begründung, da es sich ja um ein Fest der Schüler und nicht der Eltern handelt.

AUFGABE 4

3. Tragt bitte auf dem unteren Abschnitt ein, ob ihr helfen und welche Spende (Geld oder anderes) ihr zu unserem Fest machen wollt.
6. Cola und Chips bieten wir nicht mehr an, statt dessen gibt es ungeschwefelte Trockenfrüchte und frisch gepresste Säfte. Dazu benötigen wir dringend einige Saftpressen.
8. Unsere Wahnsinnsdisco endet um 20 Uhr. Bis dahin sind wir sicher genug in Schweiß geraten. Vielleicht habt ihr auch Lust, bei uns hereinzuschauen.

AUFGABE 5

möglich sind b) und c)

AUFGABE 6

Liebe Eltern,
wie ihr euch sicher denken könnt, wollen wir auch in diesem Jahr wieder ein Sommerfest veranstalten. Alle freuen sich schon riesig darauf. Aber wie schon im letzten Jahr, haben wir heute bemerkt, dass wir es ohne eure Hilfe nicht schaffen, da die Unkosten so entsetzlich hoch sind. Tragt bitte auf dem unteren Abschnitt ein, ob ihr helfen und welche Spende (Geld oder anderes) ihr zu unserem Fest machen wollt. Cola und Chips bieten wir nicht mehr an. Statt dessen gibt es ungeschwefelte Trockenfrüchte und frisch gepresste Säfte. Dazu benötigen wir dringend einige Saftpressen. Selbstverständlich seid ihr alle ganz herzlich eingeladen, unser Sommerfest zu besuchen. Vielleicht habt ihr Lust, in eine Wahnsinnsdisco reinzuschauen (Ende: 20 Uhr).
Also, auf zum Sommerfest!

Mit freundlichen Grüßen
Die SV des Städtischen Gymnasiums

7 Einen Beschwerdebrief schreiben

AUFGABE 1

Es fehlen:
- genauere Informationen über das Problem
- Begründungen für die Forderung
- eine abschließende Grußformel

– eine Datumsangabe

Du solltest höflicher formulieren:
– Anredeform klingt zu vertraulich
– statt „Wir protestieren“ zuerst das Problem beschreiben
– statt „fordern“ „dringend bitten“ usw.

AUFGABE 2

– Er ist höflicher formuliert.
– Er enthält genauere Informationen.
– Er enthält Begründungen (z.B. den Hinweis auf die Unfallgefahr).

AUFGABE 3

In einem Beschwerdebrief von Autofahrern könnten alle aufgeführten Gründe auftauchen. Aus der Sicht von Autofahrern sind aber sicher die folgenden von besonderem Interesse:
Unfallgefahr durch Erschrecken, Gefährdung von Passanten, häufige Sachschäden, unnötige Konflikte zwischen Erwachsenen und Jugendlichen, Sicherheit für die eigenen Kinder.

AUFGABE 4

Hermann Schmitz
Kleinstadt, den ...

Betr.: Unfallgefahr durch Fußball spielen auf ungesichertem Bolzplatz

Sehr geehrter Herr Oberstadtdirektor,
gerade in jüngster Zeit hat die Zahl an Sachschäden und Beinahunfällen rund um den Bolzplatz Lederstraße beängstigend zugenommen. Auf die Straße rollende Fußbälle erschrecken die Autofahrer, und es kann zu gefährlichen Fehlreaktionen kommen. Wegen dieser Zwischenfälle gibt es immer häufiger unnötige Konflikte zwischen Autofahrern und Jugendlichen. Auch wegen der Sicherheit unserer eigenen Kinder, sei es, dass sie selbst Fußball spielen, auf der Straße Rad fahren o. ä., bitten wir Sie dringend, umgehend für eine Sicherung des Bolzplatzes, z.B. durch ein Gitter, zu sorgen. Wir wären Ihnen dankbar, wenn Sie uns bald eine positive Antwort zukommen lassen könnten.

Mit freundlichen Grüßen
Hermann Schmitz

8 Ein Flugblatt entwerfen

AUFGABE
1 Wahrscheinlich die letzte, denn sie enthält eindeutig, um welches Problem es geht und bei welchem Ziel die Autofahrer die Jugendlichen unterstützen sollen.

AUFGABE
2 Z.B.: Auch Ihr Kind fährt Fahrrad – Radwege sind keine Parkplätze!
Kinder können nicht nur aus dem Fenster gucken – unsere Wiese soll Spielwiese werden!

AUFGABE
3 d, e, f, g, i, j, k, l

AUFGABE
4 Das Flugblatt von Mischa dürfte die Autofahrer eher verärgern als zur Unterstützung der Fußballer zu dienen. Es greift die Autofahrer unnötig an, unterstellt ihnen z.B. Faulheit, mangelndes Interesse und anderes.
Wichtige Informationen und Begründungen zu dem Problem, der Bedeutung des Bolzplatzes für die Jugendlichen, und nicht zuletzt das Ziel des Flugblatts (Unterschrift der Autofahrer und Unterstützung der Jugendlichen gegenüber der Stadtverwaltung) werden in Mischas erstem Flugblattentwurf nicht genannt.

AUFGABE
5 Ohne Lösung

AUFGABE
6 Kurze Sätze, Scheinfragen (Fragen, in denen die Antwort schon enthalten ist), Gegenüberstellungen (Wir – Sie), gleiche Satzanfänge (Das ist – Das könnte), Wortspiele (das Fußball-Aus – das Aus im Sinn von Ende), viele direkte, d.h. offene Aufforderungen (Geben Sie in den nächsten Tagen ...!)

Das Flugblatt enthält Zeichnungen zur Veranschaulichung, verschiedene Schriftgrößen, um Wichtiges hervorzuheben, jeden Satz in einer eigenen Zeile, um seine Bedeutung hervorzuheben.

AUFGABE

7 „Sollten wir nicht zusammen etwas unternehmen? Mit Ihrer Unterschrift helfen Sie …“

AUFGABE

8 Ohne Lösung

Beschreiben

1 Eine Person beschreiben

AUFGABE 1

Carstens Beschreibung: ganz dunkle Sachen; Gesicht sah irgendwie komisch aus; trug irgendwas Gelbes, vielleicht ein Hemd.
Svens Beschreibung: ungefähr 1,90 m groß, schwarze Jeans, schwarzen Pullover, ziemlich dickes Gesicht, blonde Haare, wesentlich kleiner, grünes Sweatshirt, Westernboots, braune Haare, Halbglatze, humpelte (?)

AUFGABE 2

Nur Svens Beschreibung ist brauchbar, da er genaue Angaben über das Aussehen der beiden Täter macht (genaue Größe, Kleidung, Haarfarbe usw.).

AUFGABE 3

In Carstens Aussage sind außer dem ersten Satz und der Information „Er trug irgendwas Gelbes …" alle Informationen für eine Täterbeschreibung unbrauchbar (viel zu ungenaue Aussagen, Aussagen über einzelne Handlungen, Aussagen über Gefühle des Beobachters).
In Svens Aussage ist genau genommen nur der letzte Satz überflüssig, da er keine neuen Aussagen über das Aussehen der Täter beinhaltet.

AUFGABE 4

Wenn das Spiel nicht geklappt hat, überlege mit demjenigen, der eine von dir beschriebene Person erraten sollte, was in deiner Beschreibung fehlte.

2 Ein Tier beschreiben

AUFGABE 1

Man erfährt nur, wie Hans und Sven die Kaninchen gefallen. Man erfährt nicht, wie sie aussehen und wie sie sich verhalten.

AUFGABE **2**

Lieber Klaus,
habe mir gerade zwei Zwergkaninchen gekauft. Die müsstest du sehen. Sven und ich sitzen jetzt dauernd im Garten und beobachten sie. Wenn ich ihnen Salat hinwerfe, kommen sie sofort angehoppelt und fangen gemächlich zu mümmeln an. Auch der härteste Brotkanten wird sofort weggeknabbert. Ein ungewohntes Geräusch und sofort richten sie ihre kleinen Ohren auf. Wenn ich zu schnell auf sie zugehe, hören sie auf zu fressen, schauen aufmerksam mit ihren schwarzen Augen, noch ein Schritt, und sie klopfen laut mit ihren Hinterläufen auf den Boden und huschen blitzschnell ins Gebüsch. Oft dösen die beiden träge in der Sonne. Ihr schwarzweiß geflecktes Fell glänzt dann seidig. Ständig zittern ihre langen Barthaare, ihre rosa Nasen zucken, sie lecken sich gegenseitig das Fell, rupfen einander auch schon einmal kleine Büschel davon aus, beschnuppern sich, recken sich manchmal fast bis zur doppelten Körperlänge und reißen ihre winzigen Mäuler mit den kleinen, roten Zungen und den langen Nagezähnen auf. Ihre Vorderläufe sind ganz kurz und ihre Vorderpfoten winzig. Mit ihnen scharren und graben sie emsig kleine Höhlen und reißen dabei mit ihren Zähnen Wurzelstücke aus der Erde.
Ich könnte dir noch viel mehr von ihnen erzählen. Aber du sollst sie dir selbst anschauen.

Bis bald
dein Markus

AUFGABE **3**

Der Leser erfährt nicht, wie Zwergkaninchen aussehen, er erfährt nur allgemein und zu ungenau, wie sie sich verhalten.

AUFGABE **4**

a) ist eine Beschreibung

b) ist keine Beschreibung, weil dieser Text nur eine allgemeine Information über den Schäferhund gibt.

AUFGABE **5**

Hast du

a) Aussehen und

b) Verhalten genau und anschaulich beschrieben?

AUFGABE 6

Verhalten: unruhig, unermüdlich schnürt er hin und her, er scheint etwas zu suchen.
Aussehen: Gestalt ist langgestreckt und niedrig, Kopf nach unten gesenkt, spitze Schnauze, rotes Fell, das an … Die Augen zu schmalen Schlitzen zusammen gekniffen, buschige Rute beschreibt …

AUFGABE 7

Ein Fuchs

AUFGABE 8

Ohne Lösung

3 Den treffenden Ausdruck finden

AUFGABE 1

Ein spielendes Kind hüpft.
Ein Boxer tänzelt.
Ein Verletzter schleppt sich vorwärts.
Ein Betrunkener torkelt.
Ein General schreitet.
Ein Mann mit Gipsfuß humpelt.
Eine alte Frau schlurft.

AUFGABE 2

Ohne Lösung

AUFGABE 3

gehen – schreiten – schleichen – humpeln – torkeln
laufen – rennen – rasen – flitzen – sausen
schreien – brüllen – kreischen – heftig weinen – sehr laut rufen
weinen – heulen – flennen – jammern – schluchzen
lachen – kichern – lächeln – grinsen – wiehern

AUFGABE 4

a) Meerschweinchen: tritt aus, galoppiert davon (passt auf Verhalten von Pferden)

Schildkröte: schlängelt sich, mümmelt, rollt sich zusammen (passt auf eine Schlange, ein Kaninchen, einen Igel)
Kuh: knabbert, trippelt, röhrt (passt auf Kaninchen, Maus, Hirsch)
Wellensittich: mit weiten Schwüngen, schlingt hinunter, springt mit einem gewaltigen Satz (passt auf Adler, Wolf, Panther)

b) Meerschweinchen: tritt nach hinten, flitzt davon
Schildkröte: schiebt sich, verschlingt, zieht sich in ihren Panzer zurück
Kuh: frisst, stakst, brüllt
Wellensittich: mit wildem Geflatter, pickt auf, hüpft behende

c) Gegenwartsform: Etwas Typisches, häufig Wiederkehrendes wird beschrieben.
Vergangenheitsform: ein einmaliges Verhalten wird beschrieben.

AUFGABE **5**

Z.B. der Hund unter der Dusche:
Als ihn der erste Wasserstrahl traf, jaulte er laut auf und versuchte, aus der Dusche zu springen. Dabei rutschte er aus, sein Bauchfell troff jetzt vor Nässe. Mit scharrenden, rasselnden Bewegungen seiner Vorderpfoten versuchte er wieder Halt zu finden. Sein Jaulen ging jetzt in ein leises Winseln über. Sein Fell war dunkel geworden vor Nässe, immer wieder schüttelte er sich, dass die Tropfen flogen. War er mit trockenem Fell noch groß erschienen, so stand er jetzt wie nackt und deutlich geschrumpft da. Das Fell lag ihm klatschnass am Körper, aus seinem stattlichen Schweif war ein dünner, fransiger Schwanz geworden.

AUFGABE **6**

ziemlich lange, hüpft, Katze läuft, Maus läuft, der Mund von Maunz

AUFGABE **7**

Maunz auf Mäusejagd
Maunz heißt meine Katze. Ihre Lieblingsbeschäftigung ist die Mäusejagd. Stundenlang wartet sie vor dem Mauseloch. Wenn eine Maus aus dem Loch schaut, wird Maunz besonders aufmerksam. Verlässt die Maus das Loch, springt meine Katze auf sie zu und versucht, sie mit den Pfoten zu schlagen. Wenn sie die Maus nicht sofort fängt, so jagt sie ihr so lange hinterher, bis sie ihre Beute hat oder bis diese wieder in ihr Loch gehuscht ist. Das ist natürlich unheimlich spannend. Mit viel Geduld liegt Maunz dann wieder vorm Mauseloch und wartet. Dabei schlägt sie ständig mit dem buschigen Schwanz auf den Boden. Ihre Hinterbeine sind sprungbereit. Ihr Nackenfell steht in die Höhe. Ihre Muskeln sind angespannt, ihre

Augen wie Schlitze. Erscheint die Maus erneut, dann ist Maunz pfeilschnell, die scharfen Krallen ausgefahren, bei ihr. Die Maus flitzt noch einmal davon. Doch Maunz packt sie. Dann spielt sie noch eine Zeitlang mit ihrer Beute, bis diese tot ist. Wenn sie schließlich die Maus behutsam davonträgt, sieht man, wie groß das Maul von Maunz ist. Ihre grünen Augen sind nun wieder weit geöffnet. Maunz sieht jetzt ganz zufrieden aus.

AUFGABE 8

trottet, magere, borstige, silbergraue, schlängelt sich, stachelige, duftenden, erstarrt, mit geöffneten Mäulern, gekrümmten Rücken, mit gesträubtem Fell, steil aufgerichteten Schwänzen, mit hallendem Knurren, kleinen, schniefendes, schnüffelndes und balgendes Durcheinander.

AUFGABE 9

Z.B.: Hungrig <u>schlängelte</u> sich die Boa constrictor durch <u>stacheliges</u> Unterholz. Plötzlich liegt ihr <u>gekrümmter</u> Körper ganz ruhig, vor ihr <u>erstarrt</u> ein Streifenhörnchen, das seidige Fell <u>sträubt sich</u>.

4 Beschreiben und Deuten

AUFGABE 1

Wenn meine Mutter ärgerlich wird, dann legt sie ihre Stirn in Falten und spricht mit ganz leiser Stimme.
Wenn sich ein Baby freut, dann strampelt es und kräht laut.
Wenn ein Hund Angst hat, dann zieht er den Schwanz ein und legt die Ohren an.
Wenn eine Katze müde ist, dann werden ihre Augen ganz klein, sie gähnt und rollt sich zusammen.
Wenn ein Pferd sich erschreckt, dann tritt das Weiße in seinen Augen hervor und es tänzelt unruhig hin und her.
Wenn ein Wellensittich sich erschreckt, dann flattert er aufgeregt in seinem Käfig umher.
Wenn der Mann etwas sehr lustig findet, dann schlägt er sich auf die Schenkel und lacht aus vollem Hals.
Wenn eine Schildkröte Angst bekommt, dann zieht sie Kopf und Beine ein.
Wenn ein Baby wütend wird, dann schreit es so laut, dass sein Gesicht rot anläuft.

AUFGABE **2**

Deutend: zufrieden, sie will ..., sie genießt, erhaben, aufmerksam, unruhig
Beschreibend: schnurrt, räkelt sich, entspannt, bewegt sich, stolziert, mit hoch aufgerichtetem Schwanz, mit einem Satz.

AUFGABE **3**

Z.B. zwei fremde Hunde, die sich begegnen: Schon von weitem nehmen sie einander wahr, reißen an den Leinen, sehen nicht mehr nach rechts noch links, hören auf keinen Befehl. Nur noch zwei Meter voneinander entfernt bleiben sie stehen, wie erstarrt, mustern sich neugierig, vielleicht ängstlich. Erfreut beginnen sie plötzlich mit den Schwänzen zu wedeln, ein Ruck an den Leinen und ihre feuchten Nasen sind dicht beieinander. Überall untersuchen sie sich jetzt, und glücklich kläffen sie sich an, übermütig springen sie aufeinander los und raufen und hecheln und japsen.

AUFGABE **4**

Beschreibung des Aussehens: weißer Bauch, schwarzer Rücken, goldgelbe Halskrause, gerade nach vorn stehende Schwimmfüße, mit seinem kleinen flachen Kopf, mit dem spitzen, waagerecht vorragenden Schnabel und den flossenartigen Flügeln
Beschreibung des Verhaltens: seine Augen schauen aufmerksam, völlig unbeweglich steht er da
Deutung von Aussehen und Verhalten: aufmerksam, wirkt würdig und ernsthaft, wirklicher König

AUFGABE **5**

Er stellt ihn nur positiv dar. Besonders deutlich wird die Haltung des Autors am Schluss, wenn er schreibt: Ein wirklicher König.

AUFGABE **6**

Abneigung: hinterhältig, eitel, tölpelhaft, mordlustig, eingebildet, bissig, plump
Sympathie: bescheiden, zartlich, geschickt, klug, stolz, anschmiegsam

AUFGABE **7**

Z.B. eine Ratte: wurmartiger Schwanz, schmutzigbraunes Fell, fetter Leib, kleine rote Augen, hockt, schreit schrill usw.
Z.B. eine Katze: seidiges Fell, bernsteinfarbene Augen, schlanker Körper, samtene Pfoten, anmutige Bewegungen, springt elegant, mit stolz erhobenem Schwanz

5 Einen Gegenstand beschreiben

AUFGABE **1**

Es ist nicht einfach, das Rad wiederzufinden, weil die Beschreibung zu ungenau ist.

AUFGABE **2**

Silbernes Rennrad, chinesische Rundlaufklingel, es läuft ganz super
Für das Aufspüren des Rades ist es unerheblich, ob es gut oder weniger gut läuft.

AUFGABE **3**

Beispiel: schwarzes Gestell, rote Schutzbleche, verchromter Scheinwerfer …

AUFGABE **4**

… an dem zu beiden Seiten Handbremsen angebracht sind. Gestell und Schutzbleche sind silbern. Der Gepäckträger ist am Gestell befestigt. Der ovale Scheinwerfer ist schwarz lackiert. Schlussleuchte und Rückstrahler sind rund. Das Rad ist mit einer 10-Gang-Kettenschaltung ausgestattet. An der rechten Seite des Lenkers ist eine chinesische Rundlaufklingel befestigt.

AUFGABE **5**

a)

Eiskugelformer	Fleischmesser	Spaghettizange
– Griff aus weißem Plastik – Loch zum Aufhängen – verchromter, halbkugelförmiger Kopf zum Ausstechen der Eiskugeln	– grauer Plastikgriff mit abgerundeter Ecke – Rillen, damit Daumen und Finger nicht abrutschen – Schutzkante zur Vermeidung von Schnittwunden – lange Stahlklinge, die sich in der Mitte verjüngt und nach oben etwas breiter wird, bevor sie spitz zuläuft, zum Zerteilen des Fleisches	– ganz aus verchromtem Stahl – beweglich, an jeder Seite sechs Zähne zum Greifen der Spaghetti – an der Krümmung Haken zum Aufhängen an Topf, Schüssel oder Wandhalterung

b) Beispiel: Eiskugelformer
Ein Eiskugelformer ist ein Gerät, mit dem man auch zu Hause aus großen Eispackungen Kugeln formen kann. Er hat einen Griff aus

weißem Plastik mit einem Loch am oberen Ende. Daran kann man ihn an einem Haken aufhängen. In diesem Griff steckt der verchromte, halbkugelförmige Kopf, mit dem man die Eiskugeln ausstechen kann.

AUFGABE **6** Tennisball

AUFGABE **7** Ohne Lösung

6 Eine Gebrauchsanleitung verfassen

AUFGABE **1** 1-Waage, 2-Schüssel, 3-Digitalanzeige, 4-Drucktaste, 5-Bodenplatte mit Batteriefach

AUFGABE **2**

- Waage arbeitet mit Batterie
- 6 x 1,5 V-Mignon-Zellen ins Batteriefach auf der Bodenplatte einsetzen
- Waage muss gerade stehen
- jedes Gefäß wie Teller, Tasse, Schüssel kann benutzt werden
- Gefäß auf die Waage stellen
- Bedienungstaste drücken
- warten, bis 0 im Anzeigenfeld aufleuchtet
- Waage ist wiegebereit
- Gewicht erscheint im Anzeigenfeld
- Waage ist auch ohne jedes Gefäß benutzbar
- lediglich Bedienungstaste drücken und warten, bis 0 aufleuchtet
- Anzeige erlischt nach 20 Sek.
- weitere Mengen können zugewogen werden
- Taste drücken, wenn erste Zutat abgewogen ist
- es erscheint wieder 0 im Anzeigenfeld
- zweite Teilmenge wiegen usw.
- höchste Tragkraft 1000 g

AUFGABE **3**

<u>Die Digitalwaage</u>

Die Digitalwaage arbeitet mit Batterien. Dazu musst du zunächst sechs handelsübliche 1,5 V-Mignon-Zellen ins Batteriefach auf der Bodenplatte einsetzen. Vor dem Gebrauch musst du unbedingt darauf achten, dass die Waage gerade steht. Zum Abwiegen kannst du jedes Gefäß wie Teller, Tasse oder Schüssel benutzen, du musst es nur auf die Waage stellen. Nun drückst du die Bedienungstaste und wartest, bis die 0 im Anzeigenfeld aufleuchtet. Jetzt ist die Waage wiegebereit, und du kannst deine Zutaten abwiegen. Das Gewicht erscheint im Anzeigenfeld. Selbstverständlich kannst du das Gerät auch ohne jedes Gefäß benutzen. Dazu drückst du lediglich die Bedienungstaste und wartest auf die 0. Nach 20 Sek. erlischt die Anzeige. Wenn du willst, kannst du weitere Mengen zuwiegen. Das geht folgendermaßen: Wenn die erste Zutat abgewogen ist, drückst du die Taste. Es erscheint wieder die 0. Anschließend kannst du die zweite Teilmenge wiegen usw., usw. Du musst aber darauf achten, dass die höchste Tragkraft 1000 g beträgt.

AUFGABE **4**

Sie sind a) im Passiv, b) in der Höflichkeitsform, c) im unpersönlichen „man“ abgefasst.

AUFGABE **5**

Sie sind für unbekannte Benutzer bestimmt.

AUFGABE **6**

Dazu muss man ...
Dazu müssen Sie ...
Dazu müssen sechs handelsübliche 1,5 V-Mignon-Zellen ins Batteriefach auf der Bodenplatte eingesetzt werden.

AUFGABE **7**

Für das Abspielen von Kassetten benötigt man 4, 5, 6, 7, 8, 9, 10, 11, 12, 13, 15, 17, 18.

AUFGABE **8**

- Druck auf Eject-Taste (5)
- Kassette mit Band nach oben einlegen
- Laufrichtung beachten
- Deckel zudrücken
- Schalter (4) in Stellung Tape, Radio off bringen
- auf Play-Taste (8) drücken
- Lautstärkeregler (11), Tonregler (13), Balanceregler einstellen
- Taste (9) für Schnellvorlauf

- Taste (7) zum Rückspulen
- (17) Bandzählwerk zum Suchen der Titel
- Taste (10) zum Unterbrechen der Musik
- Stopp-Taste zum Anhalten des Bandes

AUFGABE

9 Mit einem Druck auf die Eject-Taste (5) öffnest du das Kassettenfach und legst die Kassette mit dem Band nach oben ein. Der Pfeil auf dem Fach zeigt dir die Laufrichtung an. Nachdem du den Deckel zugedrückt hast, kannst du den Schalter (4) in die Stellung Tape, Radio off bringen. Nun drückst du auf die Play-Taste (8) und kannst Musik hören, vorausgesetzt du hast Lautstärkeregler (11), Tonregler (13) und Balanceregler richtig eingestellt. Mit der Taste (9) bedienst du den Schnellvorlauf, und mit der Taste (7) kannst du zurückspulen. Das Bandzählwerk (17) hilft dir beim Suchen der einzelnen Titel auf der Kassette. Taste (10) kannst du benutzen, wenn du nur einmal kurz die Musik unterbrechen willst. Wenn du keine Musik mehr hören willst, drückst du einfach auf die Stopp-Taste.

7 Einen Vorgang beschreiben

AUFGABE

1 Uschis Merkzettel enthält keine Informationen, wie, sondern nur wie oft der Hamsterkäfig sauber gemacht werden soll.

AUFGABE

2
- Der Käfig muss alle drei Tage gesäubert werden.
- Schütte die schmutzige Streu bitte in den Mülleimer.
- Wasche den Käfig mit Wasser und einem Spülmittel aus.
- Reibe ihn gründlich trocken.
- Schütte Streu aus dem Zoogeschäft hinein und lege auch etwas Watte dazu, damit Joschi sich ein Nest bauen kann.

AUFGABE

3
- Stelle das Aquarium auf eine ebene, weiche Unterlage. Wenn das Wasser auf den Aquariumboden drückt, besteht sonst die Gefahr, dass die Glasscheiben brechen.
- Schließe die Pumpe, die Heizung, den Filter und die Beleuchtung an und achte dabei auf die beiliegenden Gebrauchsanleitungen für alle Geräte.

– Das Wasser 24 Stunden ruhen lassen.
– Erst danach die Wasserpflanzen und die Fische einsetzen. Du darfst dabei die Fische auf keinen Fall anfassen.

AUFGABE 4

Ohne Lösung

AUFGABE 5

Ohne Lösung

AUFGABE 6

Zuerst zeichnet man auf ein in der Mitte gefaltetes Blatt Papier oder Pappe die Seitenansicht einer Maus. Durch das Ausschneiden erhält man eine symmetrische Figur, die in der Mitte einen Knick hat. Der Schwanz der Maus kann so gebogen werden, dass er ihr Stabilität verleiht. Die Ohrlinie wird bis zu den Kreuzen eingeschnitten, so dass man den Kopf nach hinten biegen kann. Mit Klebstoff werden ihr nun noch Schnurrbarthaare angeklebt.

8 Rezepte aufschreiben

AUFGABE 1

Es fehlen genaue Mengenangaben.

AUFGABE 2

250 g Butter, 200 g Zucker, 5 Eier, 1 Päckchen Vanillezucker, 250 g Mehl, 1 Teelöffel Backpulver
Belag: 50 g Zucker, 50 g Mandelblättchen, 50 g Butter

AUFGABE 3

Der genaue Rührvorgang, die Backtemperatur, die Backzeit und die Angabe über die Einschubleiste im Herd fehlen.

AUFGABE 4

Zuerst Mehl, Backpulver und Zucker in die Rührschüssel eines Handrührgerätes geben. Nun die übrigen Zutaten hinzufügen. Alle Zutaten mit dem Rührbesen zu einem sahnig-cremigen Teig verarbeiten. Erst wenn das

Mehl nicht mehr stäubt, auf eine höhere Einstellung schalten. Den Teig gleichmäßig auf ein gefettetes Blech streichen. Zum Schluss mit Zucker, Butterflöckchen und Mandeln bestreuen. Auf die mittlere Einschubleiste einsetzen und 15 bis 20 Minuten bei 210° backen. Nach dem Herausnehmen sofort in Stücke schneiden.

AUFGABE **5**

Ohne Lösung

AUFGABE **6**

Zutaten, Belag, Vanillezucker, Teelöffel, Mandelblättchen, sahnig-cremig, Teig, stäubt, Handrührgerät, Rührbesen, Butterflöckchen, bestreuen, gefettetes Blech, mittlere Einschubleiste (es gibt noch eine obere und eine untere Einschubleiste)

AUFGABE **7**

Gramm (g), Esslöffel (El), Teelöffel (Tl), Kaffeelöffel (Kl), Prise, Kilogramm (kg), Liter (l), Tasse, Milliliter (ml)

AUFGABE **8**

Kaiserschmarrn	Zutaten:	250 g Mehl	4 Eier
		3/8 l Milch	20 g Butter
		1 Prise Salz	75 g Sultaninen
		1 gehäufter Tl Zucker	Fett zum Backen
			Zucker zum Bestreuen

Zubereitung

Mehl, Milch, Salz, Zucker, Eier und Butter in die Rührschüssel eines Handrührgerätes geben. Alle Zutaten mit dem Rührbesen zu einem glatten Teig verarbeiten. Zum Schluss die Sultaninen untermengen. In das heiße Bratfett etwa 1/2 cm hoch Teig füllen. Von beiden Seiten goldgelb backen. Mit zwei Gabeln zerteilen, leicht weiterrösten. Anschließend mit Zucker bestreuen und eventuell mit Obst anrichten.

9 Spielregeln aufschreiben

AUFGABE **1**

Die Fragen müssen in dieser Reihenfolge stehen:
1. Wie viele Personen können mitspielen?
2. Was braucht man für das Spiel? (Material)
3. Was muss man machen, bevor das Spiel beginnt?
4. Wer beginnt?
5. Wie fängt das Spiel an?
6. Wie verläuft das Spiel? (Richtung, Reihenfolge, Verbote)
7. Wie kann man gewinnen?
8. Wie endet das Spiel?

AUFGABE **2**

beachtet	nicht beachtet
2. Was braucht man für das Spiel?	1. Wie viele Personen können mitspielen?
3. Was muss man machen, bevor das Spiel beginnt?	8. Wie endet das Spiel?
4. Wer beginnt?	
5. Wie fängt das Spiel an?	
6. Wie verläuft das Spiel?	
7. Wie kann man gewinnen?	

AUFGABE **3**

Wenn du die Sätze richtig geordnet hast, lautet die Spielregel so:

<u>Spielregel für das „Schlangenspiel“</u>
1. Bei dem „Schlangenspiel“ können 2 bis 5 Personen mitspielen.
2. Man braucht einen Spielplan, für jede Person einen andersfarbigen Spielstein und einen Würfel.
3. Zu Beginn des Spiels wird der Spielplan so hingelegt, dass alle Mitspieler ihn sehen können.
4. Die Spielsteine werden am Start aufgestellt.
5. Wer zuerst eine Sechs gewürfelt hat, darf beginnen.
6. Der Spieler würfelt von neuem.
7. Zeigt der Würfel die Zahl vier, so setzt man seinen Spielstein vier Felder weiter.
8. Bei einer Sechs darf der Spieler nochmals würfeln.
9. Der Würfel wird immer an den linken Mitspieler weitergegeben.
10. Es ist nur erlaubt, vorwärts zu gehen.
11. Rausschmeißen ist verboten.
12. Auf dem Weg zum Ziel kommt man auf Felder mit verschiedenen Zeichen.

13. Ein Kleeblatt bedeutet drei Felder vorrücken.
14. Eine Tasse heißt einmal aussetzen.
15. Kommt man auf einen Würfel, so darf man noch einmal würfeln.
16. Wer auf den Blitz setzen muss, muss zurück zum Start.
17. Derjenige, der als Erster das Ziel erreicht hat, hat gewonnen, und damit ist das Spiel beendet.

AUFGABE

4 So könnte die Spielregel für das Memory-Spiel lauten:
Bei dem Memory-Spiel können 2 bis 6 Personen mitspielen. Man braucht 40 Bildkarten, d.h. 20 Pärchen. Die Karten werden mit der Bildseite nach unten auf den Tisch gelegt und gemischt. Derjenige, der nach vorheriger Absprache mit dem Spiel beginnt, deckt zwei Bildkarten auf. Sind es zwei gleiche Bildkarten, so kann er sie behalten und ist nochmals dran. Wenn von einem Spieler zwei verschiedene Bildkarten aufgedeckt werden, müssen diese wieder mit der Bildseite nach unten zurück gelegt werden. Jetzt ist der nächste Mitspieler dran und darf zwei Karten aufdecken. Wer die meisten Pärchen findet, hat gewonnen. Das Spiel ist beendet, wenn keine Bildkarten mehr aufgedeckt werden können.

10 Einen Weg beschreiben

AUFGABE

1 Nein, die Beschreibung ist zu ungenau.

AUFGABE

2 Wörter, die eine Richtung oder eine Ortslage angeben:
geradeaus, hinter, gegenüber, an … vorbei, vor, bevor, über, durch, entlang, rechts, links, neben, unter.

AUFGABE

3 Stichworte: Am Bahnhof links halten – Hauptstraße entlang – bis zur nächsten Kreuzung – Südstraße überqueren – weiter über die Hauptstraße – links liegen Post und Supermarkt – über die Erftbrücke – Hauptstraße weiter geradeaus – vor Kapelle links einbiegen – Klosterstraße – Hausnummer 23 auf der linken Seite.

AUFGABE **4**

a) Zuerst gehst du die Römerstraße entlang. <u>Dann</u>, an der Kreuzung, biegst du links ab und gehst den Mühlenacker entlang bis zur nächsten Kreuzung. <u>Dann</u> überquerst du die Hauptstraße. <u>Dann</u> gehst du die Kastanienallee entlang. <u>Dann</u> kommst du an einer Schule vorbei. <u>Dann</u>, hinter der Kurve, musst du dich rechts halten. <u>Dann</u> siehst du nach ungefähr 100 m auf der linken Seite den Sportplatz.

b) Zuerst gehst du die Römerstraße entlang. <u>An der Kreuzung</u> biegst du links ab und gehst den Mühlenacker entlang bis zur nächsten Kreuzung. <u>Dort</u> überquerst du die Hauptstraße. <u>Nun</u> gehst du die Kastanienallee entlang. <u>Jetzt</u> kommst du an einer Schule vorbei. <u>Hinter</u> der Kurve musst du dich rechts halten. <u>Nach</u> ungefähr 100 m siehst du auf der linken Seite den Sportplatz.

AUFGABE **5**

So könnte die Wegbeschreibung lauten:
Am Bahnhof musst du dich links halten und die Hauptstraße entlang gehen bis zur nächsten Kreuzung. Wenn du die Südstraße überquert hast, gehst du weiter über die Hauptstraße. Bevor du über die Erftbrücke gehst, siehst du links die Post und einen Supermarkt liegen. Halte dich weiter geradeaus und biege vor der Kapelle links in die Klosterstraße ein. Das Haus mit der Nummer 23 findest du auf der linken Seite.

AUFGABE **6**

Skizze und Beschreibung stimmen nicht überein.

AUFGABE **7**

Die richtige Reihenfolge der Sätze ist so:
Zuerst musst du vom Haus deiner Eltern den Parkeingang erreichen.
Jetzt gehe den Reitweg entlang bis zur Rotbuche.
Folge dem Trampelpfad bis zur Steinbank.
Krieche im Gebüsch hinter der Steinmauer durch den Graben.
Gib acht!
Fallgrube!
Auf der kleinen Wiese hinter dem Gebüsch findest du unseren Treffpunkt.

AUFGABE **8**

Ohne Lösung

Berichten

1 Einen Stichwortzettel/Merkzettel anlegen

AUFGABE 1

Man zwingt sich, genau aufzupassen. Der Ablauf kann genauer wiedergegeben werden. Das Gedächtnis wird entlastet. Die Notizen erleichtern den mündlichen Bericht.

AUFGABE 2

Nein, der Zettel enthält zu wenig Informationen, er ist unübersichtlich und ungegliedert angeordnet.

AUFGABE 3

Vom Fischfang bis zum Küchentisch

a) Netz auswerfen
b) Netz einholen
c) schlachten und ausnehmen
d) in Eis verpacken
e) anlanden
f) löschen
g) in Auktionskisten füllen
h) versteigern
i) in Kühlwagen verladen
j) in Kühltheke legen
k) kaufen
l) zubereiten

AUFGABE 4

Anhand eines solchen Zettels können Abläufe klar dargestellt werden. Ein Überblick über einen Vorgang ist möglich. Der Vorgang kann andern leicht mitgeteilt werden. Man kann sich selbst leichter an die Zusammenhänge erinnern.

AUFGABE 5

Ein undurchlässiges Sieb

Benötigt werden: Saftflasche mit Schraubdeckel, 3 mm dicker Nagel, Hammer, Wasser

Versuch:
Deckel abdrehen
ca. 30 Löcher in Deckel schlagen
Flasche mit Wasser füllen
zuschrauben

Hand auf Deckel legen
Flasche auf den Kopf stellen

Begründung: Moleküle bilden Haut
keine Luft in die Flasche
kein Wasser aus der Flasche

AUFGABE 6

a) gestreckte Beine auf- und abbewegen (Fußschlag), linker Arm gestreckt nach hinten
rechten Arm im Bogen nach hinten ziehen

b) linken Arm nach vorne ziehen, Beine weiter auf- und abbewegen

c) Vorgang mit rechtem und linkem Arm wiederholen, Beine wie in a) und b)

AUFGABE 7

Er enthält Sätze und Stichwörter. Man kann ihn nicht als Grundlage für eine freie Rede benutzen, da er zu unübersichtlich ist und zu wenig Informationen enthält, die außerdem durcheinander geraten sind. Zusammenhänge werden nicht deutlich.

AUFGABE 8

a) erfüllt nicht die Anforderungen des Merkzettels

b) Er ist übersichtlich angeordnet. Zusammenhängende Stichwörter sind zusammengefasst. Er enthält Skizzen; er erleichtert das freie Reden.

AUFGABE 9

Die Honigbiene ist ein staatenbildendes Insekt. Der Staat setzt sich zusammen aus einer Königin, 20 000–70 000 Arbeitsbienen und 500–2000 Drohnen (Männchen).

AUFGABE 10

Ohne Lösung

2 Wesentliche Informationen zusammenfassen

AUFGABE

1 Nein, es sind keine sachlichen Informationen, sondern nur Meinungen über den Wolf.

AUFGABE

2
a)
- größte Art der hundeartigen Raubtiere
- größtes hundeartiges Wildsäugetier der Erde

b)
- riesenhafte weiße Polarwölfe
- hellgelbsandfarbene Wölfe Arabiens
- rötlich gefärbte oder silbergraue Rassen
- europäische Wölfe graubraun, im Sommer kurzes, leicht rötliches Fell
- im Winter langes, stumpf graues Fell

c)
- Verbreitung früher über weite Teile Europas, Asiens, Mittel- und Nordamerikas
- heute in vielen Ländern ausgerottet
- größere Bestände noch in Sowjetunion, Alaska und Kanada
- Einzelgänger in Südwesteuropa, Skandinavien, Osteuropa und den USA

d)
- verfolgt meist Huftiere, auch Kleinsäuger, auch kranke und schwächere Tiere

e)
- nach neunwöchiger Tragezeit bringt die Wölfin 3 bis 10 Junge zur Welt
- nach achtwöchiger Säugezeit entwöhnt
- werden an das Raubtierleben gewöhnt

AUFGABE

3 Der Wolf

Der Wolf ist das größte hundeartige Wildsäuge- und Raubtier der Erde. Die verschiedenen Rassen unterscheiden sich durch ihr Aussehen. Da gibt es z. B. die riesenhaften weißen Polarwölfe, die hellgelbsandfarbenen Wölfe Arabiens, die rötlichen oder silbergrauen Wölfe oder die graubraunen europäischen Wölfe, deren Fell im Sommer kurz und leicht rötlich, im Winter lang und stumpf grau ist.

Im Gegensatz zu früher, wo die Wölfe in weiten Teilen Europas, Asiens, Nord- und Mittelamerikas vorkamen, sind sie heute in vielen Ländern ausgerottet. Einzelgänger kommen nur noch in Südwesteuropa, Skandinavien, Osteuropa und den USA vor. Der Wolf ernährt sich von Huftieren,

Kleinsäugern, die er verfolgt und erbeutet, aber auch von kränklichen und schwächlichen Tieren. Die Wölfin bringt nach neunwöchiger Tragezeit 3 bis 10 blinde, hilflose Junge zur Welt, die nach achtwöchiger Säugezeit entwöhnt sind und ihr Raubtierleben führen können.

AUFGABE 4

1. Wie wohnten die Germanen?
2. Welche Aufgaben hatten die Männer?
3. Welche Aufgaben hatten die Frauen?
4. Welche Haushalts- und Arbeitsgeräte benutzten die Germanen?

AUFGABE 5

1. – Einzelhöfe an Quellen oder Waldstücken
   – Holzhäuser aus unbehauenem Holz
   – Innenraum: Wohnraum gleich Wirtschaftsraum
   – Herd und Backofen
   – Fußboden: Bretter- oder Bohlenlage
     Steinfußboden (gepflastert)
     gestampfter Lehmfußboden
   – hölzerne Sitz- und Schlafbank entlang der Längswände
   – Ablagen aus hölzernen Trägern
   – Lichtquelle: Giebelluken
2. – Feldarbeit – Getreideanbau – Bodenbearbeitung mit Pflug
   – Jagd auf Auerochsen oder Hirsche
3. – Hausarbeit – Mehl mahlen – Brot backen – Essen kochen
   – Garten- und Feldarbeit – ernten und trocknen der Vorräte für den Winter, z.B. Getreide, Beeren, Pilze
   – Versorgen des Viehs
   – Kindererziehung
   – Herstellen der Kleidung – spinnen und weben – Herstellen von Lederschuhwerk
   – Herstellen von Haushaltsgeräten aus Lehm (Schüsseln, Töpfe)
4. – Backofen – Mahlstein
   – Gefäße aus Holz und Ton – Spinnräder
   – Pflug mit gebogenem Schar – Webstuhl

AUFGABE 6

So lebten die Germanen

Die Germanen lebten in Einzelhöfen an Quellen oder Waldstücken. Ihre Häuser bauten sie aus unbehauenem Holz. Im Wohnraum, der gleichzei-

tig Wirtschaftsraum war, befanden sich Herd und Backofen. Dort fand man gestampften Lehmboden, gepflasterten Steinfußboden oder einen Fußboden aus Bretter- und Bohlenlagen vor. Die weitere Einrichtung bestand aus einer Sitz- und Schlafbank entlang der Längswände und Ablagen aus hölzernen Trägern.
Licht kam durch Giebelluken.
Die Männer widmeten sich hauptsächlich der Feldarbeit und der Jagd.
Über die Arbeit der Frauen lässt sich zusammenfassend sagen, dass sie für die Hausarbeit, die Garten- und Feldarbeit, die Versorgung des Viehs, die Kindererziehung, die Herstellung von Kleidung und Hausgeräten zuständig waren.
Um ihre Arbeiten zu verrichten, benutzten die Germanen folgende Haushalts- und Arbeitsgeräte: den Backofen, Gefäße aus Ton und Holz, einen Pflug mit gebogenem Schar, den Mahlstein, Spinnräder und Webstühle.

3 Tagesablauf festhalten

AUFGABE **1**

Um 14.00 Uhr verließen wir die Jugendherberge und gingen in den Ort. Nachdem wir in der Eisdiele am Markt ein Eis gegessen hatten, gingen wir um 15.00 Uhr ins Kino und sahen uns den Film „Dschungelbuch" an. Der anschließende Einkaufsbummel um 16.30 Uhr zum Spielwarengeschäft, zum Supermarkt und zum Kiosk machte uns so hungrig, dass wir gegen 17.00 Uhr die Frittenbude ansteuerten. Um 17.30 Uhr traten wir den Rückweg an und erreichten um 17.45 Uhr die Jugendherberge.

AUFGABE **2**

Ohne Lösung

AUFGABE **3**

a) Wir haben uns für folgende Lösung entschieden:
Bild 1: 19.08 Uhr
Bild 2: 14.32 Uhr
Bild 3: 20.20 Uhr
Bild 4: 20.33 Uhr
Bild 5: 15.04 Uhr
Bild 6: 15.40 Uhr

b) 14.32 Uhr Umkleidekabine in der Turnhalle
15.04 Uhr Einkauf beim Bäcker
15.40 Uhr Besuch bei Martin – Spielen in seinem Zimmer

19.08 Uhr Warten an der Bushaltestelle
20.20 Uhr Einsteigen in den Bus
20.33 Uhr Busfahrt

c) Ohne Lösung

4 Zweck und Absicht im Bericht

AUFGABE **1**

Jan gibt das wieder, was für den Verkehrsunterricht wichtig ist. Carolin berichtet über die Natur und über die Vorgeschichte der Rangelei, kaum aber über die Verkehrssituation („am Rand einer Straße").

AUFGABE **2**

Wenn du Jans Bericht fortsetzt, dann beschränke dich auf die genaue Darstellung der Verkehrssituation, d.h. des Verhaltens von Autofahrern und Fußgängern.

AUFGABE **3**

Vergleich der Überschriften:
Erste Überschrift aus Sicht der Stadtverwaltung, ihr geschieht etwas Negatives (‚unter Druck gesetzt').
Zweite Überschrift stellt die Forderung der Jugendlichen und das Problem (‚sicherer Bolzplatz') in den Vordergrund.

Argumente:
Im ersten Artikel kommt bis auf das kurze Zitat ‚dringend notwendigen' nur die Stadtverwaltung zu Wort, im zweiten werden nur die Argumente der Jugendlichen erwähnt.

Darstellung des Problems:
Im ersten Bericht gibt es keine Information, ob es überhaupt ein Sicherheitsproblem rund um den Bolzplatz gibt. Im zweiten Bericht wird auf die Unfallgefahr wegen des fehlenden Gitters eingegangen, die Bedeutung des Bolzplatzes als einziger Spielmöglichkeit erwähnt.

Ausblick:
Der erste Bericht schließt mit einem Zitat der Stadtverwaltung, es sieht so aus, als werde alles beim Alten bleiben.
Der zweite Bericht endet mit der Ankündigung der Jugendlichen, noch einiges zu unternehmen, das Problem wird als unerledigt dargestellt.

AUFGABE
4 Wie der Vergleich deutlich gezeigt hat, ergreift der erste Artikel Partei für die Stadtverwaltung (Bolzplatz ist kein Problem.), der zweite für die Jugendlichen (Es muss etwas geschehen.).

AUFGABE
5 Gegenwart: geht, liegt, liest
Vergangenheit: lief, lag, hatte gelegen, hat gelegen, las, wünschte sich, hat getanzt
Konjunktiv: arbeite, hüpfe, liege, tanze

AUFGABE
6 Gegenwartsform: Etwas geschieht noch oder wird noch geschehen.
Vergangenheitsform: Etwas ist geschehen, etwas ist vorbei.
Konjunktiv: Eine Meinung, eine Aussage wird fast wörtlich oder sinngemäß wiedergegeben.

AUFGABE
7 Artikel A:

Sandkästen sind kein Hundeklo
Immer mehr Eltern beklagen den schlechten Zustand der Sandkästen auf städtischen Spielplätzen. Es herrscht Empörung über die Nachlässigkeit vieler Hundehalter, die ihre Lieblinge von der Leine, und wo es ihnen beliebt, ‚Gassi gehen' lassen. Häufige Beschwerden über die Gesundheitsgefährdung besonders von kleineren Kindern haben die Stadt nun veranlasst, aktiv zu werden. In einem großen Teil der städtischen Sandkästen wurde der Sand erneuert. Auf den Leinenzwang in städtischen Grünanlagen wurde nochmals hingewiesen und strenge Bußgeldbescheide bei Nichtbeachtung angedroht.

Artikel B:

Hundeliebhaber angegriffen
Schon seit längerem gibt es immer wieder Streit zwischen Hundeliebhabern und Eltern. Vorwürfe und ständige Streitereien gehen besonders von den Eltern aus.
Die Eltern machen Druck auf die Stadt, strenger gegen nachlässige Hundebesitzer vorzugehen und den Leinenzwang durchzusetzen. Die Hundebesitzer fühlen sich nun ungerecht behandelt, weil die Stadt dem Elterndruck mit vermehrten Bußgeldbescheiden nachgibt. Von Seiten der Hundefreunde wird der Vorwurf erhoben, dass es keine Gegenleistung für

die Hundesteuer gebe, dass die Stadt völlig übersehe, dass Hunde oft die einzige Freude besonders für alte Menschen seien. Man werde aber nicht aufgeben. Für die nächste Woche wurde eine Hundedemonstration angekündigt.

Artikel A steht auf Seiten der Eltern, Artikel B mehr auf Seiten der Hundebesitzer.

5 Über Ergebnisse von Gruppenarbeiten berichten

AUFGABE 1

Diese Aussagen haben nichts mit der Pausengestaltung zu tun:
- Der Markus aus dem 8. Schuljahr macht sich immer lustig über uns.
- Die Mädchen sind immer so zickig.
- Erwin, Peter und Udo wollen immer Autoquartett spielen.
- Die 6a ist so eingebildet und macht in der Pause nur doofe Bemerkungen.

AUFGABE 2

a) Kritik:
- Ärger mit den Großen
- in Kälte und Nässe nach draußen
- keine Sitzgelegenheiten
- keine Spielmöglichkeiten
- blöder Schulhof

b) Verbesserungsvorschläge:
- Spielraum
- Musikraum
- Spielmöglichkeiten auf dem Hof
- Ruheraum
- Sitzgelegenheiten
- Verkauf von Speisen und Getränken

c) Begründung:
- sich konzentrieren können
- richtig spielen können
- sich entspannen und erholen können

AUFGABE **3**

a) Eine Diskussion in unserer Klasse hat deutlich gemacht, dass ...

b) Bericht an den Schulleiter
Eine Diskussion in unserer Klasse hat deutlich gemacht, dass die meisten Schüler sich in der Pause nicht erholen können und sich oft unwohl fühlen. Das liegt daran, dass wir bei Kälte und Nässe, also bei jedem Wetter, raus auf den Hof müssen. Dort werden wir ständig von den Großen geärgert, es gibt keine Sitzgelegenheiten und kaum Spielmöglichkeiten. Deshalb machen wir den Vorschlag, den Schulhof mit Sitz- und Spielmöglichkeiten auszustatten und den Schülern in den Pausen drei Räume zur Verfügung zu stellen, in denen sie Musik hören, spielen oder sich ausruhen können. Die Möglichkeit, in der Pause Speisen oder Getränke zu kaufen, würde vielen Schülern sehr entgegenkommen.

6 Einen Zeitungsbericht verfassen

AUFGABE **1**

Ein Zeitungsbericht muss sachlich sein und den genauen Ablauf wiedergeben. Auf eine eigene Stellungnahme sollte verzichtet werden.

AUFGABE **2**

wann?	am 25. 8. von 19.30–21.00 Uhr
wo?	in der Aula der Heinrich-Böll-Realschule
wer?	Lehrer und Schüler
wie?	viele Programmpunkte: Sketche, Play-Back-Nummern verschiedener Künstler, Musik, Tanz, Modenschau „Verrückt“, Hummelballett, Michael-Jackson-Parodie zwei Hummeln als Reiseführer anschließend Spezialitäten und Getränke für die Eltern selbst genähte Kostüme, selbsterstellte Dekorationen
warum?	Schüler zeigen ihr Können, Abwechslung im grauen Schulalltag, schöner Abend für die Eltern

AUFGABE **3**

Präteritum:
feierte, opferten, riefen, lagen, vergessen war, war, sagte
Perfekt:
hat sich gelohnt
Plusquamperfekt:
hatten begonnen

AUFGABE **4** Ohne Lösung

AUFGABE **5** Ein Bericht soll nur die wichtigsten Tatsachen enthalten. Auf eine eigene Stellungnahme soll verzichtet werden.

AUFGABE **6** Acht kleine Pinguine in reizenden Kostümen trippelten zu den Klängen der Musik auf die Bühne.
(Alles andere ist zu ausführlich, enthält keine Tatsachen sondern nur Vermutungen und ist Stellungnahme.)

AUFGABE **7** <u>Eine Reise um die Welt</u>
Unter diesem Motto stand das diesjährige Sommerfest, das Schüler und Lehrer der Heinrich-Böll-Realschule am 25. 8. von 19.30–21.00 Uhr in ihrer Aula veranstalteten. Das Programm enthielt eine Fülle von Aufführungen: Sketche, Musik, Tänze und Play-Back-Nummern verschiedener Künstler. Die Modenschau „Verrückt“ konnte ebenso begeistern wie die niedlichen Hummeln mit ihrem Tanz. Einer der Höhepunkte war die Michael-Jackson-Parodie. Als „Reiseführer“ betätigten sich zwei Hummeln, die mit witzigen Wortbeiträgen durchs Programm führten. Alle Kostüme sowie das Bühnenbild und die Dekorationen waren übrigens selbst hergestellt. Nach der Beendigung der Reise um die Welt konnten die Eltern noch selbst gemachte Spezialitäten probieren.
Mit ihrem Fest wollten Schüler und Lehrer einmal beweisen, dass Schule nicht nur sture Paukerei und grauer Alltag ist, sondern dass dort auch Talente schlummern.

AUFGABE **8** Ohne Lösung

AUFGABE **9** Der Artikel muss folgendermaßen aufgebaut sein:

(<u>Überschrift</u>) „Schüler konnten zu gut deutsch“
(<u>Einleitung</u>) Vier Tage lang hatten die Abiturienten des Gymnasiums in der dänischen Stadt Ribe ihre Höchstnoten bejubelt. Doch nach vier Tagen verstummte der Jubel jäh. Da bestimmte das Unterrichtsministerium, dass die Klasse aus Ribe ihre Prüfung nochmals machen muss.

(Hauptteil) Doch Peter Smith, als Prüfer nach Ribe gekommen, verteidigte seine Noten. „Da war kein Schwindel dabei. Uns war klar, dass die Zensuren Aufsehen erregen würden. Doch da war nichts zu machen. Die Schüler waren einfach tüchtig, extrem tüchtig. Ich habe nie etwas Ähnliches erlebt." Henrik Moltke, einer der Väter, kann die Welt nicht mehr verstehen: „Durch das deutsche Fernsehen sind wir hier bald zweisprachig. Schon fünfjährige Kinder sprechen fließend deutsch, weil sie so viele deutschsprachige Zeichentrickfilme sehen. Wir werden das so nicht hinnehmen!" (Der letzte Satz ersetzt das Schlusswort, weil er einen Ausblick auf die künftige Entwicklung gibt: Die Eltern werden noch einiges unternehmen.)

Hast du bemerkt? Der Anfang eines Zeitungsartikels kann oft eine Zusammenfassung des gesamten Berichts darstellen, der Schluss berichtet von den Folgen des Ereignisses, er gibt vielleicht noch einen Ausblick auf die künftige Entwicklung.

AUFGABE 10

a) gehört in die Einleitung. Der vor Gericht verhandelte Tatbestand ist nach dem zweiten Satz dem Leser klar.
b) kann nicht die Einleitung des Artikels bilden, da schon im ersten Satz das Wort ‚Schuld' auftaucht, der Leser aber noch gar nicht wissen kann, von welcher Schuld die Rede ist. b) gehört in den Mittelteil des Berichts, in dem der Fall genauer dargestellt wird.

AUFGABE 11

Schäferhund biss Kleinkind
Z.B.: Am gestrigen Nachmittag wurde in der Westsiedlung ein dreijähriges Mädchen von einem Schäferhund angefallen. Der Besitzer des Hundes hatte das Tier beim Einkaufen angebunden. Dem Hund aber war es gelungen, sich unbemerkt loszureißen.

AUFGABE 12

Wahrscheinlich wird der zweite Bericht genommen. Seine Einleitung gibt dem Leser eine wesentlich bessere Orientierung, von welcher Fahrt überhaupt die Rede ist. Der Bericht ist anschaulicher und lebendiger als der erste geschrieben.

AUFGABE 13

a) Alle Textauszüge sind jeweils aus dem Hauptteil des Artikels.

b) Der Anfang des ersten Zeitungsberichts lautete wie folgt (deine Einleitung kann durchaus völlig anders aussehen):
„Ein Delphin, der sich in den New Yorker East River verirrt hat und dort seit über einer Woche umherschwimmt, soll mit Geräuschen von Killerwalen – seinen natürlichen Feinden – zur Flucht ins offene Meer veranlasst werden. Wissenschaftler bereiten derzeit das dazu notwendige Instrumentarium vor und haben den 5. Juli als Termin für ihre Aktion ins Auge gefasst."
Der Schluss lautet:
„Die Wissenschaftler hoffen, den Delphin durch eine ‚schonende Vertreibung' vor einem bei Delphinen leicht möglichen Stresstod bewahren zu können."

Der Anfang des zweiten Artikels lautet:
„Einen Sturz in sechs Meter Tiefe überlebte gestern ein Ehepaar aus Mönchengladbach. Die beiden waren in ihrem Personenwagen auf einer Autobahnbrücke bei Aachen ins Schleudern geraten und abgestürzt."
Der Schluss lautet:
„Den Wagen, der erst 1000 Kilometer auf dem Tacho hatte, müssen sie als Totalschaden abschreiben."

Der Anfang des dritten Artikels lautet:
„Ein 31 Jahre alter Erpresser ist in der Nacht zum Mittwoch in München bei der Geldübergabe von der Polizei gefasst worden."
Der Schluss lautet:
„Als der Mann wieder wegfahren wollte, nahm ihn die Polizei fest. Der 31-Jährige hat die Tat inzwischen gestanden."

7 Von besonderen Ereignissen genau berichten

AUFGABE 1

	Martinas Bericht	Herrn Möllers Bericht
was?	starker Stoß	erwischte das Kind mit der Stoßstange
wer?	ich	ich (Bankangestellter), kleines Mädchen
wo?	Bahnhaltestelle	Bahnhaltestelle Zeppelinstraße
wann?	--------	20. 6., 7.20 Uhr
wie?	sprang aus der Bahn, laut geschrien, wurde dunkel	anhalten, Regen, Scheiben beschlagen, anfahren, kleines Mädchen sprang aus der Bahn, trat auf die Bremse, sprang aus dem Wagen
welche Folgen?	--------	bat andere Fahrgäste, einen Krankenwagen zu holen

AUFGABE 2

Der Bericht könnte z.B. folgendermaßen lauten:
Gestern, um 7 Uhr, verlor Herr X, als er zum wartenden Bus lief, seine Brieftasche. Von ihm unbemerkt schnappte diese sein Hund, der ihn bis zur Haltestelle begleitet hatte, und trug sie wieder nach Hause. Gegen 12 Uhr mittags bemerkte Herr X, als er in seinem Büro die Geldbörse für das Mittagessen hervorholen wollte, dass diese verschwunden war. Auf der nächsten Polizeiwache konnte man ihm nur sagen, dass die Brieftasche vermutlich gestohlen worden sei. Als Herr X abends von der Arbeit heim kehrte, erwartete ihn vor der Haustüre sein Hund, der die Geldbörse im Maul trug. Der Hund wurde von Herrn X mit einem großen Knochen belohnt.

AUFGABE 3

Ohne Lösung

AUFGABE **4**

Im ersten Bericht werden die W-Fragen nur teilweise bzw. nur ungenau beantwortet, die Reihenfolge der Ereignisse, die Chronologie, nicht beachtet. Der zweite Bericht gibt genaue Informationen zu den W-Fragen und beachtet die Reihenfolge.

AUFGABE **5**

Deine Fortsetzung könnte z.B. folgendermaßen aussehen:
Nachdem wir die Wohnungstüre aufgebrochen hatten, versuchte der Einbrecher von der Schusswaffe Gebrauch zu machen und sich in einem Zimmer zu verbarrikadieren. Von unserer Seite wurden insgesamt drei Schüsse abgefeuert, der Täter durch einen Streifschuss am rechten Oberschenkel verwundet. Der Täter hatte bereits den in der Wohnzimmerwand eingelassenen Tresor aufgeschweißt. Wir identifizierten den Festgenommenen als den vorbestraften Hermann Schweiß. Der Krankenwagen wurde unmittelbar nach der Festnahme benachrichtigt.
Die Wohnungsinhaber wurden von uns um 23.40 Uhr an ihrem Urlaubsort informiert.

Quellenverzeichnis

Texte

S. 64ff.: Aus: Max von der Grün, Vorstadtkrokodile

Abbildung

S. 57: E. O. Plauen, Vater und Sohn. Gesamtausgabe